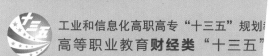

工业和信息化高职高专"十三五"规划教
高等职业教育财经类"十三五"

UFIDA ERP-U8 V10.1——COURSE OF
SUPPLY CHAIN MANAGEMENT SYSTEM

用友 ERP-U8 V10.1
——供应链管理系统教程
（移动学习版 第2版）

何干君 徐璟 主编
朱丽 徐龙 危磊 副主编

人民邮电出版社
北 京

图书在版编目（ＣＩＰ）数据

用友ERP-U8 V10.1：供应链管理系统教程：移动学
习版 / 何干君，徐璟主编. — 2版. — 北京：人民邮
电出版社，2018.8(2022.11重印)
高等职业教育财经类"十三五"规划教材
ISBN 978-7-115-48768-1

Ⅰ．①用… Ⅱ．①何… ②徐… Ⅲ．①财务软件—高
等职业教育—教材 Ⅳ．①F232

中国版本图书馆CIP数据核字(2018)第193901号

内 容 提 要

本书采用线上云班课与线下操作实训相结合的方式来组织教学，以用友 ERP-U8 V10.1 为工作平台，基于工作过程和岗位分工，以企业经济活动案例为载体，升级改造了供应链实务学习的内容及形式，着重介绍了企业在采购、销售、库存、存货方面的财务、业务一体化处理流程和操作方法。

本书将工作过程按业务类型划分为 6 个项目，每个项目中有具体的工作任务。依据企业不同的业务类型，每个任务按云班课——线上导航、背景知识、任务资料、任务实施及考核评价 5 个环节进行组织和展开，并为每个任务提供了实训账套和丰富的云资源。各任务既环环相扣，又可以独立操作，以适应不同层次教学的需要。在任务实施环节，本书详细讲述了业务处理的过程及软件操作的方法和技巧。

本书可作为大中专院校会计及经管类专业的实训教材，也可以作为各类培训机构的实训指导书。

◆ 主　编　何干君　徐　璟

副主编　朱　丽　徐　龙　危　磊

责任编辑　李育民

责任印制　焦志炜

◆ 人民邮电出版社出版发行　北京市丰台区成寿寺路 11 号
邮编　100164　电子邮件　315@ptpress.com.cn
网址　http://www.ptpress.com.cn
三河市君旺印务有限公司印刷

◆ 开本：787×1092　1/16
印张：19.25　　　　　　　　2018 年 8 月第 2 版
字数：560 千字　　　　　　2022 年 11 月河北第 9 次印刷

定价：54.00 元

读者服务热线：(010)81055256　印装质量热线：(010)81055316
反盗版热线：(010)81055315
广告经营许可证：京东市监广登字 20170147 号

前　言

目前，计算机云技术的广泛应用与网上资源的开发利用，使"互联网+应用""线上资源与线下课堂结合教学""翻转课堂"成为教学改革的发展趋势，国内高职院校的课堂教学形式正经历着一次具有划时代意义的深刻变革。为适应这场变革，结合新的教学模式，我们修订《用友 ERP-U8 V10.1——供应链系统教程》一书，并增加移动学习的相关内容，以方便读者自学。

本书摒弃了以往以教师为中心的课堂讲述模式，构建了"以学生为主体，以教师为主导，与资源库相连接"的实践教学模式，强调"在学中做、在做中学"。本书以一家企业的经济业务案例贯穿全书，采用贴近企业实际业务处理的流程构建实训内容，便于组织教学和学生实训。本书具有以下特点。

（1）选择用友 ERP-U8 V10.1 为工作平台，提供的内容符合当今主流供应链管理系统的学习要求和国内技能竞赛平台的需要。

（2）以任务为最小的学习单元，采用线上云班课前置预习与线下课堂实训相结合的学习方式，在供应链范围内升级改造了实务学习的内容及形式，为每个任务增加了线上云班课导航、背景知识与业务流程图示，使项目导向、任务驱动的实践型学习框架更趋合理。

（3）设置翻转课堂环节，突出学生活动主体角色和教师活动主体角色的顺序转换，即学生主动探究学习活动安排在先，随后的课堂岗位技能自主学习与教师指导、激发学生解决问题的能力相结合，突出探索性实践教学活动的前置性，进一步加强对学生职业能力的锻造与培养。

（4）在原有项目内容的基础上进行修订，业务题中涉及增值税和"营改增"的所有单据按 2018 年 5 月 1 日以后国内新税率进行了调整；补充了委托代销、销售折让、现金折扣等内容，完善了原有教材中的部分案例。补充了采购退款处理及销售退款处理环节；提供了云资源库，丰富了教学参考资源。

（5）给每笔业务生成的会计凭证摘要添加了项目标识和题号，并规范了摘要的内容，使读者在完成实例操作之后，能方便、快捷地找到凭证所属案例。

（6）提供了高职技能竞赛的财务业务一体化综合实训项目资料，以帮助学生掌握应用用友 ERP 软件系统处理财务业务一体化的知识和技能。

本书由何干君、徐璟担任主编，朱丽、徐龙、危磊担任副主编。

本书在编写过程中借鉴了一些企业管理和信息化建设的相关资料和文献，在此谨对相关作者表示衷心的感谢！

编者
2018 年 7 月

目　录

项目一
供应链基础设置

- **项目目标**

能够根据企业所属行业类型建立账套并进行账套管理与维护；能够根据岗位需要对用户进行管理；能够根据企业共享的公用信息设置企业信息化基本档案；能够根据企业各部门的业务需要对供应链各系统进行初始化设置。

- **知识概要**

供应链管理系统的基础设置包括建账、增加用户及设置权限、基础信息设置及期初数据录入等多项基本信息化设置。

供应链管理系统是用友 ERP-U8 管理软件的重要组成部分。供应链管理系统突破了会计核算软件单一财务管理的局限，实现了财务业务一体化全面管理及物流、资金流管理的统一。

用友 ERP-U8 V10.1 版供应链管理系统包括采购管理、销售管理、库存管理和存货核算等模块。每个模块既可以单独使用，又可以与相关子系统联合使用。这些模块共享公用的基础信息，在启用新账套之前，应根据企业的实际情况，结合系统基础信息设置的要求，事先做好基础数据的准备工作，以便后期使用基本设置的信息化系统对日常业务及对应的会计事项进行专门的处理。

- **重点、难点**

重点：建立账套，初步构建企业业务基础信息及财务基础信息。

难点：业务基础信息分类的适用性、完整性及财务基础信息分类的适用性、完整性。

- **实训内容（见表 1-0-1）**

表 1-0-1 项目一实训内容

任务名称	工作要求
任务 1.1 系统管理	建立账套，实施用户权限管理及账套管理
任务 1.2 业务基础设置	启动采购管理、库存管理、存货核算、销售管理等业务系统，设置企业组织机构、供应商及客户、仓库及存货、计量单位等业务基础档案并录入期初业务单据
任务 1.3 财务基础设置	启动总账、应收款管理、应付款管理等会计系统，设置会计科目、结算方式、开户银行等档案信息；录入账户期初余额并试算平衡

任务 1.1 │ 系统管理

云班课——线上导航

安装"蓝墨云"手机客户端，在手机上运行"蓝墨云"，点击右上角"+"，输入邀请码 121388，活动内容如表 1-1-1 所示；翻转课堂资源用微信扫描二维码获取。

表 1-1-1   系统管理线上导航

翻转课堂	性质 对象 场景		学生活动		教师活动		互动活动
空间分布	前置学习 线上云班课	探索、导学	活动1	认知 学习企业信息化系统管理的背景知识	活动1	构建 用友 U8-V10.1 系统管理资源库	活动1	教师调查 知识、技能设计方案的难易程度
			活动2	观看 系统管理的建账、人员分工及授权、账套备份的操作视频及课件	活动2	上传 演示视频、背景知识资料、课件	活动2	学生自评 初学效果
								教师评估调整 教学方案
	课中学习 线下机房实训	归纳、内化	活动3	模拟 1.1.1 完成建账； 1.1.2 完成人员分工及授权； 1.1.3 完成账套备份	活动3	演示 建账、账套管理过程	活动3	教师跟踪 学生团队、学生个人的学习效果
			活动4	反映 知识问题、技能问题	活动4	答疑解惑 纠正操作错误	活动4	师生共同解决问题
								共同调整教学方法
	课后学习 线上云班课	演绎、拓展	活动5	巩固 复习知识点及单项实训	活动5	评价 学习效果	活动5	教师开发 拓展练习、拓展测验
			活动6	自我测试 综合实训	活动6	查看 测试结果	活动6	学生学习经验交流
								教师教学经验交流

项目一 供应链基础设置   任务 1.1 系统管理

1.1.1 背景知识

1. 基本认知

企业供应链的信息化管理系统由多个子系统组成，各个子系统之间相互联系、数据共享，实现财务业务一体化管理。系统管理包括账套管理（如新建账套、新建年度账、账套修改和删除、账套备份等）、用户人员管理及权限管理（如根据企业经营管理中的不同岗位职能建立不同角色，新建操作员和权限的分配等功能）、系统安全维护管理（如清除异常任务、设置自动备份计划等）。

系统管理的操作员是系统管理员（admin）和账套主管。两者的权限与工作内容有所差异。系统管理员可以指定账套主管，负责整个系统的安全和维护工作，负责账套管理、角色和用户设置及相应的权限设置。账套主管负责本账套的维护工作、年度账管理及操作员权限的设置。

供应链管理系统的建账工作是在系统管理系统中完成的。

2．工作过程及岗位要求（见表 1-1-2）

表 1-1-2 建立账套及财务分工工作过程与岗位要求

系统	系统管理	
部门	办公室、财务部	
岗位操作员	系统管理员（admin）	账套主管（201 江波）
工作过程	开始 → 增加用户 → 建立账套 → 是否有问题 —是→ 修改账套；否↓ 分工授权 → 备份账套 → 结束	修改账套

1.1.2 任务资料

1．建账信息

账套号：606。

账套名称：新大地电脑有限公司。

启用会计期间：2019 年 1 月 1 日。

会计期间：1 月 1 日—12 月 31 日。

2．单位信息

单位名称：新大地电脑有限公司。

单位简称：新大地电脑。

单位地址：北京市海淀区信息路 168 号。

法人代表：刘翔。

邮政编码：100076。

联系电话：010—77778888。

税号：123456789012345。

3．核算类型

该企业的记账本位币为人民币（RMB），企业类型为商业，行业性质为 2007 新会计制度科目，账套主管为江波。

4．基础信息

该企业有外汇核算，进行经济业务处理时，需要对存货、客户、供应商进行分类。

5．分类编码方案

科目编码级次：4-2-2-2。

部门编码级次：1-2。

客户分类编码级次：2-3-4。

供应商分类编码级次：2-3。

存货分类编码级次：2-2-3。

收发类别编码级次：1-1-1。

结算方式编码级次：1-2。

其余编码按系统默认设置。

6．设置数据精度

该企业将存货数量、存货单位、开票价格、件数、换算率等小数位数约定为 2 位。

7．用户角色分工及其权限（见表 1-1-3）

表 1-1-3　　　　　　　　　　　　用户角色分工及其权限

用户编号	用户名	密码	角色	权限
admin	admin	无	系统管理员	负责管理全部用户及账套数据，即可增加、删除用户，备份系统账套，引入系统账套，删除系统账套
201	江波	111	账套主管	负责管理指定账套及所属账套下的用户；负责对打开账套的公共基础信息进行初始化处理，对各职能子系统启用时进行业务上和财务上的初始化以及期末结账处理
203	何静	222	会计主管	负责对业务发票的审核及会计凭证的生成或编制工作。操作应付款管理系统、应收款管理系统及存货核算系统
301	汪洋	无	采购主管	负责填制或生成采购管理系统、库存管理系统中发生的业务单据、采购结算，并对业务单据的流转环节进行审核控制
401	黄敏	无	销售主管	负责填制或生成销售管理系统、库存管理系统中发生的业务单据，并对业务单据的流转环节进行审核控制

8．启用的系统和启用日期

2019 年 1 月 1 日分别启用 606 账套的"采购管理""销售管理""库存管理""存货核算""总账""应收款管理"和"应付款管理"系统。

1.1.3　任务实施

实施要求如下。

（1）掌握系统管理模块的各项功能与作用。

（2）根据项目资料，熟练运用系统管理模块完成新大地电脑有限公司的建账工作。

（3）运用系统管理模块对新建账套及用户进行管理维护。

（4）备份账套。

实施指导如下。

1．注册系统管理

（1）执行"开始"/"程序"/"用友 U8V10.1"/"系统服务"/"系统管理"命令，进入系统管理界面。

（2）执行"系统"/"注册"命令，以"admin"的身份登录，密码为空，单击"确定"按钮，以系统管理员的身份进入系统管理界面。

2．增加操作员

（1）在系统管理界面，执行"权限"/"用户"命令，进入用户管理窗口。

（2）单击工具栏中的"增加"按钮，打开"增加用户"对话框。

（3）输入用户江波的编号、姓名、口令、确认口令"111"，选择"账套主管"角色，单击"增加"按钮进行保存，如图 1-1-1 所示。

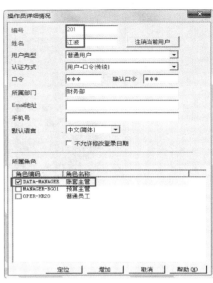

图 1-1-1 "操作员详细情况"对话框

（4）同理，增加用户"202 何静""301 汪洋""401 黄敏""501 肖建"。然后保存设置。

 如果角色已经事先设置，则系统自动显示所有的角色名称，用户自动拥有所属角色拥有的所有权限。用户还可以通过"权限"额外增加角色中没有包含的权限。

3．建立账套

（1）在"系统管理"窗口中，执行"账套"/"建立"命令，打开"账套信息"对话框。

（2）按 1.1.2 小节所给任务资料录入新建账套信息，如图 1-1-2 所示。

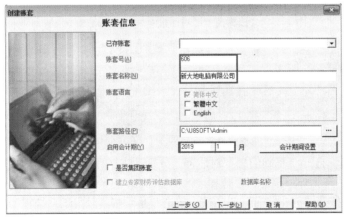

微课：建立账套

图 1-1-2 "账套信息"对话框

（3）单击"下一步"按钮，打开"单位信息"对话框，按要求填写，如图 1-1-3 所示。

 ◆ 在供应链管理系统的设置中，单位信息中一定要填写单位名称，单位名称应为企业的全称，以便打印发票时使用。

◆ 在供应链管理系统中一定要填写税号，否则会影响专用发票的填写。

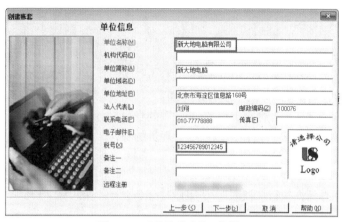

图 1-1-3　"单位信息"对话框

（4）单击"下一步"按钮，打开"核算类型"对话框，如图 1-1-4 所示。

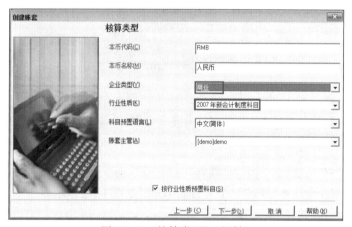

图 1-1-4　"核算类型"对话框

　◇　系统默认的企业类型为"工业"，可以修改。只有选择"工业"企业类型，供应链管理系统才能处理产成品入库、限额领料等业务。只有选择"商业"企业类型，供应链管理系统才能处理受托代销业务。本任务中，企业类型选择商业，如图 1-1-4 所示。

　　◇　行业性质将决定系统预置科目的内容，必须选择正确。

　　（5）单击"下一步"按钮，打开"基础信息"对话框，分别选中"存货是否分类""客户是否分类""供应商是否分类"和"有无外币核算"复选框。

　　（6）单击"完成"按钮，打开"创建账套"对话框，单击"是"按钮。由于系统需要按照用户输入的上述信息进行建账，因此需要一段时间，请耐心等待。建账完成后，自动打开"编码方案"对话框。

　　（7）按所给项目资料修改分类编码方案。编码方案的设置，将会直接影响基础信息设置中相应内容的编码级次和每级编码的位长。

　　（8）单击"确定"按钮，再单击退出"X"按钮，进入"数据精度定义"对话框。直接单击"确定"按钮，采用系统默认的数据精度。

（9）系统弹出创建账套成功提醒，提示是否进行系统启用的设置。单击"是"按钮，弹出"系统启用"对话框，如图 1-1-5 所示。启用"应收款管理""应付款管理""总账""采购管理""存货核算""销售管理""库存管理"等模块。

微课：用户授权

图 1-1-5 "系统启用"对话框

（10）启用完毕，单击"退出"按钮。

4．设置用户权限

设置用户权限的工作应由系统管理员或该账套主管通过执行"系统管理"/"权限"命令完成。既可以对角色赋权，又可以对用户赋权。

（1）在"系统管理"窗口中，执行"权限"/"权限"命令，打开操作员权限对话框。

（2）选择对应账套，账套号为 606，账套时间为 2019 年，从窗口左侧的操作员列表中选择"201 江波"，可以看到"账套主管"复选框为选中状态。

（3）选中"202 何静"，单击"修改"按钮，查看右侧"权限明细列表框"。

（4）在右侧"权限明细列表框"中，在"公共目录设置"下方勾选"财务""收付结算""单据"；在"财务会计"下方勾选"应付款管理""应收款管理""总账""出纳管理"；在"供应链"下方勾选"采购管理"下"业务"中的"发票"选项，同时勾选"存货核算"复选框，如表 1-1-4 所示。

表 1-1-4　　　　　　　　　　　　　用户授权明细表

编号及用户名	在权限设置选项中打"√"		
	公共目录设置	财务会计	供应链
202　何静（会计）			

续表

编号及用户名	在权限设置选项中打"√"		
	公共目录设置	财务会计	供应链
301 汪洋（采购）	☑公共单据 ☑入库单 ☐出库单 ☐入库单列表 ☐出库单列表 ☐付款申请单 ☑请购 ☑公用目录设置 ☐工具 　参照选项公共设置 　新会计转换工具 　登录IM ☐门户设置 ☐基本信息 ☐其他 ☐自定义报表设置 ☐对照表 ☐总账工具 　U8实施与维护工具 ☐集团应用 ☐工作流设置 ☐预警和定时任务 ☐机构人员 ☐质量追溯 ☐生产制造公用 　列表栏目公共方案 ☐客商信息 ☑存货 ☐财务 ☐收付结算 ☑业务 ☑单据 ☐权限		☑供应链 ☐合同管理 ☐售前分析 ☐销售管理 ☑采购管理 ☐委外管理 ☐质量管理 ☑库存管理 ☐存货核算 ☐出口管理 ☐进口管理 ☐售后服务 ☐生产制造 ☐人力资源 ☐集团应用 ☐决策管理 ☐内部控制 ☐移动应用 ☐企业应用集成
401 黄敏（销售）	☑基本信息 ☑公共单据 ☐入库单 ☑出库单 ☐入库单列表 ☑出库单列表 ☐付款申请单 ☐请购 ☑公用目录设置 ☐工具 　参照选项公共设置 　新会计转换工具 　登录IM ☐门户设置 ☐基本信息 ☐其他 ☐自定义报表设置 ☐对照表 ☐总账工具 　U8实施与维护工具 ☐集团应用 ☐工作流设置 ☐预警和定时任务 ☐机构人员 ☐质量追溯 ☐生产制造公用 　列表栏目公共方案 ☐客商信息 ☑存货 ☐财务 ☑业务 ☑单据 ☐权限		☑供应链 ☐合同管理 ☐售前分析 ☑销售管理 ☐采购管理 ☐委外管理 ☐质量管理 ☑库存管理 ☐存货核算 ☐出口管理 ☐进口管理 ☐售后服务 ☐生产制造

小提示

◇ 只有系统管理员才有权限设置或取消账套主管，账套主管只能分配所辖账套操作员的权限。一个账套可以有多个账套主管。

◇ 账套主管拥有该账套所有的权限，因而无须再为账套主管赋权。

5. 账套备份

（1）在E盘上建立一个二级文件夹，命名为"U8-10.1供应链数据备份"，用以存放备份的数据。在此文件夹下再建立一个文件夹，命名为"606-1-1"。

（2）由系统管理员重新注册进入"系统管理"，在"系统管理"窗口中，执行"账套"/"输出"命令，打开"账套输出"对话框。

（3）在"账套号"文本框中选择"[606]新大地电脑有限公司"账套，单击"确认"按钮，如图1-1-6所示。选择备份的存放位置为"E:\U8-10.1供应链数据备

微课：账套备份与引入

份\606-1-1",单击"确认"按钮。

如果想要删除账套,就在"账套输出"对话框中选中"删除当前输出账套",如图 1-1-7 所示。

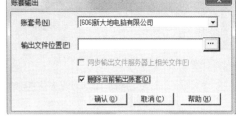

图 1-1-6 "账套输出"对话框　　　　　　图 1-1-7 删除账套

(4)系统弹出"硬盘备份完毕!"提示框,单击"确定"按钮,完成备份,如图 1-1-8 所示。

图 1-1-8 系统提示框

1.1.4 考核评价

1. 评价标准

根据项目实施的情况,实行过程评价与结果评价相结合的评价方式,评价标准如表 1-1-5 所示。

表 1-1-5 　　　　　　　　　　　　　　　　评价标准 　　　　　　　　　　　　　　单位:分

评价类别	评价属性	评价项目	分数
过程评价 (40%)	实训态度	遵章守纪	10
		按要求及时完成	10
		操作细致有耐心	10
		独立完成	10
		小计	40
结果评价 (60%)	实施效果	建账处理流程正确	20
		用户管理规范	20
		账套维护到位	20
		小计	60

2. 评定等级

根据得分情况评定等级,如表 1-1-6 所示。

表 1-1-6 　　　　　　　　　　　　　　　　评定等级 　　　　　　　　　　　　　　单位:分

等级标准	优	良	中	及格	不及格
分数区间	≥90	80(含)~90	70(含)~80	60(含)~70	<60
实际得分					

任务 1.2 ｜ 业务基础设置

云班课——线上导航

安装"蓝墨云"手机客户端,在手机上运行"蓝墨云",点击右上角"+",输入邀请码 121388,活动内容见表 1-2-1;翻转课堂资源用微信扫描二维码获取。

表 1-2-1　　　　　　　　　　　　　业务基础设置线上导航

翻转课堂	性质 场景 对象		学生活动		教师活动		互动活动
空间分布	前置学习 线上云班课	探索、导学	活动1	认知 学习业务信息部门分类及档案信息背景知识	活动1	构建 企业部门分类及档案信息资源库	活动1	教师调查 知识、技能设计方案的难易程度
			活动2	观看 企业各业务部门的工作职能视频及课件	活动2	上传 演示视频、课件、背景知识资料	活动2	学生自评 初学效果
								教师评估调整 教学方案
	课中学习 线下机房实训	归纳、内化	活动3	模拟 1.2.1 完成构建部门档案 1.2.2 完成输入存货档案 1.2.3 完成设置收发类别 1.2.4 完成仓库类型设置及存货核算方法设置 1.2.5 完成账套备份	活动3	演示 企业部门及档案设置过程、存货档案、收发类别设置过程	活动3	教师跟踪 学生团队、学生个人的学习效果
			活动4	反映 知识问题、技能问题	活动4	答疑解惑 纠正操作错误	活动4	师生共同解决问题
								共同调整教学方法
	课后学习 线上云班课	演绎、拓展	活动5	巩固 复习知识点及单项实训	活动5	评价 学习效果	活动5	教师开发 拓展练习、拓展测验
			活动6	自我测试 综合实训	活动6	查看 测试结果	活动6	学生学习经验交流
								教师教学经验交流

1.2.1 背景知识

1. 基本认知

业务基础设置是指录入与业务相关的基本信息。与业务相关的基本信息是与企业业务活动直接相关的信息，一般是购销存业务单据上必须输入的项目，如仓库、采购类型、销售类型等。预先设置好这些信息，才能顺利录入业务单据，避免因基础信息不全而终止业务进程。这些信息也是系统进行分类查询、统计、汇总的依据。

编码规则：一般情况下，为便于识别理解，将所有档案信息的编码均设置为"上级类码+本级序码"。如采购部编码为 3，则其下属采购一部的编码为 301，以此类推。

2．工作过程及岗位要求（见表1-2-2）

表1-2-2 业务基础设置工作过程及岗位要求

系统	企业门户—基础设置	
部门	办公室、财务部、业务部	
岗位操作员	账套主管（201 江波）	系统管理员（admin）
工作过程	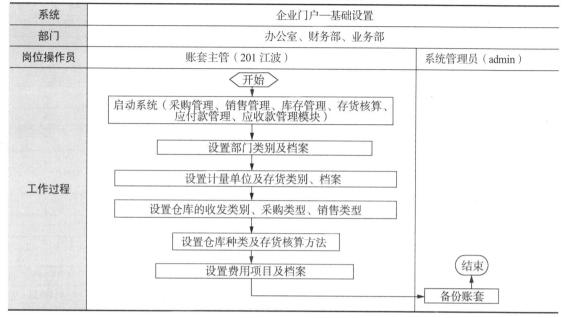	

1.2.2 任务资料

1．部门职员档案（见表1-2-3）

表1-2-3 部门职员档案

部门编码	部门名称		职员编码	职员名称
1	行政部		101	刘翔
2	财务部		201	江波
			202	何静
3	采购部	采购一部	301	汪洋
		采购二部	302	方明
4	销售部	销售一部	401	黄敏
		销售二部	402	陈利
5	仓储部		501	肖建

2．客户和供应商分类及档案资料（见表1-2-4～表1-2-8）

表1-2-4 客户分类

分类编码	分类名称
01	批发
02	零售
03	代销
04	专柜

表 1-2-5　　　　　　　　　　　供应商分类

分类编码	分类名称
01	配件供应商
02	成品供应商

表 1-2-6　　　　　　　　　　　地区分类

分类编码	分类名称
01	东北地区
02	华北地区
03	华东地区
04	华中地区
05	华南地区
06	西北地区
07	西南地区

表 1-2-7　　　　　　　　　　　客户档案

客户编号	客户名称	所属分类码	所属地区码	税号	开户行	银行账号
01001	光华公司	01	03	31000315466	工行	11111121
01002	新月公司	02	02	31000315477	中行	11115676
01003	精利公司	03	05	31000315488	建行	11111585
01004	艾青公司	04	01	31000315499	招行	11117636

表 1-2-8　　　　　　　　　　　供应商档案

供应商编号	供应商名称	所属分类码	所属地区码	税号	开户行	银行账号
01001	兴盛公司	01	02	31082138522	中行	1102201234
02001	昌达公司	02	03	31482570533	建行	1102209012
01002	美凌商行	01	01	31847822668	招行	1102205678
02002	中创公司	02	03	31048800888	工行	1102209023

3．存货资料

（1）存货计量单位

01：自然单位，无换算率，包括台、箱、次、只、盒、块。

02：换算1组，固定换算率，1箱=10盒，1盒=10只。

（2）存货分类和存货档案（见表 1-2-9）

表 1-2-9　　　　　　　　　　　存货分类和存货档案

| 存货分类 | | 存货编码及名称 | 计量单位组 | 计量单位 | 税率（%） | 属性 | 参考成本（元） | 参考售价（元） | 售价（元） |
一级	二级								
01 商品	0101 电脑	001 联想笔记本电脑	自然单位	台	16	外购、销售	4 200	5 000	
		002 戴尔笔记本电脑	自然单位	台	16	外购、销售	4 000	4 600	

续表

存货分类		存货编码及名称	计量单位组	计量单位	税率（%）	属性	参考成本（元）	参考售价（元）	售价（元）
一级	二级								
01 商品	0101 电脑	003 惠普笔记本电脑	自然单位	台	16	外购、销售	4 500	5 300	
		004 神舟笔记本电脑	自然单位	台	16	外购、销售	3 200	4 000	
		005 华硕笔记本电脑	自然单位	台	16	外购、销售	3 500	4 300	
		006 三星笔记本电脑	自然单位	台	16	外购、销售	4 300	5 000	
	0102 电脑配件	001 LED 显示屏	自然单位	台	16	外购、销售	800	1 200	1 300
		002 主板	自然单位	块	16	外购、销售、代销	580	790	880
		003 硬盘	自然单位	块	16	外购、销售、代销	330	580	600
		004 CPU	换算 1 组	块	16	外购、销售	815	1 250	1 300
		005 散热器	换算 1 组	个	16	外购、销售	20	35	40
02 劳务	0201 劳务费用	001 运输费	自然单位	次	10	外购、销售、应税、劳务			

注：本教材设定交通运输费从一般纳税人处取得发票，非从小规模纳税人处取得发票。

4．仓库档案

01：电脑库，采用先进先出法。

02：配件库，采用售价法。

5．收发类别（见表 1-2-10）

表 1-2-10 收发类别

一级编码及名称	二级编码及名称	一级编码及名称	二级编码及名称
1 入库	11 普通采购	2 出库	21 销售出库
	12 受托代销		22 委托代销
	13 采购退货		23 销售退货
	14 盘盈入库		24 盘亏出库
	15 调拨入库		25 调拨出库
	16 其他入库		26 其他出库

6．采购类型和销售类型（见表 1-2-11）

表 1-2-11 采购类型和销售类型

采购类型		销售类型	
名称	入库类别	名称	出库类别
01 厂商采购	普通采购	01 普通销售	销售出库

续表

采购类型		销售类型	
02 代销商进货	普通采购	02 分期收款销售	销售出库
03 采购退回	采购退货	03 直运销售	销售出库
04 委托代销	受托代销	04 门市零售	销售出库
		05 销售退回	销售退货
		06 委托代销	委托代销

7．费用项目（见表 1-2-12）

表 1-2-12　　　　　　　　　　费用项目

费用项目编码及名称	费用子项目编码及名称
1 运杂费	101 运输费
	102 装卸费
	103 包装费
2 业务招待费	201 餐饮费
	202 住宿费
	203 礼品费
3 销售费用	301 委托代销费用

8．发运方式（见表 1-2-13）

表 1-2-13　　　　　　　　　　发运方式

发运方式编码	发运方式名称
01	公路运输
02	铁路运输
03	水运
04	邮寄

1.2.3　任务实施

实施要求如下。

（1）掌握用友 ERP-U8 系统基础设置方法。

（2）独立完成供应商、客户和存货分类设置。

（3）独立完成部门和职员、供应商和客户、存货和仓库的建档工作。

（4）独立设置付款条件、计量单位、结算方式、开户银行、收发类别、采购和销售类型、费用项目及发运方式等。

（5）备份账套。

实训指导如下。

执行"开始"/"程序"/"用友 U8V10.1"/"企业门户"命令，以"201 江波"的身份从企业门户登录 606 账套。

1．建立部门档案

选择设置标签项，执行"基础档案"/"机构设置"/"部门档案"命令，进

微课：建立部门档案
及人员信息

入"部门档案"窗口。单击"增加"命令按钮,在"部门编码"和"部门名称"中输入项目资料中的数据,而后单击"保存"按钮或直接按"F6"键,如图 1-2-1 所示。

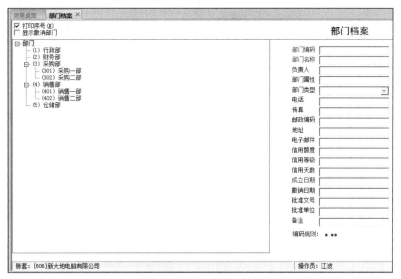

图 1-2-1　部门档案

✧ "部门编码""部门名称"是必填项,其他信息可以为空。
✧ "负责人"必须在设置职员档案之后,在"修改"状态下才能参照输入。
✧ 在设置部门档案时,必须遵循编码规则,并且要先设上级,然后才能设置下级。
✧ 部门设置保存后,"部门编码"不能再进行修改。
✧ 已经使用的部门不允许删除。

2. 建立职员档案

执行"机构设置"/"职员档案"命令,进入"人员档案"窗口。先选择相应的部门,再增加职员,按项目资料录入职员信息,如图 1-2-2 所示。

图 1-2-2　职员档案

3. 客户分类、供应商分类、地区分类

供应链管理不仅面向企业内部的采购、生产、销售等生产经营活动,还面向企业下游的供应商

和上游的客户。如果企业的供应商和客户比较多，分布较广，则不仅需要对供应商和客户进行分类，还需要对其他地区进行分类，以便于管理。

客户或供应商分类是指按照客户或供应商的某种属性或某种特征，将客户或供应商进行分类管理。如果建账时选择了对客户或供应商进行分类，则必须先进行分类，才能增加客户或供应商档案。如果建账时未选择对客户或供应商进行分类，则可以直接录入客户或供应商档案。

（1）执行"设置"/"基础档案"/"往来单位"/"客户分类"命令，打开"客户分类"窗口。单击"增加"按钮，输入项目资料中相应的客户分类信息，而后保存，如图 1-2-3 所示。

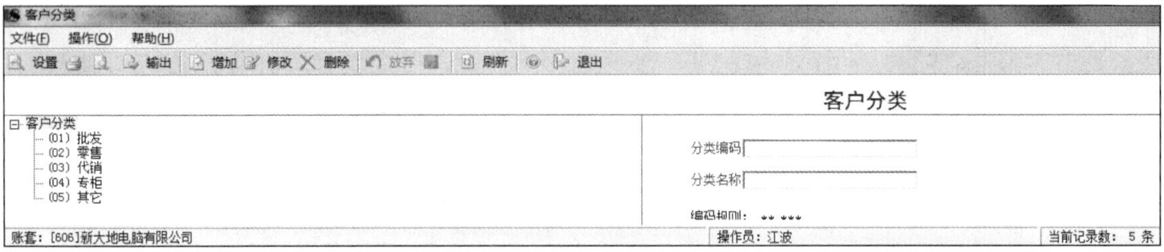

图 1-2-3　客户分类

（2）执行"设置"/"基础档案"/"往来单位"/"供应商分类"命令，打开"供应商分类"窗口。单击"增加"按钮，输入项目资料中相应的供应商分类信息，而后保存，如图 1-2-4 所示。

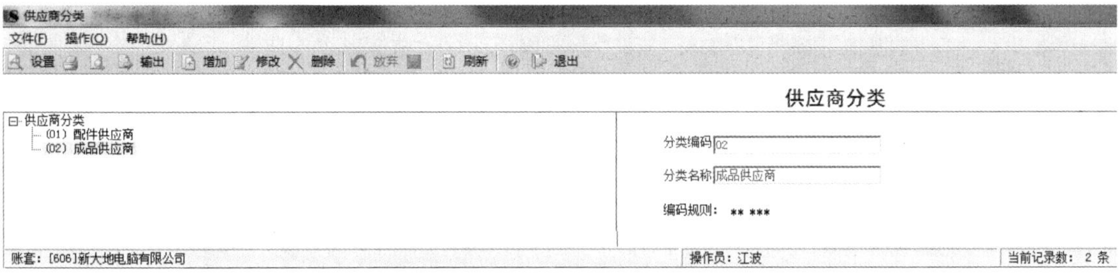

图 1-2-4　供应商分类

（3）执行"设置"/"基础档案"/"往来单位"/"地区分类"命令，打开"地区分类"窗口。单击"增加"按钮，输入项目资料中相应的地区分类信息，而后保存，如图 1-2-5 所示。

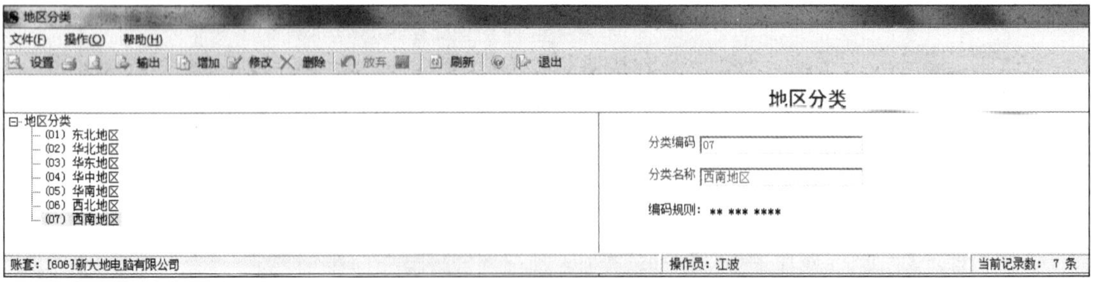

图 1-2-5　地区分类

小提示

◇　分类编码必须符合编码方案中定义的编码规则。

◇　分类中如果已经输入了客户档案，则该客户分类项目资料不能被修改、删除。

◇　建立下级分类时，其上级分类必须已经存在。

4．客户档案

执行"设置"/"基础档案"/"往来单位"/"客户档案"命令，打开"客户档案"窗口。选择相应的客户分类，单击"增加"按钮，打开"增加客户档案"窗口。窗口中包括 4 个选项卡，即"基本""联系""信用""其他"。对不同属性的客户分别归类记录。在此窗口中输入项目资料中相应的地区分类信息，进行保存，如图 1-2-6 所示，所有客户档案如图 1-2-7 所示。

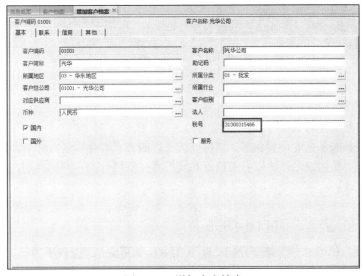

图 1-2-6　增加客户档案

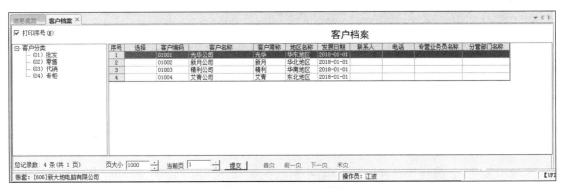

图 1-2-7　所有客户档案

◇　客户编码、客户简称等显示为蓝字的是必填项目。

◇　如果需要开具销售专用发票，则必须输入税号、开户银行、银行账号等信息，否则只能开具普通发票。

◇　如果要填写"联系"选项卡中的"发货方式""发货仓库"信息，则需要先在"基础档案"中设置"仓库档案"和"发运方式"。

5．供应商档案

执行"设置"/"基础档案"/"往来单位"/"供应商档案"命令，打开"供应商档案"窗口。选择相应的供应商分类，单击"增加"按钮，打开"增加供应商档案"窗口。窗口包括 4 个选项卡，即"基本""联系""信用""其他"。对供应商不同的属性分别归类记录。在此窗口中输入项目资料中相应的地区分类信息，而后保存，如图 1-2-8 所示。

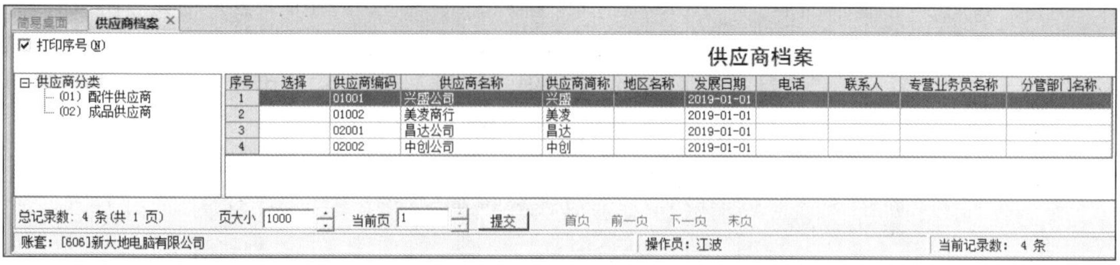

序号	选择	供应商编码	供应商名称	供应商简称	地区名称	发展日期	电话	联系人	专营业务员名称	分管部门名称
1		01001	兴盛公司	兴盛		2019-01-01				
2		01002	美麦商行	美麦		2019-01-01				
3		02001	昌达公司	昌达		2019-01-01				
4		02002	中创公司	中创		2019-01-01				

图 1-2-8　供应商档案

6. 存货的相关信息

在供应链管理系统中，存货是重要的内容，涉及企业供应链的整个流程，是企业物流管理和财务核算的主要对象。

（1）存货分类。如果企业存货较多，则可以按一定的方式对存货进行分类，以便管理。存货分类是指按照存货固有的特征和属性将存货划分为不同的类别，以便分类核算和统计。

微课：设置存货档案

执行"设置"/"基础档案"/"存货"/"存货分类"命令，打开"存货分类"窗口。按项目资料输入存货分类的相关信息，如图 1-2-9 所示。

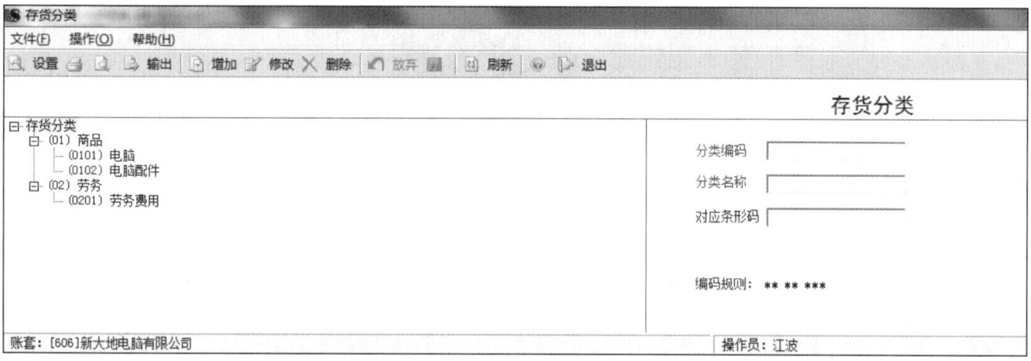

图 1-2-9　存货分类

（2）计量单位。企业的存货种类繁多，不同的存货可能使用不同的计量单位，同一种存货用于不同的业务时其计量单位也可能有所不同。例如，对于某种药品，采购、批发销售时可能用"箱"作为计量单位，而库存和零售时的计量单位则可能是"盒"。因此，在基础设置中，需要事先定义好存货的计量单位。

存货的计量单位可以分为"无换算""固定换算"和"浮动换算"3 类。"无换算"计量单位一般是指自然单位、度量衡单位等。"固定换算"计量单位是指各个计量单位之间存在着不变的换算比率，这种计量单位之间的换算比率即为固定换算率，这些单位即为固定换算单位。"浮动换算"计量单位是指计量单位之间无固定换算率，这种不固定换算比率被称为浮动换算率，这些单位被称为浮动换算单位。

设置计量单位的步骤如下。

① 执行"设置"/"基础档案"/"存货"/"计量单位"命令，打开"计量单位"窗口。

② 单击"分组"按钮，打开"计量单位组"窗口。

③ 单击"增加"按钮，输入计量单位组的编码、名称、类别等信息，如图 1-2-10 所示。

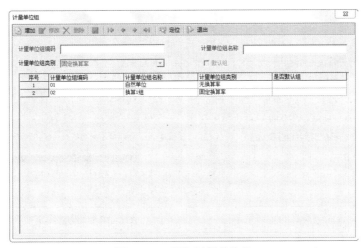

图 1-2-10　增加计量单位组

④ 关闭"计量单位组"对话框，显示计量单位组列表。

⑤ 选中"自然单位"计量单位组，单击"单位"按钮，打开"计量单位"对话框。单击"增加"按钮，输入计量单位编码、计量单位名称、所属计量单位组等信息，如图 1-2-11 所示。

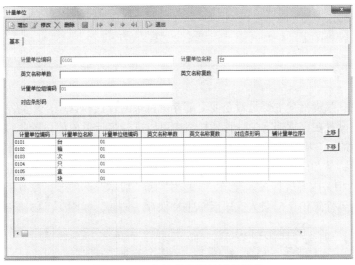

图 1-2-11　自然单位组的计量单位

⑥ 单击"退出"按钮，退出自然单位组计量单位的设置。

⑦ 选中"换算 1 组"计量单位组，单击"单位"按钮，打开"计量单位"对话框。单击"增加"按钮，输入计量单位编码"0201"、计量单位名称"个"，单击"保存"按钮，如图 1-2-12 所示。

 为便于换算，通常将小的计量单位作为主计量单位。

⑧ 输入计量单位编码"0202"、计量单位名称"盒"，在"换算率"文本框中输入 10，单击"保存"按钮。再输入计量单位编码"0203"、计量单位名称"箱"，在"换算率"文本框中输入 100，单击"保存"按钮，如图 1-2-13 所示。

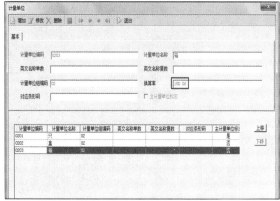

图 1-2-12　设置固定换算的主计量单位　　　　图 1-2-13　设置固定换算的其他单位

⑨ 单击"退出"按钮，显示上述设置的计量单位，如图 1-2-14 所示。

图 1-2-14　计量单位

（3）存货档案。存货档案主要是对企业全部存货目录的设立和管理，随同发货单或发票一起开具的应税劳务也应设置在存货档案中。存货档案中可以进行多计量单位设置。

① 执行"设置"/"基础档案"/"存货"/"存货档案"命令，打开"存货档案"窗口。

② 选中"商品"/"电脑"存货分类，单击"增加"按钮，打开"增加存货档案"窗口。根据 1.2.2 任务资料中的相关内容进行录入，录入"基本"和"成本"选项卡，修改销项税率及进项税率为 16% 及勾选存货属性等信息，录入完毕后单击"保存"按钮，如图 1-2-15 所示。

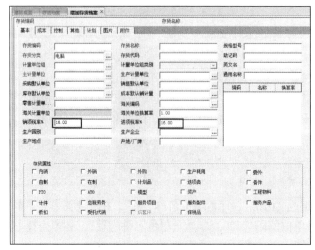

图 1-2-15　增加存货档案

③ 对于录入的数据，如发现错误，可以直接双击某存货，在弹出的"修改存货档案"窗口中修改，或选中某存货，单击"修改"，修改后单击"保存"按钮，如图 1-2-16 所示。

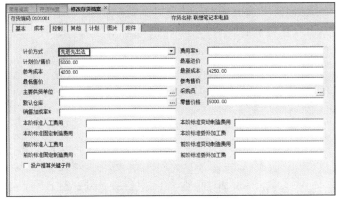

图 1-2-16 修改存货档案

④ 输入"电脑配件"的资料。

⑤ 输入"劳务费用"的资料，此时存货属性中要增加一项"应税劳务"，并把税率改为"10%"，如图 1-2-17 所示。

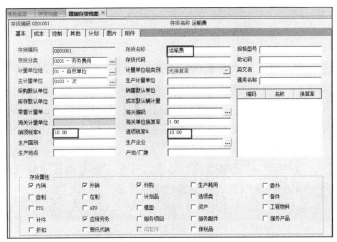

图 1-2-17 增加应税劳务存货档案

⑥ 录入完毕后单击"退出"按钮，所有存货档案如图 1-2-18 所示。

图 1-2-18 所有存货档案

◇ "增加存货档案"窗口中有7个选项卡——"基本""成本""控制""其他""计划""图片""附件"，对存货不同的属性分别进行归类。

◇ 在"基本"选项卡中，其中用蓝字显示的，如"存货编码""存货名称""计量单位组""主计量单位"是必填项。

◇ 主计量单位会根据已选择的计量单位组自动弹出。如果要修改，可以直接删除后，再自行输入。

◇ 采购、销售、库存默认单位和成本默认辅计量：设置各子系统默认使用的计量单位。

◇ 税率：指该存货的增值税税率。

◇ 存货属性：系统为存货设置了24种属性。其中，销售有内销和外销属性，都表示可以用于销售；具有"外购"属性的存货可以用于采购；具有"生产耗用"属性的存货可以用于生产领用；具有"自制"属性的存货可由企业生产；具有"在制"属性的存货正在生产；具有"应税劳务"属性的存货可以抵扣进项税额，是指可以开具在采购发票上的运输费等应税劳务。

◇ "成本"选项卡中主要记录与存货计价相关的信息。

◇ "控制"选项卡中主要记录与生产、库存相关的信息。

◇ "其他"选项卡中主要记录与业务环节无关的一些辅助信息。

◇ "计划""图片""附件"等选项卡中主要记录辅助信息。

◇ 此时的主板与硬盘还不能设置"是否委托代销"，须待"采购管理"系统启用，并选择有"受托代销业务"后才能设置。

7. 仓库档案

仓库是用于存放存货的场所。要对存货进行核算和管理，首先应对仓库进行管理。每一个仓库必须选择一种计价方式。系统共提供6种计价方式：工业企业为计划价法、全月平均法、移动平均法、先进先出法、后进先出法和个别计价法，商业企业为售价法、全月平均法、移动平均法、先进先出法、后进先出法和个别计价法。

微课：设置仓库档案
及计价方式

执行"基础档案"/"业务"/"仓库档案"命令，打开"仓库档案"窗口，按1.2.2任务资料设置企业仓库。全部仓库档案的设置结果如图1-2-19所示。

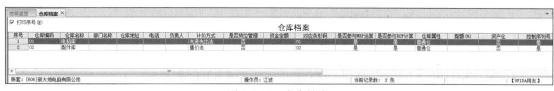

图 1-2-19 仓库档案

8. 收发类别

设置收发类别的目的是使用户对企业的出入库情况进行分类汇总、统计，用以标识材料的出入库类型。用户可以根据企业的实际情况进行灵活的设置。

执行"基础档案"/"业务"/"收发类别"命令，打开"收发类别"窗口，按项目资料设置企业收发类别。全部设置结果如图1-2-20所示。

微课：设置收发
类别等

9. 采购类型

执行"基础档案"/"业务"/"采购类型"命令，打开"采购类型"窗口，按项目资料设置企业采购类型。全部采购类型的设置结果如图1-2-21所示。

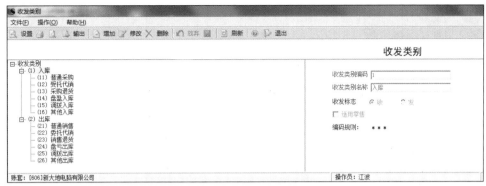

图 1-2-20　收发类别

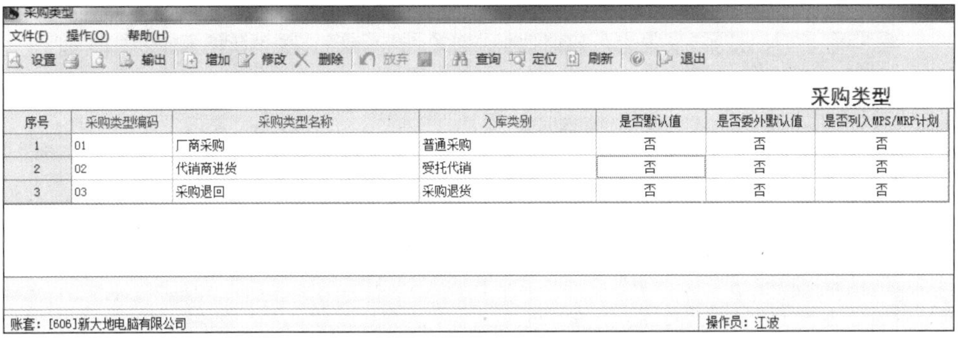

图 1-2-21　采购类型

10. 销售类型

执行"基础档案"/"业务"/"销售类型"命令，打开"销售类型"窗口，按项目资料设置企业销售类型。全部销售类型的设置结果如图1-2-22所示。

序号	销售类型编码	销售类型名称	出库类别	是否默认值	是否列入MPS/MRP计划
1	01	普通销售	普通销售	否	否
2	02	分期收款销售	普通销售	否	否
3	03	直运销售	普通销售	否	否
4	04	门市销售	普通销售	否	否
5	05	销售退回	销售退货	否	否
6	06	委托代销	委托代销	否	否

图 1-2-22　销售类型

11. 费用项目

执行"基础档案"/"业务"/"费用项目"命令，打开"费用项目"窗口。单击"增加"按钮，按项目资料设置企业的费用项目。全部费用项目的设置结果如图1-2-23所示。

12. 发运方式

执行"基础档案"/"业务"/"发运方式"命令，打开"发运方式"窗口，按项目资料设置企业发运方式。全部发运方式的设置结果如图1-2-24所示。

图 1-2-23　费用项目

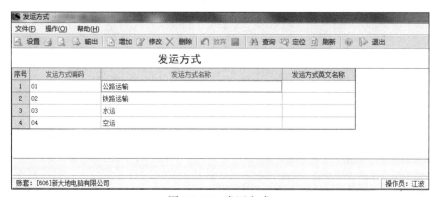

图 1-2-24　发运方式

13. 账套备份

退出"企业门户"，在系统管理中由系统管理员执行"账套"/"输出"命令，将数据存储在"E：\U8-10.1 供应链数据备份\606-1-2"中。

1.2.4　评价考核

1. 评价标准

根据项目实施情况，实行过程评价与结果评价相结合的评价方式，评价标准如表 1-2-14 所示。

表 1-2-14　　　　　　　　　　　　评价标准　　　　　　　　　　　　单位：分

评价类别	评价属性	评价项目	分数
过程评价（40%）	实训态度	遵章守纪	10
		按要求及时完成	10
		操作细致有耐心	10
		独立完成	10
		小计	40
结果评价（60%）	实施效果	熟练掌握业务基础设置方法	20
		业务基础设置处理流程正确	20
		业务基础项目资料录入准确	20
		小计	60

2．评定等级

根据得分情况评定等级，如表 1-2-15 所示。

表 1-2-15　　　　　　　　　　　　　　　　　评定等级　　　　　　　　　　　　　　　　单位：分

等级标准	优	良	中	及格	不及格
分数区间	≥90	80（含）～90	70（含）～80	60（含）～70	<60
实际得分					

任务 1.3 ｜ 财务基础设置

云班课——线上导航

安装"蓝墨云"手机客户端，在手机上运行"蓝墨云"，点击右上角"+"，输入邀请码 121388，活动内容见表 1-3-1；翻转课堂资源用微信扫描二维码获取。

表 1-3-1　　　　　　　　　　　　　　　财务基础设置线上导航

项目一 供应链基础设置				任务 1.3 财务基础设置			
翻转课堂	性质 场景 / 对象		学生活动		教师活动		互动活动
前置学习	线上云班课	探索、导学	活动 1	**认知** 学习财务系统基础管理的背景知识	活动 1	**构建** 财务系统基础设置资源库	活动 1	**教师调查** 知识、技能设计方案的难易程度
			活动 2	**观看** 财务基础设置的操作视频及课件	活动 2	**上传** 演示视频、课件及背景知识资料	活动 2	**学生自评** 初学效果 **教师评估调整** 教学方案
空间分布	课中学习	线下机房实训	归纳、内化	活动 3	**模拟** 1.3.1 完成会计科目体系设置 1.3.2 完成科目期初余额输入并试算平衡 1.3.3 完成凭证类型设置 1.3.4 完成结算方式设置 1.3.5 完成账套备份	活动 3	**演示** 财务基础设置过程	活动 3	**教师跟踪** 学生团队、学生个人的学习效果
			活动 4	**反映** 知识问题、技能问题	活动 4	**答疑解惑** 纠正操作错误	活动 4	**师生共同** 解决问题 **共同调整** 教学方法
	课后学习	线上云班课	演绎、拓展	活动 5	**巩固** 复习知识点及单项实训	活动 5	**评价** 学习效果	活动 5	**教师开发** 拓展练习、拓展测验
			活动 6	**自我测试** 综合实训	活动 6	**查看** 测试结果	活动 6	**学生学习** 经验交流 **教师教学** 经验交流

1.3.1 背景知识

1．基本认知

用友 ERP—U8 是集成了财务、业务、生产等的 ERP 系统，所有业务活动的结果最终都将自动生成相关的财务信息，真正实现物流、资金流、信息流的同步。事先定义财务相关基础信息，正是为以后自动生成财务核算凭证做准备。它主要包括设置凭证类别、会计科目，录入账户期初余额并试算平衡，设置结算方式、付款条件等与会计系统使用有关的内容。

2．工作过程及岗位要求（见表 1-3-2）

表 1-3-2　　　　　　　　　　　　财务基础设置工作过程及岗位要求

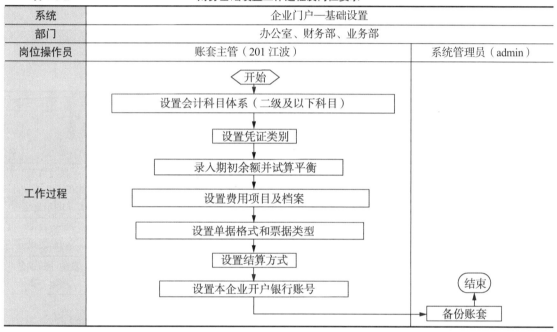

1.3.2 任务资料

1．设置总账系统参数

不允许修改、作废他人填制的凭证。

2．设置会计科目

修改会计科目"应收账款""应收票据"和"预收账款"的辅助核算类型为"客户往来"，受控于"应收系统"；修改会计科目"应付账款""应付票据"和"预付账款"的辅助核算类型为"供应商往来"，受控于"应付系统"；增加"220201 应付货款"科目，设置为"供应商往来"，增加"220202 暂估应付款"科目；修改 1321 科目名称为"受托代销商品"；修改 2314 科目名称为"受托代销商品款"。

3．设置凭证类别（见表 1-3-3）

表 1-3-3　　　　　　　　　　　　　　凭证类别

类别字	类别名称	限制类型	限制科目
收	收款凭证	借方必有	1001，10020101
付	付款凭证	贷方必有	1001，10020101
转	转账凭证	凭证必无	1001，10020101

4. 录入期初余额（见表1-3-4）

表1-3-4   期初余额   单位：元

资产			负债和所有者权益		
科目	方向	金额	科目	方向	金额
库存现金	借	18 000	短期借款	贷	210 000
银行存款	借	350 000	暂估应付款	贷	42 000
库存商品	借	459 500	长期借款	贷	450 000
商品进销差价	借	62 975	实收资本	贷	1 080 000
受托代销商品	借	11 600	盈余公积	贷	98 125
发出商品	借	93 000	未分配利润	贷	300 000
固定资产	借	1 305 050			
累计折旧	贷	120 000			
合计	借	2 180 125	合计	贷	2 180 125

5. 付款条件（见表1-3-5）

表1-3-5   付款条件

付款条件编码	信用天数	优惠天数1	优惠率1	优惠天数2	优惠率2	优惠天数3	优惠率3
01	30	10	2	20	1	30	0
02	30	10	4	20	2	30	0
03	90	30	2	60	1	90	0

6. 结算方式（见表1-3-6）

表1-3-6   结算方式

结算方式编号	结算方式名称
01	现金结算
02	现金支票
03	转账支票
04	电汇

7. 开户银行

编码：01。

银行账号：3002001016688。

开户银行：中国工商银行北京分行。

1.3.3　任务实施

实施要求如下。

（1）掌握财务基础设置的方法。

（2）能够独立完成总账系统参数、会计科目、凭证类别设置及期初余额的录入。

实施指导如下。

1. 设置总账系统参数

（1）在"企业门户"窗口中选择"业务"选项卡，执行"财务会计"/"总账"/"设置"/"选项”命令，打开"选项"对话框。

（2）单击"编辑"按钮，选择"凭证"标签项，取消选中"制单序时控制"复选框，取消选中"现金流量科目必录现金流量项目"复选框。选择"权限"标签项，取消选中"允许修改、作废他人填制的凭证"复选框，单击"确定"按钮，如图 1-3-1 所示。

微课：会计科目体系
的设置

图 1-3-1　总账选项设置

2. 设置会计科目辅助核算

（1）在"企业门户"中选择"设置"选项卡，执行"基础档案"/"财务"/"会计科目"命令，打开"会计科目"对话框。

（2）在"会计科目"对话框中，选中"1122 应收账款"并双击，或在选中该科目后单击"修改"，打开"会计科目_修改"对话框。设置该科目的辅助核算类型为"客户往来"，受控系统为"应收系统"，如图 1-3-2 所示。

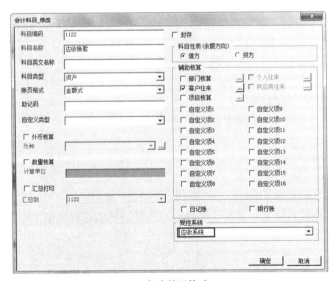

图 1-3-2　会计科目修改

（3）使用相同的方法，设置"应收票据""预收账款"的辅助核算类型为"客户往来"，受控于"应收系统"；设置会计科目"应付账款""应付票据"和"预付账款"的辅助核算类型为"供应商往来"，受控于"应付系统"。

（4）修改会计科目名称。将资产类科目"1321 代理业务资产"修改为"1321 受托代销商品"，将"1402 在途物资"修改为"1402 商品采购"。将负债类科目"2314 代理业务负债"修改为"2314 受托代销商品款"。具体操作如下：选择"1321 代理业务资产"，单击"修改"，直接将科目名称"代理业务资产"修改为"受托代销商品"，然后单击"确定"按钮即可。"1402 在途物资""2314 代理业务负债"的修改步骤与"1321 代理业务资产"的修改步骤相同，如图 1-3-3～图 1-3-5 所示。

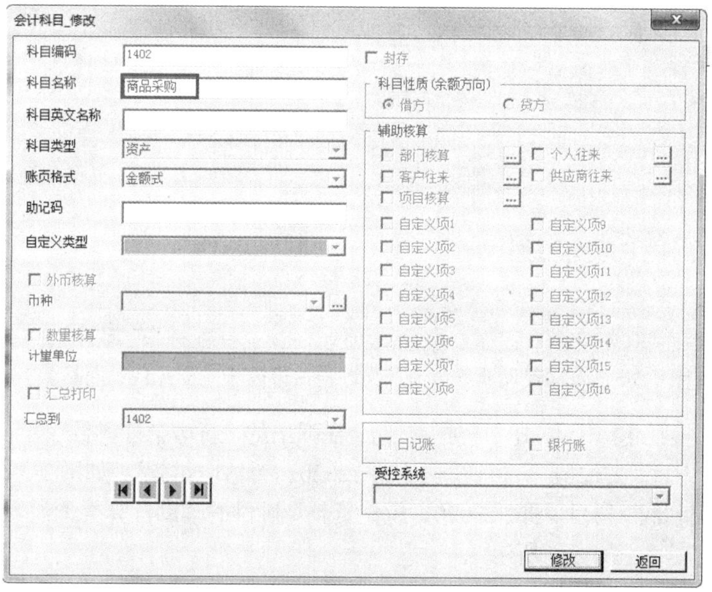

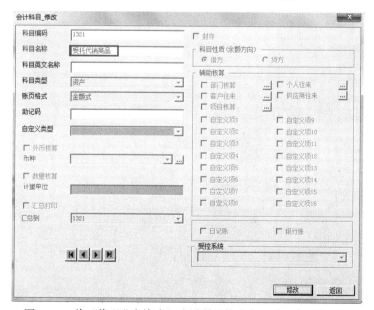

图 1-3-3　将"在途物资"会计科目修改为"商品采购"

图 1-3-4　将"代理业务资产"会计科目修改为"受托代销商品"

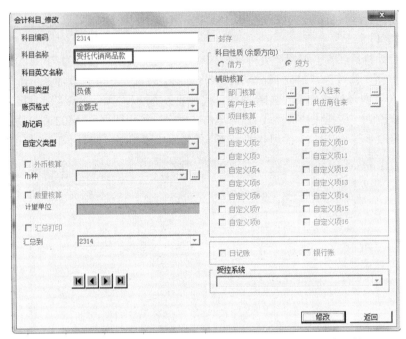

图 1-3-5　将 "代理业务负债" 会计科目修改为 "受托代销商品款"

（5）在 "会计科目" 窗口，单击 "增加" 按钮，在弹出的 "新增会计科目" 对话框中，增加 "2202 应付账款" 的下级科目 "220201 应付货款" 和 "220202 暂估应付款"，如图 1-3-6 所示。按此方法，增加 "4105 未分配利润" 科目。将 "220201 应付货款" 科目的辅助核算类型设置为 "供应商往来"，受控于 "应付系统"，如图 1-3-7 所示。

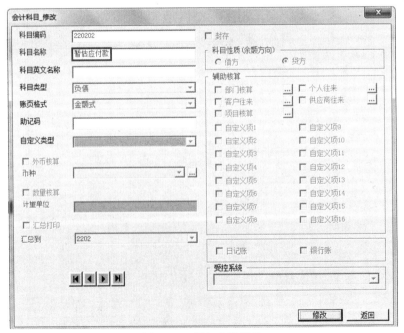

图 1-3-6　增加会计科目

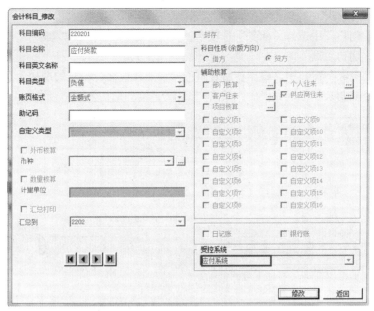

图 1-3-7 "应付货款"会计科目修改

3. 设置凭证类别

设置凭证类别便于在制单时设置对科目的限制条件,系统共有 7 种凭证类别可供选择。

(1)借方必有:制单时,此类型凭证的借方至少有一个限制科目有发生;

(2)借方必无:制单时,此类型凭证的借方不可有一个限制科目有发生;

(3)贷方必有:制单时,此类型凭证的贷方至少有一个限制科目有发生;

(4)贷方必无:制单时,此类型凭证的贷方不可有一个限制科目有发生;

(5)凭证必有:制单时,对于此类型凭证,无论借方还是贷方,至少有一个限制科目有发生;

(6)凭证必无:制单时,对于此类型凭证,无论借方还是贷方,不可有一个限制科目有发生;

(7)无限制:制单时,此类型凭证可使用所有合法的科目。

根据项目资料要求,在本账套中设置收、付、转凭证类别。执行"基础档案"/"财务"/"凭证类别"命令,在"凭证类别"对话框中,单击"修改"按钮进行相应设置。凭证类别的设置如图 1-3-8 所示。

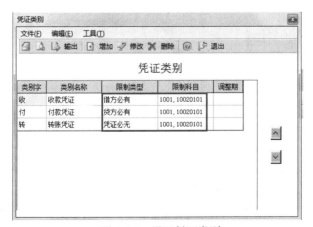

图 1-3-8 设置凭证类别

微课:录入期初余额
及试算平衡

4．录入期初余额

（1）在"企业门户"中选择"业务"选项卡，执行"财务会计"/"总账"/"设置"/"期初余额"命令，打开"期初余额"窗口。

（2）在"期初余额"窗口中，根据项目资料依次输入相应会计科目的期初余额。

（3）会计科目期初余额输入完毕后，单击"试算"，检测期初余额是否平衡，如图 1-3-9 所示。

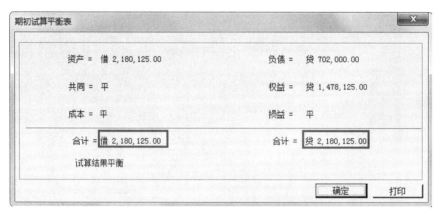

图 1-3-9　期初试算平衡表

5．设置付款条件

付款条件即现金折扣，用来设置企业在经营过程中与往来单位协议规定的收、付款折扣优惠方法。付款条件一般表示为 2/10，1/20，n/30 等。其含义是客户如果在 10 天内付款，可以享受 2%的现金折扣；客户如果在 20 天内付款，可以享受 1%的现金折扣；客户如果在 30 天内付款，则需全额付款。

执行"设置"/"基础档案"/"收付结算"/"付款条件"命令，打开"付款条件"窗口。单击"增加"按钮，输入 1.3.2 任务资料中的相关信息。在"付款条件"窗口中，付款条件编码必须唯一，最大长度不能超过 3 个字符。每一个付款条件可以同时设置 4 种优惠天数与相应的折扣率，但是付款条件一旦引用就不能进行修改和删除。录入结果如图 1-3-10 所示。

付款条件

序号	付款条件编码	付款条件名称	信用天数	优惠天数1	优惠率1	优惠天数2	优惠率2	优惠天数3	优惠率3	优惠天数4	优惠率4
1	01	2/10, 1/20, n/30	30	10	2.0000	20	1.0000	30	0.0000	0	0.0000
2	02	4/10, 2/20, n/30	30	10	4.0000	20	2.0000	30	0.0000	0	0.0000
3	03	2/30, 1/60, n/90	90	30	2.0000	60	1.0000	90	0.0000	0	0.0000

图 1-3-10　付款条件

6．设置结算方式

为了提高银行对账的效率，系统提供了设置结算方式的功能。该功能主要用来建立和管理用户在经营活动中涉及的结算方式。结算方式的编码和名称必须输入，且编码要符合编码规则。"是否票据管理"是为出纳对银行结算票据进行管理而设置的功能，需要进行票据登记的结算方式要选择此项功能。

微课：设置结算方式
及其他设置等

执行"设置"/"基本档案"/"收付结算"/"结算方式"命令，打开"结算方式"窗口。单击"增加"按钮，根据项目资料进行相关设置，如图 1-3-11 所示。

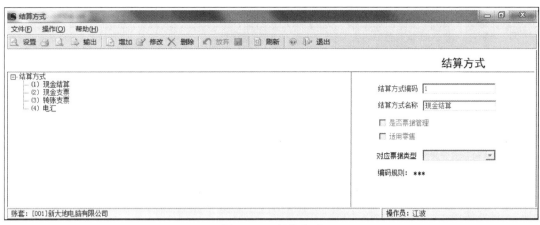

图 1-3-11 结算方式

7. 设置开户银行

"开户银行"用于设置本企业在收付结算中对应的各开户银行信息。系统支持多个开户银行和账号。在供应链管理系统中,如果需要开具增值税专用发票,则需要设置开户银行信息。同时,在客户档案中还必须输入客户的开户银行信息和税号信息。

执行"基础档案"/"收付结算"/"开户银行"命令,打开"本单位开户银行"窗口。依据 1.3.2 任务资料的内容输入相应信息后单击"保存"按钮,然后"退出",如图 1-3-12 所示。

图 1-3-12 开户银行设置

❖ 开户银行编码必须唯一,最大长度为 3 个字符。
❖ 银行账号必须唯一,最大长度为 20 个字符。
❖ 暂封标识用于标识银行的使用状态。如果某个账号临时不用,可以选择"是"。

8. 备份

退出"企业门户",在系统管理中由系统管理员执行"账套"/"输出"命令,将数据存储在"E:\U8-10.1 供应链数据备份\606-1-3"中。

1.3.4 评价考核

1. 评价标准

根据项目实施情况,实行过程评价与结果评价相结合的评价方式,评价标准如表 1-3-7 所示。

表 1-3-7　　　　　　　　　　　　　　评价标准　　　　　　　　　　　　　单位:分

评价类别	评价属性	评价项目	分数
过程评价 (40%)	实训态度	遵章守纪	10
		按要求及时完成	10

续表

评价类别	评价属性	评价项目	分数
过程评价 （40%）	实训态度	操作细致有耐心	10
		独立完成	10
		小计	40
结果评价 （60%）	实施效果	熟练掌握财务基础设置方法	20
		财务基础设置处理流程正确	20
		财务基础项目资料录入准确	20
		小计	60

2. 评定等级

根据得分情况评定等级，如表1-3-8所示。

表1-3-8　　　　　　　　　　　　　　　　评定等级　　　　　　　　　　　　　　　　单位：分

等级标准	优	良	中	及格	不及格
分数区间	≥90	80（含）～90	70（含）～80	60（含）～70	<60
实际得分					

项目二
采购管理系统

- **项目目标**

能够完成采购管理系统的初始化设置，并对企业采购环节发生的普通采购业务、受托代销业务、退货业务、暂估业务及短缺、毁损等事项进行相应的信息化处理，生成各类业务流转单据；能够结合应付款管理系统及存货核算系统对发生的以上应付款、现付款及采购成本事项进行会计核算处理，生成采购成本的会计凭证。

- **知识概要**

采购管理系统是用友 ERP—U8 V10.1 供应链管理系统的重要组成部分。采购管理系统可帮助用户对采购业务的全部流程进行管理，提供请购、订货、到货、入库、开票、采购结算的完整采购流程，用户可根据实际情况进行采购流程的定制。本教材根据企业日常采购业务的基本类型，将采购管理系统管理的采购业务分成普通采购业务、受托代销业务、其他采购业务。其中，其他采购业务包括退货、暂估、短缺、毁损等事项。根据销售折让发票，企业冲销一部分应付货款；根据付款条件，采购付款时也可能发生现金折扣，发生现金折扣时应抵消一部分货款及冲销一部分财务费用。

用友 ERP-U8 V10.1 供应链管理系统适用于各类工业企业和商业批发、零售企业，医药，物资供销，对外贸易，图书发行的企业采购部门和采购核算财务部门。

采购管理系统既可以单独使用，又能与用友 ERP-U8 V10.1 的库存管理系统、销售管理系统、存货核算系统、应付款管理系统等集成使用，进行完整而全面的业务和财务流程处理。采购管理系统与其他管理系统的主要关系如图 2-0-1 所示。

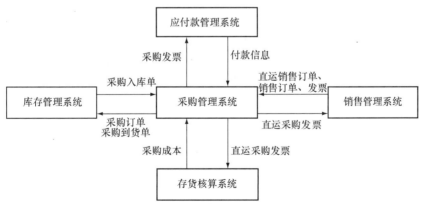

图 2-0-1　采购管理系统与其他管理系统的主要关系

- **重点、难点**

重点：完成采购管理系统的初始化设置，初步构建企业处理日常采购业务的信息化管理框架。对日常采购过程中发生的各类采购事项，分清不同类型进行业务和财务处理，如跟踪采购环节货物流转的业务单据信息，及时处理生成采购发票、入库单据及会计凭证。其中，在单据流转过程中，每笔业务的审核环节不可或缺。

难点：对在采购结算过程中发生的退货、退款、短缺、毁损、成本暂估等事项进行相应处理。

• 实训内容（见表 2-0-1）

表 2-0-1　　　　　　　　　　　　项目二实训内容

任务名称	工作要求
任务 2.1　采购管理系统初始化	设置采购管理选项控制参数
任务 2.2　普通采购业务	填制采购业务单据并生成应付或付款凭证
任务 2.3　委托代销业务	填制委托代销业务单据并生成结算凭证
任务 2.4　其他采购业务	填制采购退货、退款、短缺、毁损、成本暂估等业务单据并生成相应冲销凭证、其他应收凭证及暂估入库凭证

任务 2.1 | 采购管理系统初始化

云班课——线上导航

安装"蓝墨云"手机客户端，在手机上运行"蓝墨云"，点击右上角"+"，输入邀请码 121388，活动内容见表 2-1-1；翻转课堂用微信扫描二维码获取。

表 2-1-1　　　　　　　　　　采购管理系统初始化线上导航

翻转课堂	性质	对象	项目二　采购管理系统		任务 2.1　采购管理系统初始化			
	场景		学生活动		教师活动		互动活动	
空间分布	前置学习	线上云班课	探索、导学	活动1	认知 学习采购管理系统初始化及应付款系统初始化的背景知识	活动1	构建 采购管理系统初始化资源库	活动1	教师调查 知识、技能设计方案的难易程度
				活动2	观看 采购管理初始设置选项、期初采购原始单据录入操作及应付款系统初始化科目设置视频及课件	活动2	上传 演示视频、课件、背景知识资料	活动2	学生自评 初学效果
									教师评估调整 教学方案
	课中学习	线下机房实训	归纳、内化	活动3	模拟 2.1.1 初始选项设置 2.1.2 完成采购管理期初单据 2.1.3 完成应付款管理系统初始余额的输入 2.1.4 完成账套备份	活动3	演示 采购管理系统初始化过程及应付款管理系统初始化设置过程	活动3	教师跟踪 学生团队、学生个人的学习效果
				活动4	反映 知识问题、技能问题	活动4	答疑解惑 纠正操作错误	活动4	师生共同解决问题
									共同调整教学方法
	课后学习	线上云班课	演绎、拓展	活动5	巩固 复习知识点及单项实训	活动5	评价 学习效果	活动5	教师开发 拓展练习、拓展测验
				活动6	自我测试 综合实训	活动6	查看 测试结果	活动6	学生学习经验交流
									教师教学经验交流

2.1.1　背景知识

1．基本认知

采购管理系统初始化是指在处理日常业务前确定业务范围、类型和核算的要求。系统选项也称系统参数、业务处理控制参数，是指企业在处理业务过程中所使用的各种控制参数。系统选项的设置将决定用户使用系统的业务流程、业务模式和数据流向。

用户在进行系统选项设置前一定要了解选项开关对业务流程的影响，并结合企业的实际情况进行设置。由于有些系统选项在日常业务开始后不能更改，因此，用户最好在业务开始前进行全盘考虑。

由于采购管理系统业务发生之后，其他系统如库存管理系统、存货核算系统及应付款管理系统会产生关联数据的流转，因此，采购管理系统初始化也包括以上关联系统的必要初始化设置。

2．工作过程及岗位要求（见表 2-1-2）

表 2-1-2　　　　　　　　　　　采购管理系统初始化工作过程及岗位要求

系统	采购管理系统	库存管理系统	存货核算系统	应付款管理系统
部门	采购部	仓储部	财务部	
岗位操作员	账套主管（201 江波）	账套主管（201 江波）	账套主管（201 江波）	账套主管（201 江波）
工作过程	开始 → 设置系统初始选项 → 录入期初采购业务单据（期初入库单或受托代销单）→ 采购期初记账	设置系统初始选项 → 区分不同仓库录入期初库存商品数量台账 → 批审	设置会计核算科目 → 导入或生成期初存货核算会计明细账数据 → 记账	设置会计核算科目 → 录入期初采购发票或应付单
		核对相符		
admin		账套备份 → 结束		

2.1.2　任务资料

1．设置系统参数

（1）设置采购管理系统参数

① 启用受托代销业务。

② 普通业务必有订单。

③ 允许超订单到货及入库。

④ 允许订单/到货单/发票单价录入方式：手工录入。

⑤ 专用发票默认税率：16%。

（2）修改存货档案

将主板、硬盘的属性设置为"受托代销"。

（3）设置库存管理系统参数

① 有受托代销业务。

② 有组装拆卸业务。

③ 允许采购入库审核时改现存量。

④ 允许销售出库审核时改现存量。

⑤ 允许其他出入库审核时改现存量。

⑥ 允许超可用量出库。

⑦ 允许出入库时检查可用量。

⑧ 允许自动带出单价的单据包括全部出库单。

⑨ 其他设置采用系统默认设置。

（4）设置存货核算系统参数

① 核算方式：按仓库核算。

② 暂估方式：单到回冲。

③ 销售成本核算方式：销售发票。

④ 委托代销成本核算方式：按发出商品核算。

⑤ 零成本出库按参考成本价核算。

⑥ 结算单价与暂估单价不一致时需要调整出库成本。

⑦ 其他设置采用系统默认设置。

（5）应付款管理系统参数设置和初始设置

① 应付款管理系统参数设置（见表2-1-3）。

表2-1-3　　　　　　　　　　　　　　　　应付款管理系统参数设置

应付款核销方式	按单据	单据审核日期依据	单据日期
控制科目依据	按供应商	受控科目制单方式	明细到单据
采购科目依据	按存货	汇总损益方式	月末处理

② 初始设置。基本科目设置：应付科目220201，预付科目1123，采购科目1401；税金科目2221增加二级科目增值税222101及三级科目进项税额22210101、销项税额22210102。银行结算方式科目设置：现金结算方式科目为1001，现金支票、转账支票、电汇结算方式科目为10020101。

2．启用期初数据

（1）采购管理系统（采购管理系统中的价格均为不含税价）

期初暂估单：

2018年12月20日，联想笔记本电脑10台，单价4 200元，入电脑库，购自兴盛公司。

受托代销期初数：

2018年12月15日，主板20块，单价880元，入配件库，美凌商行委托代销。

（2）库存管理系统、存货核算系统期初数（见表2-1-4）

表2-1-4　　　　　　　　　　　　　库存管理系统、存货核算系统期初数

仓库名称	存货编码和名称	数量	单价（元）	金额（元）	期初差异（元）	差价科目
电脑库	0101001 联想笔记本电脑	20	4 200	84 000	—	
电脑库	0101002 戴尔笔记本电脑	15	4 000	60 000	—	

续表

仓库名称	存货编码和名称	数量	单价（元）	金额（元）	期初差异（元）	差价科目
电脑库	0101006 三星笔记本电脑	10	4 300	43 000	—	
电脑库	0101004 神舟笔记本电脑	25	3 200	80 000	—	
电脑库	0101005 华硕笔记本电脑	10	3 500	35 000	—	
配件库	0102002 主板	50	880	44 000	15 000	1410 商品进销差价
配件库	0102003 硬盘	100	600	60 000	27 000	1410 商品进销差价
配件库	0102004 CPU	35	1 300	45 500	16 975	1410 商品进销差价
配件库	0102005 散热器	200	40	8 000	4 000	1410 商品进销差价

注：存货期初差异计入"商品进销差异"账户。

2.1.3 任务实施

实施要求如下。

（1）正确启动采购管理系统、库存管理系统、存货核算系统和应付款管理系统。

（2）根据系统和新大地电脑有限公司的管理要求，设置各系统参数。

（3）对采购管理系统、库存管理系统、存货核算系统和应付款管理系统进行初始化设置。

（4）对采购管理系统、库存管理系统和存货核算系统进行期初记账。

（5）备份账套。

实施指导如下。

打开"系统管理"，以系统管理员的身份注册，引入任务 1.3 中"E:\U8-V10.1 供应链数据\606-1-3"中的数据，并以账套主管的身份登录企业门户，登录时间为"2019-01-01"。

1．设置系统参数

（1）设置采购管理系统参数。

① 在企业门户中，打开"业务"选项卡，执行"供应链"/"采购管理"命令，打开采购管理系统。

② 在系统菜单下，执行"设置"/"采购选项"命令，弹出"采购系统选项设置—请按照贵单位的业务认真设置"对话框，选择"业务及权限控制"选项卡，对本单位需要的参数按任务要求进行选择，如图 2-1-1 所示。

微课：设置采购管理系统参数

③ 选择"公共及参照控制"选项卡，修改"单据默认税率"为 16%，如图 2-1-2 所示。

④ 参数设置完毕后单击"确定"按钮，保存系统参数的设置。

（2）修改存货档案。存货档案中的主板、硬盘属于受托代销商品，需要将其属性设置为"受托代销"，但只有在采购管理系统参数中选中了"启用受托代销"复选框后，才能在存货中进行属性的设置。

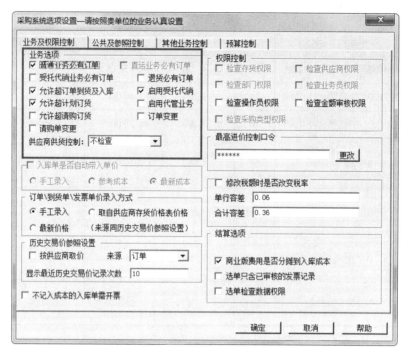

图 2-1-1 "业务及权限控制" 选项卡

图 2-1-2 "公共及参照控制" 选项卡

① 选择"设置"选项卡，执行"基础设置"/"存货"/"存货档案"命令，打开"存货档案"窗口；选中"电脑配件"/"主板"，单击"修改"按钮，在打开的"修改存货档案"窗口中选中"受托代销"复选框，如图 2-1-3 所示。

② 单击"保存"按钮，保存对存货档案的修改。

③ 单击"下一张"按钮，修改"硬盘"的属性为"受托代销"。单击"保存"按钮后，单击"退出"按钮，完成存货档案的修改。

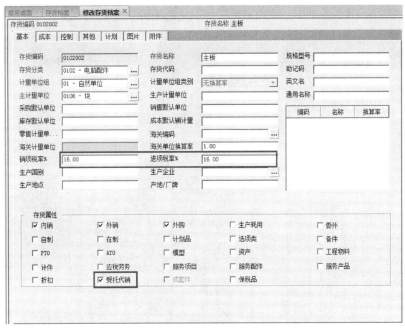

图 2-1-3　修改存货档案

（3）设置库存管理系统参数。

① 选择"业务"选项卡，执行"供应链"/"库存管理"命令，打开库存管理系统。

② 执行"初始设置"/"选项"命令，打开"库存选项设置"对话框。选中"通用设置"选项卡中的"有无委托代销业务""有无受托代销业务""有无组装拆卸业务""采购入库审核时改现存量""销售出库审核时改现存量"和"其他出入库审核时改现存量"复选框，如图 2-1-4 所示。

图 2-1-4　进行库存管理系统通用设置

③ 选中"专用设置"选项卡，在"自动带出单价的单据"选项区内选中"销售出库单""其他出库单"和"调拨单"复选框，如图 2-1-5 所示。

图 2-1-5　进行库存管理系统专用设置

④ 选中"预计可用量控制"选项卡，选中"出入库检查预计可用量"复选框，如图 2-1-6 所示。其余的采用默认设置，单击"确定"按钮，保存参数设置，并退出参数设置窗口。

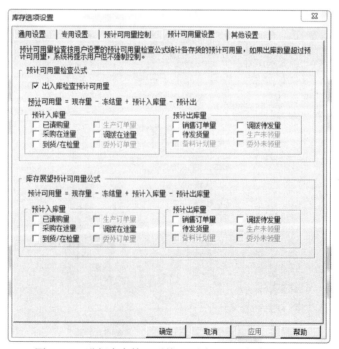

图 2-1-6　进行库存管理系统"预计可用量控制"设置

库存管理系统参数的设置是库存管理系统初始化的一项重要工作，因为一旦库存管理系统开始处理日常业务，有的系统参数就不能修改了，有的也不能重新设置了。因此，在系统初始化时应该设置好相关的系统参数。

（4）设置存货核算系统参数。

① 打开"业务"选项卡，执行"供应链"/"存货核算"命令，打开存货核算系统。

② 执行"初始设置"/"选项"/"选项录入"命令，打开"选项录入"对话框。

③ 在"核算方式"选项卡中设置核算参数。核算方式：按仓库核算；暂估方式：单到回冲；销售成本核算方式：销售发票；委托代销成本核算方式：按发出商品核算；零成本出库选择：参考成本。其设置如图 2-1-7 所示。

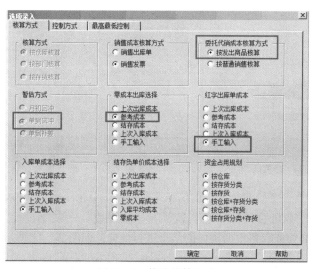

图 2-1-7　修改核算方式

④ 选择"控制方式"选项卡，选中"结算单价与暂估单价不一致是否调整出库成本"复选框，如图 2-1-8 所示。其他选项采用默认设置。

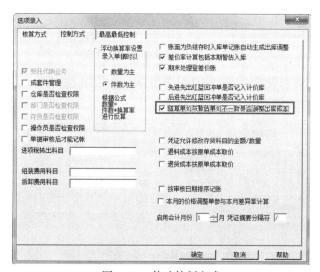

图 2-1-8　修改控制方式

⑤ 单击"确定"按钮，系统弹出提示对话框，如图 2-1-9 所示；单击"是"按钮，保存所有设置。

（5）应付款管理系统参数设置和初始设置。

① 执行"业务"/"财务会计"/"应付款管理"/"设置"/"选项"命令，打开"账套参数设置"对话框。

② 选择"常规"选项卡，单击"编辑"按钮，使所有参数处于可修改状态。将核销设置选项卡中的"应付款核销方式"设置为按单据；常规选项卡中的单据审核日期依据设置为单据日期，如图 2-1-10 所示。

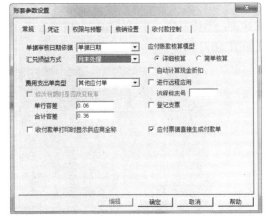

图 2-1-9　保存设置　　　　　　　　　图 2-1-10　账套参数设置

③ 其他参数按 2.1.2 任务资料所提供的信息进行选择，单击"确定"按钮进行参数的保存。

④ 执行"业务"/"财务会计"/"应付款管理"/"设置"/"初始设置"命令，打开"初始设置"对话框，根据 2.1.2 任务资料中所提供的信息进行设置，如图 2-1-11 所示。

图 2-1-11　应付款基本科目设置

⑤ 单击"结算方式科目设置"，按 2.1.2 任务资料中提供的信息进行设置，如图 2-1-12 所示。单击"退出"按钮，保存设置。

图 2-1-12　应付款结算方式设置

至此，供应链管理系统的初始设置基本完成。当然，使用本系统的各个单位生产经营情况不同，管理要求不同，核算方式及要求也不完全相同，参数的设置也会有所差异，每个单位应根据本单位的具体情况来进行设置。

在供应链管理系统期初记账之前或处理日常业务之前，其参数可以修改或重新设置；在期初记账或处理日常业务之后，有的参数将不能修改。

2. 录入期初数据

（1）采购管理系统期初数据录入。采购管理系统期初数据是指在启用系统之前已经收到采购货物，但尚未收到对方开具的发票的货物数据。对于这类业务，一般在月末先办理入库手续，做暂估业务处理，待以后收到发票再进行采购结算。对于这些已经办理入库手续的货物，必须录入期初入库信息，以便日后收到发票时再进行结算。

微课：录入期初采购数据

① 期初暂估入库单录入方法如下。

a. 执行"业务"/"供应链"/"采购管理"/"业务"/"入库"/"入库单"命令，打开"采购入库单"窗口。

b. 单击"增加"按钮，按 2.1.2 任务资料中所给资料录入相关期初采购入库单的信息，如图 2-1-13 所示。

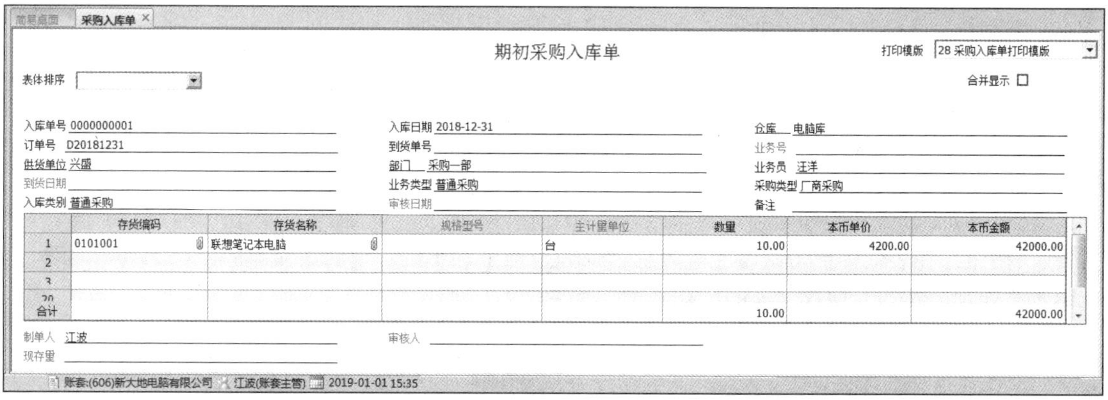

| | 期初采购入库单 | | | |

图 2-1-13　期初暂估入库单

c. 单击"保存"按钮，保存该期初入库单的信息。

d. 如果需要修改，先打开需修改的期初入库单，单击"修改"按钮，修改完毕后单击"保存"按钮，再单击"退出"按钮，完成期初数据的修改。

e. 如果需要删除暂估入库单，可以直接打开入库单，单击"删除"按钮，完成删除操作。

② 期初受托代销入库单录入方法如下。

a. 在采购管理系统中，执行"业务"/"入库"/"受托代销入库单"命令，打开"采购入库单"窗口。

b. 单击"增加"按钮，按 2.1.2 任务资料中所给资料录入受托代销商品相关期初采购入库单的信息，如图 2-1-14 所示。

c. 单击"保存"按钮后，单击"退出"按钮，退出该窗口。

受托代销入库单同样可以进行修改与删除操作，其操作方法同暂估入库单的操作方法。

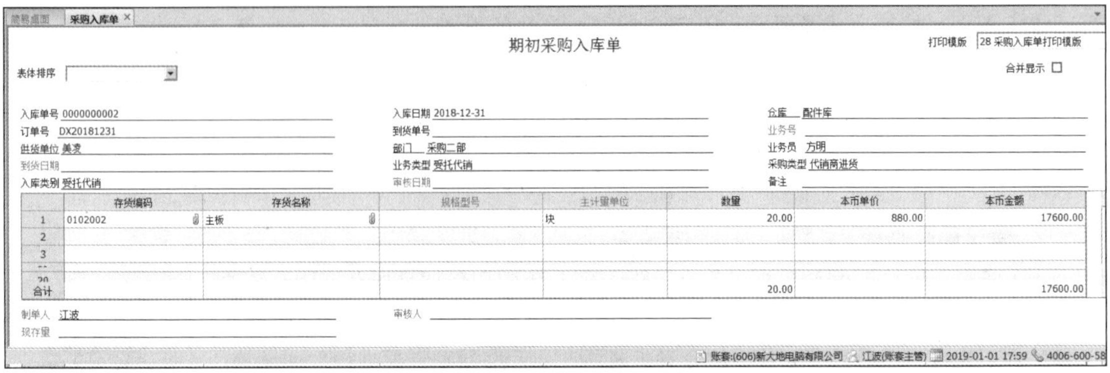

图 2-1-14　受托代销商品期初采购入库单

◇　在采购管理系统中，期初记账前的"采购入库"只能录入期初入库单，期初记账后，采购入库单需要在库存管理系统中被录入或生成。

◇　在采购管理系统期初记账前，期初入库单可以修改、删除，期初记账后不允许修改和删除。

◇　如果采购货物属于"票到货未到"的情况，则可以录入期初采购发票，为企业的在途物资，等货物运达后再办理采购结算。

（2）库存管理系统期初数据录入。库存管理系统期初数据录入方法有两种：一种是在库存管理系统中直接录入；另一种是从存货核算系统中取数。

① 在库存管理系统中，执行"初始设置"/"期初结存"命令，打开"期初结存"窗口。

② 按 2.1.2 任务资料中所给资料录入。首先，选择仓库为"电脑库"，单击"修改"按钮，在表体中单击，参照输入存货编码、数量和单价。全部录入完毕后单击"保存"按钮，保存录入的期初数据，如图 2-1-15 所示。

微课：录入库存管理系统期初数据

图 2-1-15　库存期初数据录入

③ 选择"配件库"，单击"修改"按钮，依次录入相关数据，之后单击"保存"按钮，如图 2-1-16 所示。

④ 分别选择不同的仓库，单击"审核"或"批审"按钮，确认录入的该仓库存货信息。

从库存管理中取数与从存货核算中取数的方法基本相同，在此仅介绍直接录入的方法，取数的方法见存货核算系统期初数据录入。

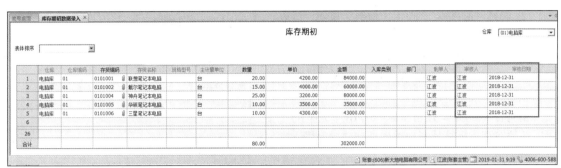

	仓库	仓库编码	存货编码	存货名称	规格型号	主计量单位	数量	单价	金额	入库类别	部门	制单人	审核人	审核日期
1	电脑库	01	0101001	联想笔记本电脑		台	20.00	4200.00	84000.00			江波	江波	2018-12-31
2	电脑库	01	0101002	戴尔笔记本电脑		台	15.00	4000.00	60000.00			江波	江波	2018-12-31
3	电脑库	01	0101004	神舟笔记本电脑		台	25.00	3200.00	80000.00			江波	江波	2018-12-31
4	电脑库	01	0101005	华硕笔记本电脑		台	10.00	3500.00	35000.00			江波	江波	2018-12-31
5	电脑库	01	0101006	三星笔记本电脑		台	10.00	4300.00	43000.00			江波	江波	2018-12-31
6														
26														
合计							80.00		302000.00					

图 2-1-16　库存期初数据录入

小提示

✧ 库存期初结存数据必须按仓库分别录入。

✧ 如果存货在库存管理系统中默认的计量单位不是主计量单位，则需要录入该存货的单价和金额，由系统计算该存货数量。

✧ 库存期初数据录入完成后，必须进行审核。期初结存数据的审核实际上就是期初记账的过程。

✧ 对库存期初数据的批审或审核是分仓库进行的。审核即针对一条存货记录进行审核，批审则对该仓库中所有的存货记录进行审核。

✧ 如果想修改审核后的数据，则须先弃审，再进行修改。

✧ 如果有期初不合格品录入，则须执行“期初数据”/“期初不合格品”命令，单击“增加”按钮进行录入，之后单击“审核”按钮退出。

✧ 如果库存管理系统与存货核算系统集成使用，且存货核算系统中已有数据，则库存管理系统可以从存货核算系统中取数。如果两个系统启用月份相同，则可以直接取数；如果两个系统启用月份不同，即存货核算系统先启用，库存管理系统后启用，则期初数据需要将存货的期初数据和存货在库存管理系统启用之前的发生数进行汇总后，才能作为存货的期初数被库存管理系统读取。

（3）存货核算系统期初数据录入。

存货核算系统期初数据的录入也有两种方法：一种是直接录入；另一种是从库存管理系统中取数。直接录入方法与在库存管理系统中直接录入的方法相同，在此介绍第二种方法。

微课：录入存货核算系统期初数据

① 执行“存货核算”/“初始设置”/“期初数据”/“期初余额”命令，打开“期初余额”窗口。选择仓库为“电脑库”，单击“取数”按钮，系统自动从库存管理系统中读取该仓库的全部存货信息，如图 2-1-17 所示。

存货编码	存货名称	规格型号	计量单位	数量	单价	金额	售价	售价金额	存货科...	存货科目
0101001	联想笔记本电脑		台	20.00	4,200.00	84,000.00				
0101002	戴尔笔记本电脑		台	15.00	4,000.00	60,000.00				
0101004	神舟笔记本电脑		台	25.00	3,200.00	80,000.00				
0101005	华硕笔记本电脑		台	10.00	3,500.00	35,000.00				
0101006	三星笔记本电脑		台	10.00	4,300.00	43,000.00				
合计：				80.00		302,000.00				

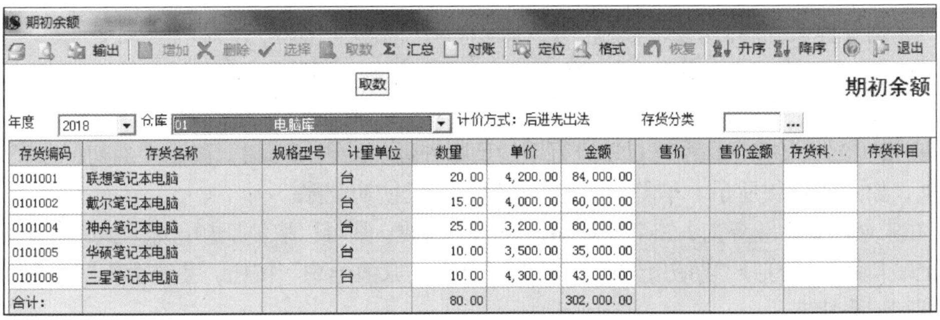

图 2-1-17　存货核算系统从库存管理系统中取数

② 选择"配件库"，单击"取数"按钮，读取该仓库所有的存货信息。

③ 单击"对账"按钮，选择所有仓库，系统自动对存货核算系统和库存管理系统的存货数据进行核对，如图 2-1-18 所示。

值得注意的是，按售价法核算出库成本的存货，还须在存货核算系统中录入期初差异余额。操作步骤如下。

① 执行"存货核算"/"初始设置"/"期初数据"/"期初差价"命令，打开"期初差价"窗口。

② 仓库选择"配件库"，录入存货期初差异数额，差价科目选择"商品进销差价"，如图 2-1-19 所示。

图 2-1-18　存货核算系统与库存管理系统期初对账

年度	2019	仓库:	02	配件库			
存货编码		存货名称	数量	金额	差价	差价科目	
01		商品	385.00	157,500.00	62,975.00		
0102		电脑配件	385.00	157,500.00	62,975.00		
0102005		散热器	200.00	8,000.00	4,000.00	商品进销差价	
0102004		CPU	35.00	45,500.00	16,975.00	商品进销差价	
0102003		硬盘	100.00	60,000.00	27,000.00	商品进销差价	
0102002		主板	50.00	44,000.00	15,000.00	商品进销差价	
合计:			385.00	157,500.00	62,975.00		

图 2-1-19　存货期初差价录入

③ 单击"保存"按钮，系统弹出"保存完毕"信息提示框，单击"确定"按钮退出。

> ◇ 在录入期初差价前，应先录入期初余额。
> ◇ 存货期初差价只能在存货核算系统中录入，不能在库存管理系统中录入。

3．期初记账

期初记账是指将有关期初数据记入相应的账表中。它标志着供应链管理系统各子系统的初始工作结束，相关的参数和期初数据不能再修改和删除。如果供应链管理系统各子系统集成使用，则期初记账也有一定的顺序。先进行采购管理系统期初记账，库存管理系统的所有仓库所有存货必须"审核"确认，再进行存货核算系统的期初记账。

（1）采购管理系统期初记账。

① 在采购管理系统中，执行"设置"/"采购期初记账"命令，打开"期初记账"对话框，如图 2-1-20 所示。

② 单击"记账"按钮，系统自动进行期初记账处理。处理完毕后，弹出"期初记账完毕！"信息提示框，如图 2-1-21 所示。单击"确定"按钮，完成期初记账。

③ 在未处理日常业务前，如果发现期初数据需修改，则可以取消期初记账。执行"设置"/"采购期初记账"命令，打开"期初记账"对话框；单击"取消记账"按钮，系统会将期初记账数据设置为未期初记账状态。

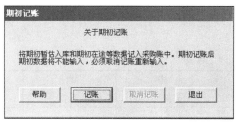

图 2-1-20　"期初记账"对话框　　　　图 2-1-21　"期初记账完毕"提示框

　　期初没有数据也要进行期初记账，否则无法处理日常业务。

（2）存货核算系统期初记账。

① 执行"存货核算"/"初始设置"/"期初数据"/"期初余额"命令，打开"期初余额"窗口。

② 单击工具栏上的"记账"按钮，系统弹出"期初记账成功！"信息提示框，如图 2-1-22 所示。单击"确定"按钮，完成期初记账工作。

图 2-1-22　"期初记账成功"提示框

　　✧　期初数据录入完毕后，必须先进行期初记账才能开始日常业务核算。未记账时，允许进行单据录入、账表查询。
　　✧　没有期初数据的用户，可以不录入期初数据，但也必须执行期初记账操作。
　　✧　如果期初数据是运行"结转上年"功能得来的，为未记账，则需要执行记账功能。

4．数据备份

退出企业门户，在系统管理中由系统管理员执行"账套"/"输出"命令，将数据存储在"E：\U8-10.1 供应链数据备份\606-2-1"中。

微课：应付款系统初始化

2.1.4　评价考核

1．评价标准

根据项目实施情况，实行过程评价与结果评价相结合的评价方式，评价标准如表 2-1-5 所示。

表 2-1-5　　　　　　　　　　　　　评价标准　　　　　　　　　　　　　单位：分

评价类别	评价属性	评价项目	分数
过程评价（40%）	实训态度	遵章守纪	10
		按要求及时完成	10
		操作细致有耐心	10
		独立完成	10
		小计	40
结果评价（60%）	实施效果	正确启用采购管理系统及相关子系统	20
		按要求正确设置系统参数	20
		正确进行采购管理系统及相关子系统的初始化设置	20
		小计	60

2. 评定等级

根据得分情况评定等级，如表 2-1-6 所示。

表 2-1-6　　　　　　　　　　　　　　　　　　评定等级　　　　　　　　　　　　　　　　　　单位：分

等级标准	优	良	中	及格	不及格
分数区间	≥90	80（含）～90	70（含）～80	60（含）～70	<60
实际得分					

任务 2.2 ｜ 普通采购业务

云班课——线上导航

安装"蓝墨云"手机客户端，在手机上运行"蓝墨云"，点击右上角"+"，输入邀请码 121388，活动内容见表 2-2-1；翻转课堂资源用微信扫描二维码获取。

表 2-2-1　　　　　　　　　　　　　　　　普通采购业务线上导航

项目二 采购管理系统				任务 2.2 普通采购业务				
翻转课堂	性质/场景	对象		学生活动	教师活动		互动活动	
前置学习	线上云班课	探索、导学	活动1	**认知** 学习采购业务单据流转、采购成本结算与会计凭证编制的背景知识	活动1	**构建** 普通采购业务资源库	活动1	**教师调查** 知识、技能设计方案的难易程度
			活动2	**观看** 采购请购单、订单、入库单和发票的单据处理过程及会计核算环节生成会计凭证的过程	活动2	**上传** 演示视频、背景知识资料	活动2	**学生自评** 初学效果
								教师评估调整 教学方案
空间分布	课中学习	线下机房实训	归纳、内化	活动3	**模拟** 2.2.1 完成商品订单填制工作 2.2.2 完成入库单的生成工作 2.2.3 完成采购发票生成工作 2.2.4 完成成本结算工作 2.2.5 完成应付款管理系统审核及生成应付款凭证工作 2.2.6 完成商品入库成本的生成工作 2.2.7 完成账套备份	活动3	**演示** 业务单据流转及凭证生成过程	活动3	**教师跟踪** 学生团队、学生个人的学习效果
			活动4	**反映** 知识问题、技能问题	活动4	**答疑解惑** 纠正操作错误	活动4	**师生共同** 解决问题
								共同调整 教学方法
课后学习	线上云班课	演绎、拓展	活动5	**巩固** 复习知识点及单项实训	活动5	**评价** 学习效果	活动5	**教师开发** 拓展练习、拓展测验
			活动6	**自我测试** 综合实训	活动6	**查看** 测试结果	活动6	**学生学习** 经验交流
								教师教学 经验交流

2.2.1　背景知识

1．基本认知

普通采购业务为大多数企业的日常采购业务。其业务处理基本流程是：请购部门填制采购请购单→采购部门根据采购请购单进行比价→采购部门填制采购订单→采购部门将采购订单发送给供应商，供应商进行送货→货物到达企业后，企业对收到的货物进行清点，参照采购订单填制采购到货单→经过仓库的质检和验收，参照采购订单或采购到货单填制采购入库单→取得供应商的发票后，采购部门填制采购发票→采购部门进行采购结算→将采购入库单报财务部门的成本会计进行存货核算，将采购发票等票据报应付账会计进行应付账款核算。

2．工作过程及岗位要求（见表 2-2-2）

表 2-2-2　　　　　　　　　　　普通采购业务工作过程及岗位要求

系统	采购管理系统	库存管理系统	存货核算系统	应付款管理系统
部门	采购部	仓储部	财务部	
岗位操作员	采购员 （301 汪洋）	仓管员 （授权 501 肖建）	会计员 （202 何静）	会计员 （202 何静）
工作过程				
admin				

2.2.2　任务资料

1．参数设置资料

① 设置"允许修改采购系统采购专用发票的编码"。

② 单据设计：分别在采购模块的"采购专用发票""采购到货单"和"采购订单"单据的表体项目中增加"换算率""单位"和"件数"3 项内容，为库存模块中的"采购入库单"增加表体内容"库存单位""应收件数""件数""换算率"和"数量"。

③ 录入或生成"请购单""采购订单""采购到货单""采购入库单"等普通采购业务单据，并进行审核确认。单据录入时，涉及货物增值税税率时，将系统默认的增值税税率由 17% 改为 16%。交通运输的劳务税率由 7% 改为 10%。

④ 录入或生成采购发票，并按要求修改采购发票编号。

⑤ 进行采购结算。

⑥ 支付采购款项或确认应付账款。

⑦ 在总账系统中查看有关凭证。

2．普通采购业务数据资料

新大地电脑有限公司日常采购业务如下（业务操作员：采购一部，301 汪洋；会计操作员：202

何静。订单合同条款中涉及现金折扣款计算基数时均为应付价税总额）。

① 2019 年 1 月 8 日，向兴盛公司提出采购请求，请求采购三星笔记本电脑 25 台，报价 4 200 元/台。

② 2019 年 1 月 8 日，兴盛公司同意采购请求，但要求修改采购单价。经协商，本公司同意对方提出的订购价格——三星笔记本电脑 4 300 元/台，并正式签订订货合同，订单号为 D20180108，要求 2019 年 1 月 10 日到货。付款条件：2/10，1/20，n/30。

③ 2019 年 1 月 10 日，收到兴盛公司发来的三星笔记本电脑和专用发票，发票号码为 ZY00010。发票载明三星笔记本电脑每台 4 300 元，共 25 台，增值税税率 16%。经检验质量全部合格，本公司办理入库（电脑库）手续。财务部门确认该笔存货成本和应付款项，尚未付款。付款条件：4/10，2/20，n/30。

④ 2019 年 1 月 14 日，向美凌商行订购华硕笔记本电脑 50 台，单价 3 500 元，要求 2019 年 1 月 25 日到货。订单号为 D20180114。

⑤ 2019 年 1 月 18 日，向中创公司订购 LED 显示屏 80 台，单价 800 元，要求 2019 年 1 月 25 日到货。订单号为 D20180118。

⑥ 2019 年 1 月 25 日，收到美凌商行的专用发票，发票号码为 ZY00020。发票载明华硕笔记本电脑 50 台，单价 3 500 元，增值税税率 16%，全部验收入库，尚未支付款项。

⑦ 2019 年 1 月 25 日，向兴盛公司订购散热器 2 箱（共 200 只），单价 20 元，要求 2019 年 1 月 27 日到货。订单号为 D20180125。付款条件：4/10，2/20，n/30。

⑧ 2019 年 1 月 25 日，收到中创公司发来的货物与专用发票，发票号码为 ZY00040。发票上写明 LED 显示屏 80 台，单价 800 元，增值税税率 16%。同时附有一张运费发票，发票载明运费 1 000 元，订货合同约定该费用由本公司承担。经检验，该显示屏质量合格（进配件库），财务部确认采购成本和该笔应付款项。

⑨ 2019 年 1 月 27 日，收到兴盛公司发来的货物和专用发票，发票号码为 ZY00050，合同约定运费由对方承担。专用发票上写明散热器 200 只，单价 20 元，增值税税率 16%。在验收入库（配件库）时发现损坏 5 只，属于合理损耗。本公司确认后立即付款 50%（电汇 DH00112266）。

2.2.3 任务实施

实施要求如下。
（1）熟悉普通采购业务的处理流程。
（2）熟悉采购管理、库存管理、存货管理及应付款管理等系统间的关联。
（3）独立完成新大地电脑有限公司普通采购业务的处理。
实施指导如下。
打开"系统管理"，以系统管理员的身份注册，引入"U8-10.1 供应链数据备份\606-2-1"中的账套备份数据。将系统日期修改为 2019 年 1 月 31 日，涉及系统参数设置的由账套主管 201 江波处理，采购业务单据由 401 黄敏处理，库存管理业务单据由 501 肖建处理，会计系统审核及制单由 202 操作员何静处理。

1．设置单据参数
（1）设置"允许修改采购系统采购专用发票的编码"。
① 选择"基础设置"/"单据设置"/"单据编号设置"，打开"单据编号设置"对话框。选择"采购专用发票"，单击"修改"按钮，选中"手工改动，重号时自动重取"复选框，单击"保存"按钮，如图 2-2-1 所示。

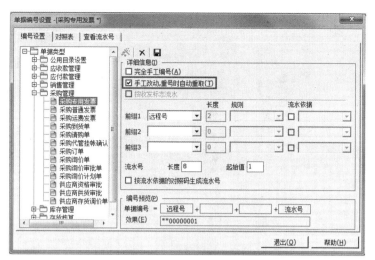

微课：普通采购业务
单据流程

图 2-2-1　设置采购专用发票的编号

② 单击"退出"按钮，完成设置。

 小提示　用同样的方法可以修改其他票据的编码。

（2）单据设计。根据企业的具体情况对单据的格式进行修改，在"采购专用发票""采购到货单"和"采购订单"的表体项目中增加"换算率""单位"和"件数"。

① 执行"基础设置"/"单据设置"/"单据格式设置"命令，打开"单据格式设置"对话框。

② 打开采购模块，选择"采购专用发票"/"显示"/"专用发票显示模板"，在窗口右侧显示"采购专用发票"。

③ 选择"表体"（或直接按"F7"键），打开"表体"对话框。选中"换算率""采购单位""件数"复选框，如图 2-2-2 所示。

④ 单击"确定"按钮后，单击"保存"按钮，保存刚才的设置。

⑤ 使用相同的方法，进行"采购到货单"和"采购订单"的设计。

在库存管理模块中，为"采购入库单"增加表体内容"库存单位""应收件数""件数""换算率"和"应收数量"。

① 在单据设计窗口，选择库存模块，选择"采购入库单"/"显示"/"采购入库单"，显示"采购入库单"对话框。

② 选择"编辑"/"表体项目"（或直接按"F7"键），打开"表体"对话框。选中"库存单位""应收件数""件数""换算率"和"数量"复选框，如图 2-2-3 所示。

③ 单击"确定"按钮后，单击"保存"按钮，保存刚才的设置。

2．普通采购业务处理

第 1 笔业务的操作处理过程如下。

本笔业务只需录入请购单。采购请购是指企业内部各部门向采购部门提出采购申请，或采购部门汇总企业内部采购需求后列出采购清单。请购是采购业务的起点，相关人员可以依据审核后的请购单生成采购订单。在采购业务流程中，请购环节也可以省略。以"301 汪洋"的身份进入企业应用平台。

（1）选择导航区"业务工作"选项卡，执行"供应链"/"采购管理"命令，打开采购管理系统。

图 2-2-2 采购专用发票格式设计　　　　　　　图 2-2-3 采购入库单表体设计

（2）执行"请购"/"请购单"命令，打开"采购请购单"窗口。

（3）单击"增加"按钮，选择业务类型为"普通采购"，部门为"采购一部"，请购人员为"汪洋"，采购类型为"厂商采购"，在表体中选择存货编码"0101006"、存货名称"三星笔记本电脑"、数量"25"、本币单价"4 200"。税率改默认为 16%，其详细信息如图 2-2-4 所示。

图 2-2-4 采购请购单

（4）单击"保存"按钮，单击"审核"按钮。

　　　　◇ 请购单的制单人与审核人可以为同一人。
　　　　◇ 要特别注意，只有经过审核的单据才可以流转到下一环节，成为下张单据的数据。
　　◇ 审核后的请购单不能直接修改，须"弃审"后，再进行修改。
　　◇ 要查看采购请购单，可以查看"请购单列表"。在列表中，可以打开该请购单，也可在此处进行"弃审"或"删除"处理。

第 2 笔业务的操作处理过程如下。

本笔业务需要录入采购订单。订货是指企业与供应商签订采购合同或采购协议，确定采购需求。供应商根据采购订单组织货源，企业依据采购订单进行验收。在采购业务处理流程中，订货环节也是可选的。

微课：采购订单

（1）执行"采购管理"/"采购订货"/"采购订单"命令，打开"采购订单"窗口。

（2）单击"增加"按钮，更改默认的税率为"16"，输入相应信息，也可以在窗口上方单击"生单"按钮，选择"请购单"，生成采购订单，如图 2-2-5 所示。

图 2-2-5　采购订单生单

（3）单击"生单"后可打开"过滤条件"窗口，单击"过滤"按钮，打开"生单选单列表"对话框。如果前面的请购单已被"审核"，则在过滤列表中会显示其记录，否则不会显示。双击所需复制的请购单即打上"Y"标识，如图 2-2-6 所示。

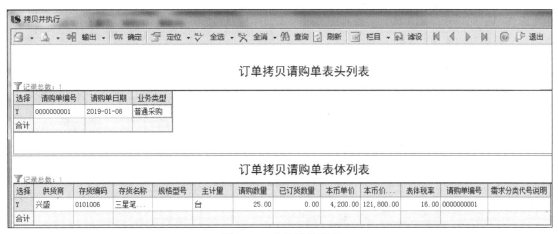

图 2-2-6　生单选单列表

（4）单击"确定"按钮，选中的"请购单"会自动传递到采购订单中，更改默认税率为 16%，屏幕弹出"表头税率统一表体税率提示"信息，选择"是"，并修改无税单价为"4 300"元，补充录入供货单位和到货日期。单击"保存"按钮，完成订单的处理。

（5）单击"审核"按钮，如图 2-2-7 所示，审核确认复制生成的采购订单。

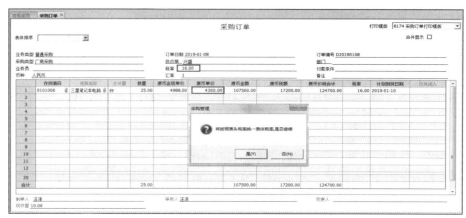

图 2-2-7 生成采购订单

> **小提示**
>
> ◇ 单击"增加"按钮后手工录入的采购订单信息可以修改。但如果根据请购单生成的采购订单已经审核，则不能修改，需先"弃审"后再"修改"。
>
> ◇ 如果采购订单已生成下游数据，如采购到货单和采购入库单，那么此时若想删除或修改采购订单，则需反向操作，即先将下游数据删除，再删除或修改采购订单。
>
> ◇ 如需查询采购订单，可以查看"采购订单列表"。

第3笔业务的操作处理过程如下。

本笔业务是采购到货业务。采购到货是采购订货和采购入库的中间环节。采购到货单一般由采购业务员根据供方通知或送货单填写，确认对方所送货物、数量、价格等信息，传递到仓库作为保管员收货的依据。在采购业务流程中，到货处理是可选项。

在本环节中需要录入采购到货单、采购入库单和采购专用发票，也可以只录入采购入库单和采购专用发票，并进行采购结算。采购到货单可以直接录入，也可以根据采购订单复制生成；采购入库单在启用了库存管理模块后，只能在库存管理系统中输入或生成；采购专用发票可以直接录入，也可以复制采购入库单或采购订单生成。

（1）生成采购到货单。

① 执行"采购管理"/"采购到货"/"到货单"命令，打开"到货单"窗口。

② 单击"增加"按钮，在窗口上方单击"生单"按钮，打开"采购订单列表"窗口。选中所需的采购订单，单击"确定"按钮，系统自动生成采购到货单，如图 2-2-8 所示。

微课：采购到货单

图 2-2-8 采购到货单

③ 单击"保存"按钮，单击"退出"按钮。

（2）生成采购入库单。

当采购管理系统与库存管理系统集成使用时，采购入库单需要在库存管理系统中录入。当采购管理系统不与库存管理系统集成使用时，采购入库单可以在采购管理系统中录入。在采购业务处理流程中，入库处理是必须要进行的。

微课：采购入库单

采购入库单是仓库管理员（501 肖建）根据签收的采购到货实收数量填制的入库单据。采购入库单既可以直接填制，又可以由采购订单或采购到货单生成。

① 单击屏幕左上角的"系统／重注册"，更换操作员为 501 肖建，登录工作平台后在导航区选择"业务工作"标签项，执行"库存管理"／"入库业务"／"采购入库单"命令，打开"采购入库单"窗口。

② 可以手工录入采购入库单，也可以采用"生单"的方式生成。本例使用后者。单击"生单"按钮，打开"过滤"对话框，选中所需到货单。对于已选择的单据号，在选择项下会出现"Y"。若选中窗口左下方的"显示表体"复选框，则窗口下部会显示所选择单据的表体记录，可以修改。

③ 在表体的空白位置参照输入相关信息，修改"入库时间"为"2019-01-10"，单击"入库仓库"，选择"电脑库"，如图 2-2-9 所示。

图 2-2-9　生单单据选择

④ 单击"确定"按钮，系统显示生成的采购入库单，可以修改，如图 2-2-10 所示。单击"审核"按钮，显示"该单据审核成功!"。单击"确定"按钮，保存采购入库单。

图 2-2-10　采购入库单审核

小提示

◇ 可以在采购管理系统中查看采购入库单，但不能修改或删除。

◇ 如果须手工录入采购入库单，则须单击"增加"按钮，直接录入相应采购入库信息。

◇ 如果在采购选项中设置了"普通业务必有订单"，则采购入库单不能手工录入，只能参照生成。如果想要手工录入，则须取消设置"普通业务必有订单"。

◇ 采购入库单既可以参照采购订单生成，又可以参照采购到货单生成。

◇ 根据上游单据复制生成下游单据后，上游单据不能直接修改、弃审。须删除下游单据后，其上游单据才可以执行"弃审"，进行修改、删除。

◇ 若要查询采购入库单，则可以在采购管理系统中查看"采购入库单列表"。

（3）填制采购发票。

采购发票是供应商开出的销售货物的凭证，系统根据采购发票确定采购成本，并据此登记应付账款。采购发票按业务性质分为蓝字发票和红字发票，按发票类型分为增值税专用发票、普通发票和运费发票。

微课：采购发票

采购发票既可以直接填制，又可以依据采购订单、采购入库单或其他的采购发票复制生成。到平台窗口左上角，单击"系统/重注册"，更换操作员为 301 汪洋（采购主管），选账套号 606，登录时间改为 1 月 10 日。

（1）进入采购管理系统后，执行"采购管理"/"采购发票"/"采购专用发票"/"采购专用发票"命令，打开"采购专用发票"窗口。

（2）单击"增加"按钮，单击"生单"按钮，过滤条件选择"采购订单"或"入库单"，若选择入库单，则在"过滤"窗口中指定供应商为"兴盛"，日期为 2019-01-10，则系统显示"采购入库单列表"。双击所要选择的采购入库单，选择栏会显示"Y"，如图 2-2-11 所示。

图 2-2-11　生单选单列表

（3）单击"确定"按钮，系统自动生成采购专用发票，修改发票号及制单日期，输入所有其他信息，单击"保存"按钮，保存参照采购入库单生成的采购专用发票，如图 2-2-12 所示。

图 2-2-12　采购专用发票

◆　采购发票分为采购专用发票、采购普通发票、采购运费发票、采购蓝字发票和采购红字发票。

◆　采购发票可以手工录入，也可以参照采购订单、采购入库单生成。

◆　如果在采购选项中设置了"普通业务必有订单"，则不能手工录入采购发票。

◇ 如果想要录入采购专用发票，则需要先在基础档案中设置有关开户银行信息，否则只能录入采购普通发票。

◇ 采购普通发票的表头税税率为 0，采购运费发票的税率默认为 0，可以进行修改，采购普通发票、采购运费发票的单价均为含税价格，金额为价税合计金额。

◇ 可以在采购管理系统中通过"采购发票列表"查看采购发票。

（4）采购结算。

采购结算也称采购报账，在本系统中采购结算是指针对采购入库单，根据发票确定其采购成本。采购结算的结果是生成采购结算单，它是记载采购入库单与采购发票对应关系的结算对照表。采购结算分为自动结算与手工结算两种方式。系统按照 3 种结算模式进行自动结算：入库单和发票结算、红蓝入库单结算、红蓝发票结算。

微课：采购结算

① 在采购管理系统中，执行"采购结算"/"自动结算"命令，系统弹出"采购自动结算"对话框，如图 2-2-13 所示。

② 根据需要输入结算过滤条件和结算模式，单击"确定"按钮，系统自动进行结算。如果存在完全匹配的记录，则系统弹出"采购管理"信息提示框，如图 2-2-14 所示。如果不存在完全匹配的记录，则系统弹出"状态：没有符合条件的红蓝入库单和发票"信息提示框。

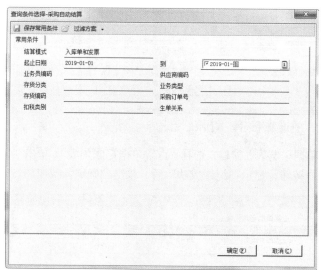

图 2-2-13 "采购自动结算"对话框

图 2-2-14 "采购管理"信息提示框

③ 执行"采购结算"/"结算单列表"命令，双击需要查询的结算单，打开"结算单列表"，进行查询、打印、删除等操作，如图 2-2-15 所示。单击"退出"按钮，退出结算单窗口。

选择	结算单号	结算日期	供应商	入库单号/...	发票号	存货编码	存货名称	规格型号	主计量	结算数量	结算单价	结算金额	暂估单价	暂估金额	制单人
	000000000000001	2019-01-10	兴盛	0000000003	ZY00010	0101006	三星笔...		台	25.00	4,300.00	107,500.00	4,300.00	107,500.00	汪洋
合计										25.00		107,500.00		107,500.00	

图 2-2-15 结算单列表

（5）采购成本核算。

采购成本核算需要在存货核算系统中进行。存货核算系统期初记账后，才能确认采购商品的采购成本。更换操作员 202 何静，改日期为 2019 年 1 月 10 日，重新登录企业门户。

① 在企业门户中，选择"业务"选项卡，执行"供应链"/"存货核算"命令，进入存货核算管理系统。

② 执行"业务核算"/"正常单据记账"命令，打开"查询条件选择"对话框，选择仓库为"电脑库"，如图 2-2-16 所示。

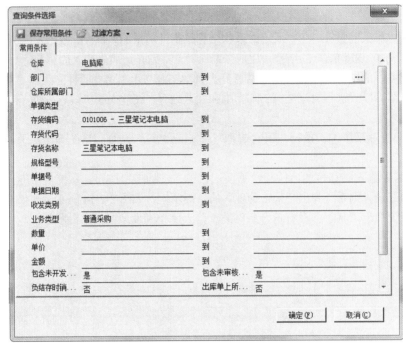

图 2-2-16 "查询条件选择"对话框

③ 单击"确定"按钮，打开"未记账单据一览表"窗口，查看"正常单据记账列表"，单击"全选"按钮，如图 2-2-17 所示。单击"记账"按钮，显示"记账成功"后，单击"确定"按钮。

图 2-2-17 "未记账单据一览表"窗口

④ 执行"财务核算"/"生成凭证"命令，打开"生成凭证"窗口。单击"选择"按钮，打开"查询条件"对话框，选中"（01）采购入库单（报销记账）"复选框，如图 2-2-18 所示。

⑤ 单击"确认"按钮，打开"选择单据"窗口，查看"未生成凭证单据一览表"。单击"选择"按钮，选择待生成凭证的单据，如图 2-2-19 所示，单击"确定"按钮。

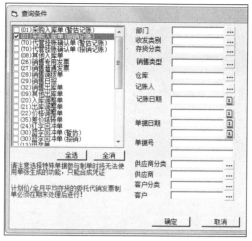

图 2-2-18 "查询条件"对话框

图 2-2-19 选择单据

⑥ 选择"转账凭证",分别录入或选择"存货""库存商品"的科目编码 1405、"对方"为"商品采购"的科目编码 1402,如图 2-2-20 所示。

图 2-2-20 录入或选择"存货"和对方科目编码

⑦ 单击"生成"按钮,生成一张转账凭证。修改凭证日期及摘要内容后,单击"保存"按钮,如图 2-2-21 所示。

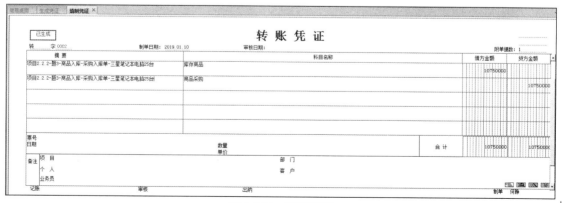

图 2-2-21 转账凭证

⑧ 单击"退出"按钮退出。

（6）财务部门确认应付账款。

采购结算后的发票会自动传递到应付款管理系统，用户需要在应付款管理系统中审核确认后制单，形成应付款凭证并传递给总账系统。

① 执行"财务会计"/"应付款管理"命令，进入应付款管理系统。

② 执行"应付单据处理"/"应付单据审核"命令，打开"应付单查询条件"窗口，输入相关查询条件，如图 2-2-22 所示。

图 2-2-22 "应付单查询条件"窗口

③ 单击"确定"按钮，系统弹出"单据处理"窗口，查看"应付单据列表"，选择所需单据，如图 2-2-23 所示。

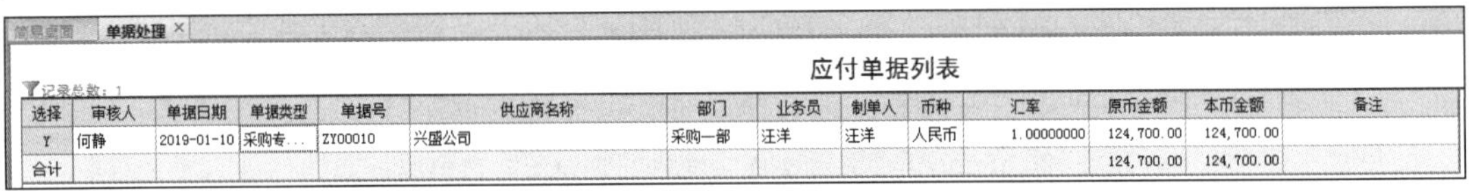

选择	审核人	单据日期	单据类型	单据号	供应商名称	部门	业务员	制单人	币种	汇率	原币金额	本币金额	备注
Y	何静	2019-01-10	采购专	ZY00010	兴盛公司	采购一部	汪洋	汪洋	人民币	1.00000000	124,700.00	124,700.00	
合计											124,700.00	124,700.00	

图 2-2-23 选择应付单据

④ 单击"审核"按钮，系统完成审核并给出审核报告，单击"确定"按钮后退出。

⑤ 执行"制单处理"命令，打开"制单查询"对话框，选择"发票制单"，如图 2-2-24 所示。

微课：生成会计凭证

图 2-2-24 "制单查询"窗口

⑥ 单击"确定"按钮，打开采购发票"制单"窗口，选择"转账凭证"，修改制单日期为"2019-01-10"，然后单击"全选"按钮，选中要制单的采购入库单，如图 2-2-25 所示。

图 2-2-25 "制单"窗口

⑦ 单击"制单"按钮，输入相应会计科目，生成一张转账凭证，如图 2-2-26 所示。单击"退出"按钮退出。

图 2-2-26 生成应付款凭证

✧ 只有采购结算后的采购发票才能自动被传递到应付款管理系统，并且在应付款管理系统中审核确认后才能形成应付账款凭证。
✧ 在应付款管理系统中可以根据采购发票制单，也可以根据应付单或其他单据制单。
✧ 可以在采购结算后针对每笔业务立即制单，也可以月末一次性制单。
✧ 采购发票需要在存货核算系统中记账。可以在采购发票记账前制单，也可以在采购发票记账后制单。

第 4 笔业务的操作处理过程如下。

在采购管理系统中填制并审核一张采购订单，如图 2-2-27 所示。

图 2-2-27 采购订单

第 5 笔业务的操作处理过程如下。

在采购管理系统中填制并审核一张采购订单，如图 2-2-28 所示。

采购订单

打印模版 8174 采购订单打印模版

表体排序

合并显示 □

业务类型 普通采购　订单日期 2019-01-18　订单编号 D20190118
采购类型 厂商采购　供应商 中创　部门 采购二部
业务员 方明　税率 16.00　付款条件
币种 人民币　汇率 1　备注

	存货编码	存货名称	主计量	数量	原币含税单价	原币单价	原币金额	原币税额	原币价税合计	税率	计划到货日期	行关闭人
1	0102001	LED显示屏	台	80.00	928.00	800.00	64000.00	10240.00	74240.00	16.00	2019-01-25	
2												
20												
合计				80.00			64000.00	10240.00	74240.00			

制单人 汪洋　审核人 汪洋　变更人
现存量 0.00

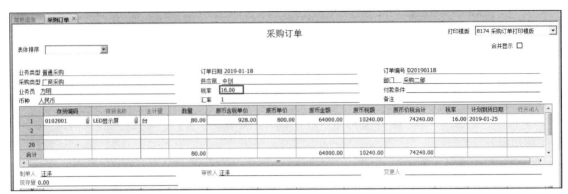

图 2-2-28　采购订单

第 6 笔业务的操作处理过程如下。

该笔业务的处理方式与第 3 笔业务相同。

（1）生成采购到货单。

① 执行“采购管理”/“采购到货”/“到货单”命令，打开“到货单”窗口。

② 单击“增加”按钮，单击“生单”按钮，选择“采购订单”，选择订单号为 D20180114，存货名称为“华硕笔记本电脑”，单击“确定”按钮，系统自动生成采购到货单，如图 2-2-29 所示。

到货单

打印模版 8170 到货单打印模版

表体排序

合并显示 □

业务类型 普通采购　单据号 0000000002　日期 2019-01-14
采购类型 厂商采购　供应商 美凌　部门 采购一部
业务员 汪洋　币种 人民币　汇率 1
运输方式　税率 16.00　备注

	存货编码	存货名称	主计量	数量	原币含税单价	原币单价	原币金额	原币税额	原币价税合计	税率	订单号
1	0101005	华硕笔记本电脑	台	50.00	4060.00	3500.00	175000.00	28000.00	203000.00	16.00	D20180114
2											
3											
合计				50.00			175000.00	28000.00	203000.00		

制单人 汪洋　现存量 10.00

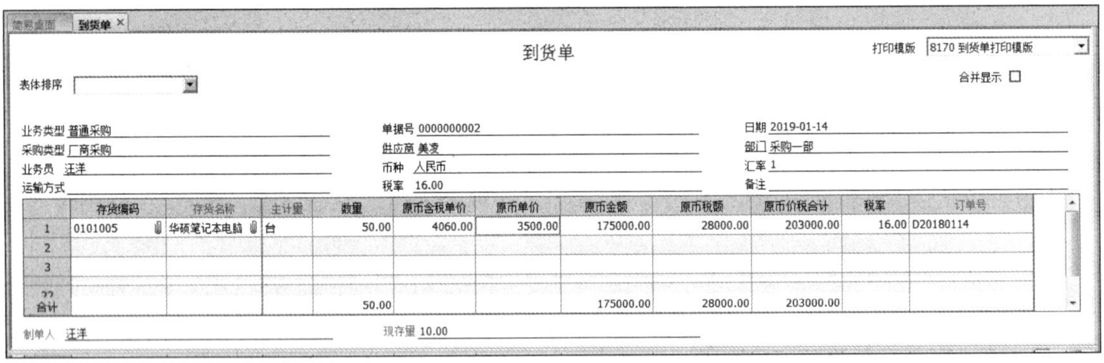

图 2-2-29　采购到货单

③ 单击“保存”按钮，单击“退出”按钮。

（2）生成采购入库单。

① 在企业门户中选择导航区“业务工作”标签项，执行“库存管理”/“入库业务”/“采购入库单”命令，打开“采购入库单”窗口。

② 可以手工录入采购入库单，也可以采用“生单”的方式生成。本例采用后者。单击“生单”按钮，选择“采购到货单（蓝字）”，打开过滤条件窗口，输入华硕笔记本电脑存货编码，单击“确定”按钮，再选择存货名称为“华硕笔记本电脑”的单据，单击“确定”按钮，如图 2-2-30 所示。

③ 系统显示生成的采购入库单，用户可以对生成的采购入库单进行修改。输入仓库为“电脑库”，单击“保存”按钮，单击“审核”按钮，显示“该单据审核成功”，如图 2-2-31 所示。

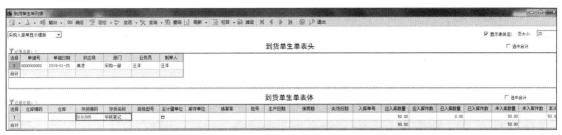

图 2-2-30　生单单据选择

图 2-2-31　生成采购入库单

（3）填制采购发票。

① 在采购管理系统中，执行"采购管理"/"采购发票"/"采购专用发票"命令，打开"专用发票"窗口。

② 单击"增加"按钮，再单击"生单"按钮，选择"订单"或"入库单"，打开"过滤"窗口，系统显示"订单列表"或"采购入库单列表"。双击要选择的"华硕笔记本电脑"，选择栏会显示"Y"。

③ 单击"确定"按钮，系统自动生成采购专用发票，修改发票日期为"2019-01-25"，输入发票号"ZY00020"等所有信息，更改默认税率为 16%，对系统弹出"将按照表头税率统一表体税率，是否继续？"的提示框，选"是"，再单击"保存"按钮，生成采购专用发票，如图 2-2-32所示。

图 2-2-32　采购专用发票

（4）采购结算。

① 在采购管理系统中，执行"采购结算"/"自动结算"命令，系统弹出"自动结算"对话框。

② 根据需要输入结算过滤条件和结算模式，单击"确定"按钮，系统自动进行结算。或直接单击发票上方菜单栏目上的"结算"按钮，完成自动结算。

（5）采购成本核算。

① 单击"重注册"按钮，以操作员"202何静"的身份进入企业门户，选择"业务工作"选项卡，执行"供应链"/"存货核算"命令，进入存货核算管理系统。

② 执行"业务核算"/"正常单据记账"命令，打开"查询条件选择"对话框，选择仓库为"电脑库"。

③ 单击"确定"按钮，打开"未记账单据一览表"窗口，查看"正常单据记账列表"，双击选择"Y"，如图2-2-33所示，单击"记账"按钮，进行入库单记账并退出。

选择	日期	单据号	存货编码	存货名称	规格型号	存货代码	单据类型	仓库名称	收发类别	数量	单价	金额	计划单价	计
Y	2019-01-25	0000000004	0101005	华硕笔记本电脑			采购入库单	电脑库	普通采购	50.00	3,500.00	175,000.00		
小计										50.00		175,000.00		

图2-2-33 "正常单据记账列表"窗口

④ 执行"财务核算"/"生成凭证"命令，打开"生成凭证"窗口。单击"选择"按钮，打开"查询条件"对话框，选中"（01）采购入库单（报销记账）"复选框。

⑤ 单击"确定"按钮，打开"未生成凭证单据一览表"。单击"全选"按钮，选择待生成凭证的单据，单击"确定"按钮。

⑥ 选择"转账凭证"，分别录入或选择"存货""库存商品"的科目编码为1406、"对方""商品采购"的科目编码为1402。

⑦ 单击"生成"按钮，生成一张转账凭证，修改凭证日期及摘要后单击"保存"按钮，如图2-2-34所示。

图2-2-34 生成转账凭证

（6）财务部门确认应付账款。

① 执行"财务会计"/"应付款管理"命令，进入应付款管理系统。

② 执行"日常处理"/"应付单据处理"/"应付单据审核"命令，打开"单据过滤条件"对话框，输入相关查询条件。

③ 单击"确定"按钮，系统弹出"单据处理"窗口，查看"应付单据列表"，选择所需单据，如图 2-2-35 所示。

图 2-2-35　选择应付单据

④ 单击"审核"按钮，系统完成审核并给出审核报告，单击"确定"按钮后退出。

⑤ 执行"制单处理"命令，打开"制单查询"对话框，选择发票制单。

⑥ 单击"确定"按钮，打开"制单"窗口。选择"转账凭证"，修改制单日期为"2019-01-25"，再单击"全选"按钮，选中要制单的采购入库单，如图 2-2-36 所示。

图 2-2-36　"制单"窗口

⑦ 单击"制单"按钮，生成一张转账凭证，如图 2-2-37 所示。单击"退出"按钮退出。

图 2-2-37　生成转账凭证

第 7 笔业务的操作处理过程如下。

在采购管理系统中，填制并审核一张采购订单。填制单据时，将采购单位改为小单位"只"，换算出单价为 20 元/个，更改默认税率为 16，对系统弹出"将按照表头税率统一表体税率，是否继续？"的提示框，选"是"，单击"保存"按钮并审核，如图 2-2-38 所示。

第 8 笔业务的操作处理过程如下。

该笔业务已经做了订单处理，所以此处需录入采购入库单、采购发票、运费发票，并进行手工结算。

（1）采购入库单与采购发票结算。

① 在库存管理系统中，根据采购订单生成采购入库单，核对单据信息后保存并审核，如图 2-2-39 所示。

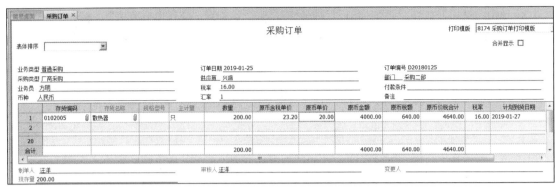

图 2-2-38　采购订单

图 2-2-39　采购入库单

② 在采购管理系统中，单击"增加"按钮，执行"采购发票"/"专用采购发票"命令，打开"专用发票"录入窗口，生单方式选择"入库单"，生成采购专用发票，核对存货信息并修改默认税率为16，对系统弹出"将按照表头税率统一表体税率，是否继续？"的提示框，选"是"，单击"保存"，如图 2-2-40 所示。

图 2-2-40　"专用发票"窗口

③ 在采购管理系统中，执行"采购发票"/"运费发票"命令，单击"增加"按钮，手工录入一张运费发票。此例中，注意修改税率为10，单击"保存"按钮，如图 2-2-41 所示。

④ 执行"采购结算"/"手工结算"命令，打开"手工结算"窗口。单击"选单"按钮，再依次单击"查询""刷入""刷票"按钮，并选择采购入库单、采购发票和运费发票，如图 2-2-42 所示。

图 2-2-41　"运费发票"窗口

图 2-2-42　手工结算选单

⑤ 单击"确定"按钮，提示信息"所选单据扣税类别不同，是否继续？"，单击"是"即打开"手工结算"窗口，如图 2-2-43 所示。选中"按金额"单选框，单击"分摊""结算"按钮，当出现提示信息"［商业版］结算：费用列表中有折扣或费用属性的存货信息，在结算前请确认是否进行了分摊？是否继续？"时单击"是"，完成手工结算，单击"关闭"按钮退出。

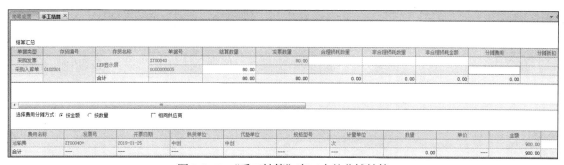

图 2-2-43　"手工结算"窗口中的分摊结算

⑥ 若想查询结算单列表，则执行"采购结算"/"结算单列表"命令，打开"采购结算单过滤条件"窗口。选择要查询的结算单后双击，显示采购结算表，如图 2-2-44 所示。单击"退出"按钮可退出。

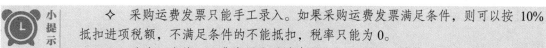

◇ 采购运费发票只能手工录入。如果采购运费发票满足条件，则可以按 10% 抵扣进项税额，不满足条件的不能抵扣，税率只能为 0。

◇ 采购入库单、运费发票和采购发票之间只能手工结算。

◇ "刷入"中的"入"是指入库单，"刷票"中的"票"是指采购发票和运费发票等。

◇ 采购结算后，系统自动计算入库存货的采购成本。

图 2-2-44　采购结算表

（2）确定采购存货成本。

① 单击当前窗口左上角的"系统/重注册"，以操作员 202 何静的身份重新登录本账套应用平台，登录时间为 2019.1.25，在存货核算系统中，执行"业务核算"/"正常单据记账"命令，在打开的"查询条件选择"窗口中选择"配件库"，单击"确认"按钮，打开"正常单据记账列表"。单击"全选""记账"按钮，进行记账。

② 执行"财务核算"/"生成凭证"命令，打开"生成凭证"窗口。单击"选择"按钮，打开"查询条件"对话框。

③ 选中"（01）采购入库单（报销记账）"复选框，单击"确定"按钮，打开"未生成凭证单据一览表"，单击"全选"按钮，再单击"确定"按钮。打开"生成凭证"窗口，修改凭证类别和对应的科目，如图 2-2-45 所示。

图 2-2-45　"生成凭证"窗口

④ 单击"生成"按钮，生成一张转账凭证，如图 2-2-46 所示。单击"保存"按钮后退出。

图 2-2-46　生成转账凭证

（3）确定应付账款。

① 在应付款管理系统中，执行"应付单据审核"命令，单击"全选"按钮，审核本业务中的 2 张发票单据。

② 执行"应付款管理"/"制单处理"命令，打开"制单查询"对话框，选择"发票制单"，单击"确定"按钮，打开"制单"窗口。

③ 单击"选择标志"，改为"1""2"，修改凭证类别为"转账凭证"，再单击"制单"，采购发票和运费发票分别生成凭证，如图 2-2-47 和图 2-2-48 所示。

图 2-2-47　采购发票生成凭证

图 2-2-48　运费发票生成凭证

④ 单击"保存"按钮后退出。

第 9 笔业务的操作处理过程如下。

本笔业务需要生成采购入库单。因有合理损耗，故应按采购订单生成采购专用发票，并执行手工结算。

（1）采购入库与采购发票结算。

① 在库存管理系统中，执行"采购入库单"命令，单击"生单"按钮，选择"采购订单"，生成采购入库单，打开过滤单据窗口，如图 2-2-49 所示。

微课：合理损耗的
单据处理

图 2-2-49　采购入库单入库数量

② 单击"确定"按钮，生成采购入库单，输入"配件库"，修改入库数量为195个，保存后单击"审核"按钮，如图 2-2-50 所示。

图 2-2-50　采购入库单

③ 在采购管理系统中，应根据采购订单生成采购专用发票，并修改开票日期和发票号，修改税率为 16，对系统弹出"将按照表头税率统一表体税率，是否继续？"的提示框，选"是"，再单击"保存"按钮，生成采购专用发票，如图 2-2-51 所示。

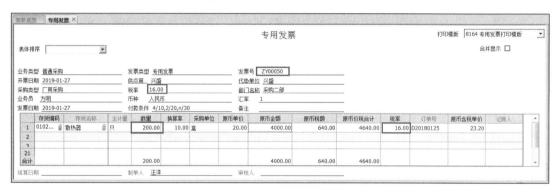

图 2-2-51　采购专用发票

④ 单击"保存"按钮后单击"现付"按钮，在打开的"采购现付"窗口中，因付款条件为"4/10，2/20，n/30"，故企业提前 10 天付款可享有 4% 的现金折扣，因此实际应付款为 4 640×（1-4%）=4 454.4（元），现付 50%，即付 2 227.2 元，录入结算方式、金额、票号等信息，如图 2-2-52 所示。

图 2-2-52　"采购现付"窗口

⑤ 执行"采购结算"/"手工结算"命令，打开"手工结算"窗口。单击"选单"按钮，再单击"过滤""刷入""刷票"按钮，"全选"后单击"确定"按钮。

⑥ 在采购专用发票对应栏中输入合理的损耗数量5，如图2-2-53所示。

图2-2-53　输入合理损耗数量

⑦ 因列表下方无费用分摊，所以可直接单击"结算"按钮，完成结算。

（2）确认采购成本。在存货核算系统中，分别执行"正常单据记账"和"生成凭证"命令，如图2-2-54（1）、图2-2-54（2）所示，其生成的凭证如图2-2-54（3）所示。

图2-2-54（1）　正常单据记账列表

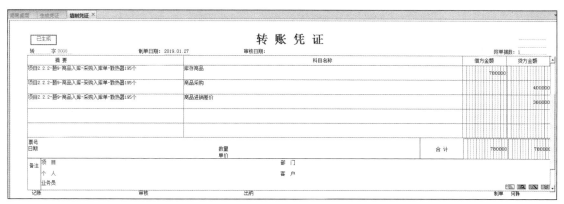

图2-2-54（2）　生成凭证对应科目

图2-2-54（3）　存货入库凭证

（3）确定应付款项。

① 在应付款管理系统中，执行"应付单据审核"命令，打开"单据过滤条件"对话框，选中"包含已现结发票"复选框。

② 单击"确定"按钮，打开"应付单据列表"，选择"全选"，单击"审核"按钮，完成单据

的审核。

③ 执行"制单处理"命令，打开"制单查询"对话框。选择"现结制单"，如图 2-2-55 所示。单击"确定"按钮，打开"现结制单"窗口。

图 2-2-55 "制单查询"窗口

④ 单击"全选"按钮，修改凭证类型为"付款凭证"，再单击"制单"按钮，生成一张付款凭证，如图 2-2-56 所示。单击"保存"按钮后退出。

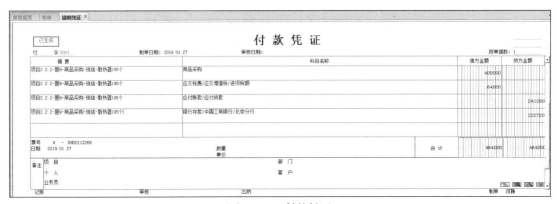

图 2-2-56 付款凭证

⑤ 现金折扣冲销财务费用。在应付款管理系统中执行"应付单据录入"命令，选择"负向"，进入红字"应付单"窗口。单击"增加"按钮，输入现金折扣金额 185.6 元（4 640 元×0.04），如图 2-2-57 所示。

图 2-2-57 现金折扣冲销应付单

⑥ 审核应付单后，执行"制单"，在弹出的"制单查询"对话框中选择"应付单制单"，如图 2-2-58 所示。

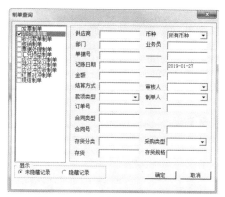

微课：合理损耗的
会计凭证处理

图 2-2-58 "制单查询"对话框

⑦ 制单时输入"财务费用"科目，生成现金折扣冲销财务费用凭证，如图 2-2-59 所示。

图 2-2-59 现金折扣冲销财务费用凭证

3. 数据备份

退出"企业门户"，在系统管理中由系统管理员执行"账套"/"输出"命令，将数据存储在"E：\
U8-V10.1 供应链数据备份\606-2-2"中。

2.2.4 评价考核

1. 评价标准

根据项目实施的情况，实行过程评价与结果评价相结合的评价方式，评价标准如表 2-2-3 所示。

表 2-2-3   评价标准   单位：分

评价类别	评价属性	评价项目	分数
过程评价（40%）	实训态度	遵章守纪	10
		按要求及时完成	10
		操作细致有耐心	10
		独立完成	10
		小计	40
结果评价（60%）	实施效果	熟悉采购管理系统业务处理流程	15
		理解采购管理、库存管理、存货核算及应付款管理系统间的关联	15
		独立完成新大地电脑有限公司普通采购业务的处理	30
		小计	60

2．评定等级

根据得分情况评定等级，如表 2-2-4 所示。

表 2-2-4　　　　　　　　　　　　　　　　评定等级　　　　　　　　　　　　　　　单位：分

等级标准	优	良	中	及格	不及格
分数区间	≥90	80（含）～90	70（含）～80	60（含）～70	<60
实际得分					

任务 2.3 ｜ 受托代销业务

云班课——线上导航

安装"蓝墨云"手机客户端，在手机上运行"蓝墨云"，点击右上角"+"，输入邀请码 121388，活动内容见表 2-3-1；翻转课堂资源用微信扫描二维码获取。

表 2-3-1　　　　　　　　　　　　受托代销业务线上导航

翻转课堂	性质 场景	对象	学生活动		教师活动	互动活动
项目二　采购管理系统					**任务 2.3　受托代销业务**	
前置学习	线上云班课	探索、导学	活动1	认知 学习受托代销业务背景知识	活动1 构建 受托代销业务资源库	活动1 教师调查 知识、技能设计方案的难易程度
			活动2	观看 受托代销业务单据流转及财务结算发票生成的操作视频及课件	活动2 上传 演示视频、课件、背景知识资料	活动2 学生自评 初学效果 教师评估调整教学方案
空间分布	课中学习	线下机房实训	归纳、内化	活动3	模拟 2.3.1 完成受托代销入库单据的输入 2.3.2 完成受托代销业务发票输入 2.3.3 完成业务结算，生成会计凭证 2.3.4 完成账套备份	活动3 演示 受托代销业务接单及结算、核算过程	活动3 教师跟踪 学生团队、学生个人的学习效果
				活动4	反映 知识问题、技能问题	活动4 答疑解惑 纠正操作错误	活动4 师生共同解决问题 共同调整教学方法
	课后学习	线上云班课	演绎、拓展	活动5	巩固 复习知识点及单项实训	活动5 评价 学习效果	活动5 教师开发 拓展练习、拓展测验
				活动6	自我测试 综合实训	活动6 查看 测试结果	活动6 学生学习经验交流 教师教学经验交流

2.3.1 背景知识

1. 基本认知

受托代销是一种先销售后结算的采购模式：其他企业委托本企业代销其商品，代销商品的所有权仍归委托方；代销商品被销售后，本企业与委托方进行结算，开具正式的销售发票，商品所有权转移。

受托代销是与委托代销相对应的一种业务模式，可以节省商家的库存资金，降低经营风险。它适用于超市等商业企业。

2. 工作过程及岗位要求（见表 2-3-2）

表 2-3-2　　　　　　　　　　受托代销业务工作过程及岗位要求

系统	采购管理系统		库存管理系统	存货核算系统	销售管理系统	应付款管理系统
部门	采购部		仓储部	财务部	销售部	财务部
岗位操作员	采购员（301 汪洋）		仓管员（授权 301 汪洋）	会计员（202 何静）	销售员（401 黄敏）	会计员（202 何静）
工作过程	接收受托代销商品					
	发生代销商品销售					
admin						

2.3.2 任务资料

1. 参数设置资料

① 在采购管理系统或库存管理系统中启用"受托代销业务"。

② 在采购管理系统中取消"受托代销必有订单"。

③ 录入受托代销订单、到货单和入库单。

④ 受托代销结算。

2. 受托代销数据资料

① 2019 年 1 月 16 日，本公司受托代销中创公司的硬盘，收到中创公司发来的硬盘 200 块，单价为 330 元。

② 2019 年 1 月 20 日，本公司代美凌商行销售主板 20 块，结算并收到普通发票，发票号为 PT00020，结算单价为 500 元。付款条件为 2/10，1/20，n/30。

2.3.3 任务实施

微课：受托代销业务
流程

实施要求如下。

（1）熟悉受托代销业务处理的流程。

（2）独立完成受托代销业务的操作。

实施指导如下。

打开系统管理，由系统管理员注册，引入"606-2-2"文件夹中的账套备份数据，将系统日期修改为 2019 年 1 月 31 日，涉及系统参数设置的由账套主管 201 江波处理，采购业务单据由 401 黄敏处理，库存管理业务单据由 501 肖建处理，会计系统审核及制单由 202 操作员何静处理。

在"设置"/"基础档案"/"财务"/"会计科目"中，将"2314 代理业务负债"科目的名称修改为"受托代销商品款"。

1. 受托代销业务处理

第 1 笔业务的操作处理过程如下。

该笔业务为收到代销货物。收到委托人发来的代销货物时，应该及时办理受托代销货物的入库手续，也可以先办理到货手续，再根据到货单生成受托代销入库单。

（1）在采购管理系统中，执行"采购管理"/"采购到货"/"到货单"命令，打开"到货单"窗口。

（2）单击"增加"按钮，选择"业务类型"为"受托代销"，在表体中录入项目资料中的相关信息，如图 2-3-1 所示。

图 2-3-1　到货单

（3）单击"保存"按钮后退出。

（4）在库存管理系统中，执行"库存管理"/"入库业务"/"采购入库单"命令，单击"生单"按钮，选择"采购到货单（蓝字）"，在查询条件选择窗口中选业务类型为"受托代销"，打开"到货单生单列表"窗口，选中受托代销单据编号，如图 2-3-2（1）所示。

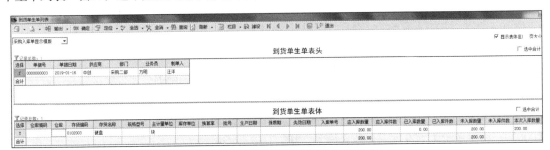

图 2-3-2（1）　受托代销到货单生单列表

（5）单击"确定"按钮，再单击"审核"按钮，完成采购入库单的生成与审核后，单击"保存"。如图 2-3-2（2）所示。

图 2-3-2（2） 采购入库

（6）在存货核算系统中，执行"业务核算"/"正常单据记账"命令。在打开的对话框中，选中刚才的受托代销商品入库单，进行"记账"。单击"退出"按钮退出。

（7）执行"财务核算"/"生成凭证"命令，打开"生成凭证"窗口。选中"采购入库单（暂估记账）"复选框，打开"未生成凭证单据一览表"。选择对应的入库单，单击"确定"按钮，回到"生成凭证"窗口，录入相应的科目编码，如图 2-3-3 所示。

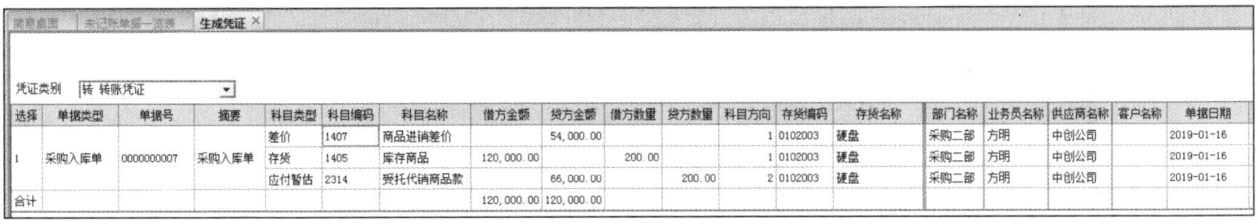

微课：受托代销
入库凭证

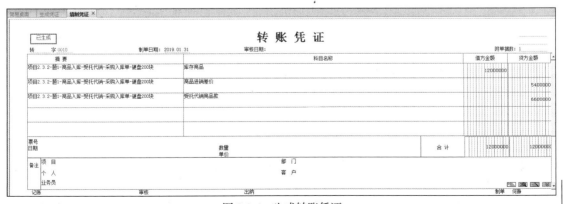

图 2-3-3 生成凭证所对应的科目

（8）单击"生成"按钮生成凭证，如图 2-3-4 所示。单击"保存"按钮，单击"退出"按钮退出。

图 2-3-4 生成转账凭证

◇ 受托代销入库单在库存管理系统中录入或生成。
◇ 录入受托代销入库单的类型应为"受托代销"。
◇ 受托代销的商品必须在售出后才能与委托单位进行结算。
◇ 受托代销入库单可以在采购管理系统中通过"受托代销入库单"或"入库单列表"被查询。

微课：受托代销商品
入库单

第 2 笔业务的操作处理过程如下。

该笔业务的内容是期初代销的货物售出后与委托单位进行结算。

（1）在采购管理系统中，执行"采购结算"/"受托代销结算"命令。

（2）在查询条件过滤窗口中，"供应商编码"选择"01002-美凌商行"，"存货"选择"0102002-主板"，"采购类型"选择"04-受托代销"，单击"确定"按钮，如图 2-3-5 所示。

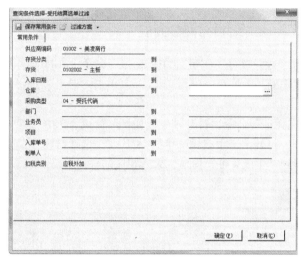

微课：受托代销商品
结算

图 2-3-5　选择入库单

（3）系统将符合条件的自动显示出来，在窗口上方输入结算发票编号、日期、部门，"税率"选择"16"，"采购类型"选择"受托代销"，付款条件为"2/10，1/20，n/30"。在下方结算选单列表中选择受托代销的商品，确认结算数量，并修改原币含税单价为 580 元，如图 2-3-6 所示。

图 2-3-6　受托代销结算

如果要取消本次结算，可以直接在本窗口中单击删除图标。

（4）单击"结算"按钮，系统自动生成受托代销发票、受托代销结算单，并弹出"结算完成"

信息提示对话框。

（5）单击"确定"按钮，再单击"关闭"按钮，退出该窗口。

（6）在应付款管理系统中，执行"应付单据审核"命令，打开"单据过滤条件"对话框。

微课：受托代销应付凭证

（7）单击"确定"按钮，打开"单据处理"窗口，查看"应付单据列表"。选择相应单据，单击"审核"按钮，如图 2-3-7 所示。

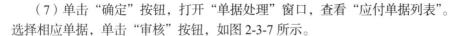

图 2-3-7　应付单据的审核

（8）执行"制单处理"命令，制单并保存，如图 2-3-8 所示。

图 2-3-8　受托代销结算凭证

　　✧　受托方销售代销商品后，可根据受托代销入库单进行结算，也可以在取得委托人的发票后再结算。

　　✧　结算表中的存货、入库数量、入库金额、已结算数量、已结算金额不能修改。

　✧　结算表中的结算数量、含税单价、价税合计、税额等可以修改。

　✧　可以单击"采购结算"/"结算单列表"进行查询。

2. 数据备份

退出"企业门户"，在系统管理中，由系统管理员执行"账套"/"输出"命令，将数据存储在"E：\U8-V10.1 供应链数据备份\606-2-3"中。

2.3.4　评价考核

1. 评价标准

根据项目实施的情况，实行过程评价与结果评价相结合的评价方式，评价标准如表 2-3-3 所示。

表 2-3-3　　　　　　　　　　　　　　　　评价标准　　　　　　　　　　　　　　　　单位：分

评价类别	评价属性	评价项目	分数
过程评价（40%）	实训态度	遵章守纪	10
		按要求及时完成	10
		操作细致有耐心	10
		独立完成	10
		小计	40

续表

评价类别	评价属性	评价项目	分数
结果评价 （60%）	实施效果	正确理解受托代销业务模式	15
		熟悉受托代销业务处理流程	20
		独立完成受托代销业务的处理	25
		小计	60

2．评定等级

根据得分情况评定等级，如表 2-3-4 所示。

表 2-3-4　　　　　　　　　　　　　　　　　　评定等级　　　　　　　　　　　　　　单位：分

等级标准	优	良	中	及格	不及格
分数区间	≥90	80（含）～90	70（含）～80	60（含）～70	<60
实际得分					

任务 2.4 ｜ 其他采购业务

云班课——线上导航

安装"蓝墨云"手机客户端，在手机上运行"蓝墨云"，点击右上角"+"，输入邀请码 121388，活动内容见表 2-4-1；翻转课堂资源用微信扫描二维码获取。

表 2-4-1　　　　　　　　　　　　　　其他采购业务线上导航

翻转课堂	性质 场景	对象		学生活动		教师活动		互动活动
前置 学习	线上 云班课	探索、 导学	活动1	认知 学习其他采购，如短缺、溢余、退货、暂估入库等背景知识	活动1	构建 其他采购业务资源库	活动1	教师调查 知识、技能设计方案的难易程度
			活动2	观看 短缺、溢余、退货、暂估入库等其他采购业务处理的操作视频及课件	活动2	上传 演示视频、课件、背景知识资料	活动2	学生自评 初学效果
								教师评估调整 教学方案
空间 分布	课中 学习	线下 机房实训	归纳、 内化	活动3	模拟 2.4.1 完成采购短缺的业务处理及生成会计凭证 2.4.2 完成采购溢余的业务处理及生成会计凭证 2.4.3 完成暂估入库的业务处理及生成会计凭证 2.4.4 完成账套备份	活动3	演示 其他采购业务单据流转及结算、核算过程	活动3	教师跟踪 学生团队、学生个人的学习效果
			活动4	反映 知识问题、技能问题	活动4	答疑解惑 纠正操作错误	活动4	师生共同 解决问题
								共同调整 教学方法
课后 学习	线上 云班课	演绎、 拓展	活动5	巩固 复习知识点及单项实训	活动5	评价 学习效果	活动5	教师开发 拓展练习、拓展测验
			活动6	自我测试 综合实训	活动6	查看 测试结果	活动6	学生学习 经验交流
								教师教学 经验交流

2.4.1 背景知识

1. 基本认知

企业在往来业务中经常会发生商品数量短缺或溢余，或者由于商品质量没有达到规定标准而要求退货的业务以及暂估业务。其他采购业务是指在正常采购业务进行过程中所发生的溢余、短缺、退货或暂估等业务。

2. 工作过程及岗位要求（见表 2-4-2）

表 2-4-2　　　　　　　　　　其他采购业务工作过程及岗位要求

系统	采购管理系统	库存管理系统	存货核算系统	应付款管理系统
部门	采购部	仓储部	财务部	
岗位操作员	采购员（301 汪洋）	仓管员（授权 501 肖建）	会计员（202 何静）	会计员（202 何静）
工作过程　发生采购数量溢缺	开始 → 到货单（实际数量）→ 大于或小于〔小于：通知；大于：通知〕→ 专用采购发票或普通发票（数量）→ 结算单（采购成本结算）	生成　红字入库单（差量）　或者　生成　蓝字入库单（差量）	正常记账　生成　红字入库会计凭证　借：库存商品（红字差额）　贷：商品采购（红字差额）；正常记账　生成　借：库存商品（蓝字差额）　贷：商品采购（蓝字差额）	审核　生成　红字应付款会计凭证　未付款时：借：商品采购（红字差额）　应交税费——应交增值税——进项税额（红字差额）　贷：应付账款（或应付票据）（红字差额）；付款时：借：应付账款　贷：银行存款；分录同上，金额改为蓝字（略）
发生采购退货	红字到货单（退货数量）→ 生成　红字专用采购发票或普通发票（退货数量）→ 结算单（采购成本结算）	红字入库单（退货数量）	正常记账　生成　红字入库会计凭证　借：库存商品（退货差额）　贷：商品采购（退货差额）	审核　生成　红字应付款会计凭证　未付款时：借：商品采购（退货差额）　应交税费——应交增值税——进项税额（退货差额）　贷：应付账款（或应付票据）（退货差额）；付款时：借：应付账款　贷：银行存款
发生暂估入库	月底无结算、无发票　开始 → 到货单	生成　入库单（暂估价）	正常记账	按暂估价，存货与应付合成：借：库存商品　贷：应付账款（暂估款）
admin		结束 ← 账套备份 ←		

2.4.2 任务资料

1. 参数设置资料

增加非合理损耗类型——运输部门责任。

2. 其他采购业务数据资料

① 2019 年 1 月 15 日，收到兴盛公司的专用发票，发票号码为 ZY00030。发票载明联想笔记本电脑 10 台，单价 4 250 元，增值税税率为 16%。本公司验收入库后立即支付货款和税款（现金支票

XJ0001）。

② 2019 年 1 月 18 日，向昌达公司订购神舟笔记本电脑 20 台，订单号为 D20190118。2019 年 1 月 20 日，收到昌达公司发来的专用发票，发票号为 ZY00060。发票上载明神舟笔记本电脑 20 台，单价 3 200 元，入库时短缺了 2 台，此数量为非合理损耗。已查明属于运输部门责任，运输部门同意赔偿 7 424（6 400×1.16，尚未收到赔款）。财务部门按发票开出转账支票（支票号 ZZ0011777），用于支付全部款项。

③ 2019 年 1 月 20 日，向昌达公司订购惠普笔记本电脑 20 台，单价 4 500 元，订单号为 D20180120。2019 年 1 月 25 日全部到货，办理入库手续。

④ 2019 年 1 月 21 日，向兴盛公司订购惠普笔记本电脑 25 台，单价 4 500 元，订单号为 D20180121。2019 年 1 月 30 日到货。

⑤ 2019 年 1 月 22 日，向美凌商行订购 LED 显示屏 50 台，单价 800 元，订单号为 D20180122，计划 2019 年 1 月 25 日到货。2019 年 1 月 25 日验收入库时发现 10 台存在质量问题，与对方协商，退货 10 台，为验收合格的 LED 显示屏办理入库手续。

⑥ 2019 年 1 月 26 日，发现 2019 年 1 月 25 日入库的惠普笔记本电脑存在质量问题，与昌达公司协商，要求该批次全部退回，对方同意全部退货。对方已经按 20 台开具专用发票，本企业已于 2019 年 1 月 27 日收到发票（发票号 ZY00070），随后又收到退货发票（发票号 ZY00070-），但尚未结算。

⑦ 2019 年 1 月 30 日，2019 年 1 月 21 日向兴盛公司订购的惠普笔记本电脑 25 台，全部到货并办理了验收入库手续。2019 年 1 月 31 日，发现 5 台惠普笔记本电脑有质量问题，经协商，对方同意退货。2019 年 1 月 31 日收到对方开具的 20 台电脑专用发票，发票号为 ZY00080。

⑧ 2019 年 1 月 31 日，发现本月 25 日入库的华硕笔记本电脑有 5 台存在质量问题，要求退货。经与美凌商行协商，对方同意退货。该批电脑已于 2019 年 1 月 25 日办理了采购结算。5 台退货发票号为 ZY00020-。

⑨ 2019 年 1 月 31 日，对未收到发票的本月 22 日向美凌商行订购的 40 台 LED 显示屏，做期末暂估处理，暂估单价为 1 300 元。

2.4.3 任务实施

实施要求如下。

（1）熟悉采购溢余短缺业务、退货业务及暂估业务的处理流程。

（2）正确理解暂估业务，独立完成暂估业务的操作。

（3）独立完成尚未结算的采购退货业务的操作。

（4）独立完成已经执行采购结算的采购退货业务操作。

实施指导如下。

打开系统管理，由系统管理员注册引入"606-2-3"文件夹中的账套备份数据，将系统日期修改为 2019 年 1 月 31 日，以操作员"201 江波"（密码为 111）的身份登录"企业门户"606 账套。

1. 设置参数

（1）增加非合理损耗类型。执行"基础设置"/"基础档案"/"业务"/"非合理损耗类型"命令，打开"非合理损耗类型"窗口。单击"增加"按钮，增加非合理损耗类型"运输部门责任"，如图 2-4-1 所示。单击"保存"按钮后退出。

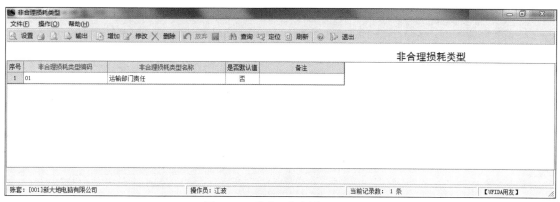

图 2-4-1 非合理损耗类型设置

（2）增加客户——运输部门，如图 2-4-2 所示，同时将"其他应收款"科目的辅助核算类型设置为"客户往来"。

图 2-4-2 增加客户

2. 其他采购业务处理

重新注册，业务单据操作以"301 汪洋"的身份登录，会计操作生成凭证以"202 何静"的身份登录。

第 1 笔业务的操作处理过程如下。

该笔业务属于 2018 年年末的暂估业务。暂估是指当月存货已经入库，但采购发票尚未收到，不能确定存货的入库成本，月底时为了正确核算企业的库存成本，需要将这部分存货暂估入账，形成暂估凭证。到下月，采购发票收到后，在采购管理系统中录入并进行采购结算；在存货核算系统中进行"暂估处理"，系统自动生成红字回冲单、蓝字回冲单，同时据以登记存货明细账。

（1）录入采购发票，进行采购结算。

① 在采购管理系统中，执行"采购发票"/"采购专用发票"命令，打开"采购专用发票"窗口。单击"增加"，修改开票日期为"2019-01-15"，修改发票号为"ZY00030"。

② 期初已经录入了该笔业务的入库单，可以"生单"方式生成采购专用发票。在发票窗口上方单击"生单"，选择"入库单"，打开"生单选单列表"，选择相应的入库单，如图 2-4-3 所示。

③ 单击"确定"按钮，生成一张采购专用发票，修改原币单价为"4 250"，修改增值税税率为 16，对系统弹出"将按照表头税率统一表体税率，是否继续？"的提示框，选"是"，再单击"保存"按钮，生成采购专用发票。

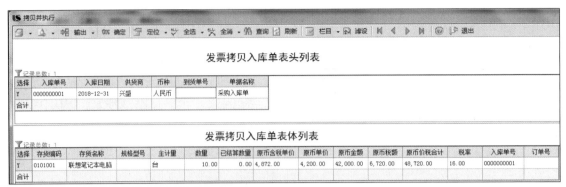

图 2-4-3　生单选单列表

④ 单击"现付"按钮，打开"采购现付"窗口，选择结算方式、金额和银行账号等信息，如图 2-4-4 所示。

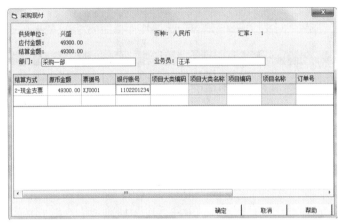

图 2-4-4　"采购现付"对话框

⑤ 单击"结算"，如图 2-4-5 所示。

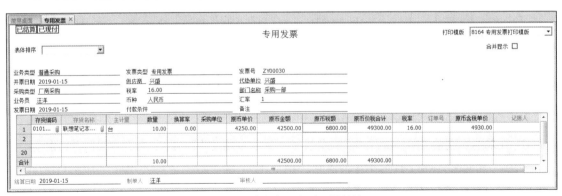

图 2-4-5　采购专用发票现付结算

（2）暂估处理。

① 在当前窗口左上角单击"重注册"，换成"202"即操作员为何静，时间更改为"2019-01-31"，进入企业应用平台。在存货核算系统中，执行"业务核算"/"结算成本处理"命令，打开"暂估查询"对话框。

② 选中"电脑库"，单击"确定"按钮，打开"结算成本处理"窗口。单击"选择"或"全选"（根据企业具体情况进行选择），选中要暂估结算的结算单，如图 2-4-6 所示。

选择	结算单号	仓库编码	仓库名称	入库单号	入库日期	存货编码	存货名称	计量单位	数量	暂估单价	暂估金额	结算数量	结算单价	结算金额	收发类	材料费	加工费	单据类型	业务类型	供应商编码
Y	0000000000000006	01	电脑库	0000000001	2018-12-31	0101001	联想笔记本电脑	台	10.00	4,200.00	42,000.00	10.00	4,250.00	42,500.00	普通采购			01	普通采购	01001
合计									10.00		42,000.00	10.00		42,500.00						

图 2-4-6 "结算成本处理"窗口

③ 单击"暂估"按钮，退出。

（3）生成红字、蓝字凭证。

① 在存货核算系统中，执行"财务核算"/"生成凭证"命令，打开"生成凭证"窗口。

② 单击"选择"，打开"查询条件"对话框，选中"（24）红字回冲单"，"（30）蓝字回冲单（报销）"，单击"确定"按钮，打开"选择单据"窗口，查看"未生成凭证单据一览表"，单击"选择"按钮，如图 2-4-7 所示。

微课：月初回冲单处理

选择	记账日期	单据日期	单据类型	单据号	仓库	收发类型	记账人	部门	部门编码	业务单号	业务类型	计价方式	备注	摘要	供应商	客户
1	2019-01-01	2018-12-31	红字回冲单	0000000001	电脑库	普通采购	江波				普通采购	先进先出法		红字回冲单	兴盛公司	
2	2019-01-31	2018-12-31	蓝字回冲单	0000000001	电脑库	普通采购	何静				普通采购	先进先出法		蓝字回冲单	兴盛公司	

图 2-4-7 "选择单据"窗口

③ 单击"确定"按钮，打开"生成凭证"窗口。在红字回冲单中录入"存货"的科目为"库存商品"的科目编码，录入"对方"的对应科目"应付账款——暂估应付款"的科目编码；在蓝字回冲单中录入"存货"的科目为"库存商品"的科目编码，录入"对方"的对应科目"商品采购"的科目编码，如图 2-4-8 所示。

凭证类别 转 转账凭证

	单据类型	单据号	摘要	科目类型	科目编码	科目名称	借方金额	贷方金额	借方数量	贷方数量	科目方向	存货编码	存货名称	部门名称	业务员名称	供应商名称	客户名称	单据日期
1	红字回冲单	0000000001	红字回冲单	存货	1405	库存商品	-42,000.00			-10.00	1	0101001	联想笔记本电脑		汪洋	兴盛公司		2018-12-31
			红字回冲单	应付暂估	220202	暂估应付款		-42,000.00		-10.00	2	0101001	联想笔记本电脑		汪洋	兴盛公司		2018-12-31
2	蓝字回冲单		蓝字回冲单	存货	1405	库存商品	42,500.00		10.00		1	0101001	联想笔记本电脑		汪洋	兴盛公司		2018-12-31
			蓝字回冲单	对方	1402	商品采购		42,500.00	10.00		2	0101001	联想笔记本电脑		汪洋	兴盛公司		2018-12-31
合计							500.00	500.00										

图 2-4-8 "生成凭证"窗口

④ 单击"生成"按钮，生成一张红字凭证，如图 2-4-9 所示。

转 账 凭 证

已生成

转 字 0012   制单日期：2019.01.31   审核日期：   附单据数：1

摘 要	科目名称	借方金额	贷方金额
项目2.4.2-题1-期初暂估-红字回冲单-联想笔记本电脑10台（红字）	库存商品	4200000	
项目2.4.2-题1-期初暂估-红字回冲单-联想笔记本电脑10台（红字）	应付账款/暂估应付款		4200000
票号/日期	数量/单价	合计	4200000 / 4200000

备注 项目/个人/业务员   部门   客户

记账   审核   出纳   制单 何静

图 2-4-9 冲销暂估入账的凭证

⑤ 单击下一张箭头"→"，输入日期"2019-01-15"，修改摘要内容，即生成第二张蓝字入库凭证，如图2-4-10所示。单击"退出"按钮。

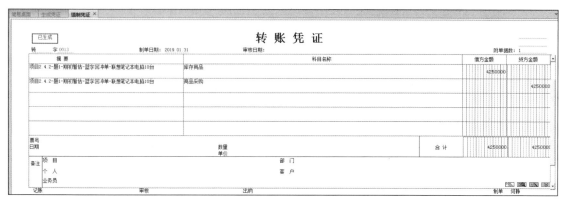

图2-4-10　存货入库的凭证

（4）现付单据制单。

① 在应付款管理系统中，执行"日常处理"/"应付单据处理"/"应付单据审核"命令，打开"应付单查询条件"对话框，选中"包含已现结发票"复选框，如图2-4-11所示。

② 单击"确定"按钮，打开"应付单据列表"窗口。单击"选择"按钮，选择已现付的单据，单击"审核"按钮，完成对现付发票的审核。

③ 单击"确定"按钮后，再单击"退出"按钮退出。

④ 执行"日常处理"/"制单处理"命令，打开"制单查询"对话框，选择"现结制单"，如图2-4-12所示。

图2-4-11　"应付单查询条件"窗口　　　　图2-4-12　"制单查询"窗口

⑤ 单击"确定"按钮，打开"现结制单"窗口。单击"全选"，选择凭证为"付款凭证"。单击"制单"按钮，生成一张付款凭证，单击"保存"按钮，如图2-4-13所示。

图 2-4-13　现结付款凭证

 小提示

◇　采购结算后，现付发票和现付单据才能自动被传递到应付款管理系统。

◇　现付单据只能通过应付款管理系统的"应付单据审核"进行审核。

◇　可以根据每张现付发票立即制单，也可以月末合并生成付款凭证

第 2 笔业务的操作处理过程如下。

该笔业务在运输途中发生短缺，属于溢余短缺业务，需要订货、入库、开出采购专用发票及结算，确认采购成本。

（1）在采购管理系统和库存管理系统中进行操作。

① 在采购管理系统中，执行"采购订货"/"采购订单"命令，单击"增加"按钮，按项目资料输入相关内容，之后单击"保存""审核"后退出。再执行"采购到货"/"到货单"命令生成到货单，如图 2-4-14 所示。

微课：采购溢缺的
业务单据

图 2-4-14　拷贝订单生成到货单

② 在库存管理系统中，生成入库单，入库件数为 18 件，如图 2-4-15 所示。

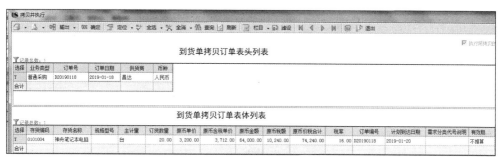

图 2-4-15　选择采购订单或采购到货单生成入库单

③ 在采购管理系统中，执行"采购发票"/"采购专用发票"命令，打开"采购专用发票"窗口。单击"增加"按钮，"生单"时需选择订单生成（因短缺使到货单及入库单的数量不等于发票数量）或手工输入发票信息，并修改发票号等表头项目。

④ 在表体栏中，修改数量为 20。修改完毕后单击"保存"按钮。

⑤ 单击"现付"，打开"采购现付"对话框，输入结算方式、票据号及金额，如图 2-4-16 所示。

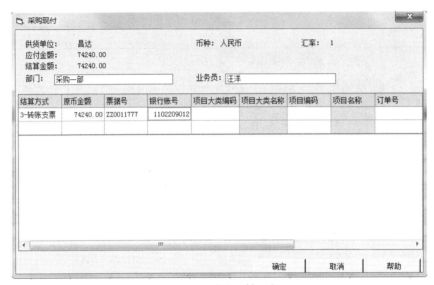

图 2-4-16 "采购现付"窗口

⑥ 确认所有付款信息后，单击"确定"按钮，系统在采购专用发票上打上了"已现付"的标记，如图 2-4-17 所示。

图 2-4-17 采购专用发票

⑦ 执行"采购结算"/"手工结算"命令，打开"手工结算"窗口。单击"选单"，再单击"过滤"按钮，单击"确定"按钮。

⑧ 单击"刷入""刷票"，选择相应的采购入库单和采购发票，单击"确定"按钮，返回"手工结算"窗口，在发票的"非合理损耗数量"栏内输入"2"，"非合理损耗类型"选择"01"，在"进项税转出金额"栏内输入"1 024"（3 200 元×2×16%），如图 2-4-18 所示。

简易桌面
手工结算
结算汇总
存货名称 单据号 结算数量 发票数量 合理损耗数量 非合理损耗数量 非合理损耗 分摊费用 分摊折扣 暂估单价 暂估金额 发票单价 发票金额 非合理损耗类型 进项税转出金额 存货代码
神舟笔记本电脑 ZY00060 20.00 2.00 6400.00 0.00 3200.00 64000.00 01 1024.00
0000000009 18.00 3200.00 57600.00
合计 18.00 20.00 0.00 2.00 6400.00 0.00 0.00 57600.00 64000.00
选择费用分摊方式: 按金额 按数量
相同供应商
费用名称 发票号 开票日期 供货单位 代垫单位 规格型号 计量单位 数量 单价 金额

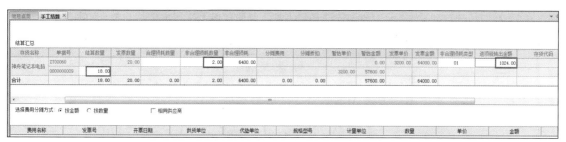

图 2-4-18 “手工结算”窗口

⑨ 单击“结算”，完成手工结算。

小提示

✧ 在采购过程中溢缺应按不同的原因分别处理。如果为非合理损耗，需要预先进行设置，否则不能结算。

✧ 采购溢缺的结算只能通过手工结算。

✧ 只有“发票数量=结算数量+合理损耗数量+非合理损耗数量”，该条入库单记录与发票记录才能进行采购结算。

✧ 如果是非合理损耗，还应考虑转出进项税额。

（2）在存货核算系统中进行操作。

① 执行“重注册”，以操作员“202 何静”的身份进入企业应用平台，执行“业务核算”/“正常单据记账”命令，单击“全选”，进行记账，如图 2-4-19 所示。

② 执行“财务核算”/“生成凭证”，选单，选择“采购入库单（报销记账）”，全选，确定后回到“生成凭证”窗口。选择“转账凭证”，录入库存科目为“库存商品”、对方科目为“商品采购”。

微课：采购溢缺的会计凭证

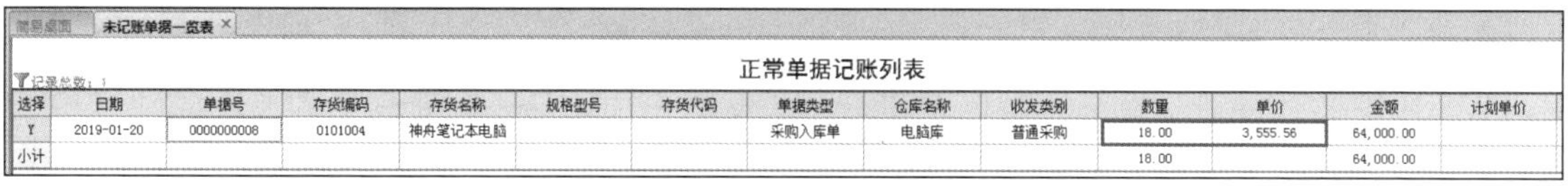

简易桌面
未记账单据一览表
正常单据记账列表
记录总数：1
选择 日期 单据号 存货编码 存货名称 规格型号 存货代码 单据类型 仓库名称 收发类别 数量 单价 金额 计划单价
Y 2019-01-20 0000000008 0101004 神舟笔记本电脑 采购入库单 电脑库 普通采购 18.00 3,555.56 64,000.00
小计 18.00 64,000.00

图 2-4-19 正常单据记账列表

③ 单击“生成”按钮，生成一张入库凭证，如图 2-4-20 所示。

简易桌面
凭证列表
查询凭证
已生成
转 账 凭 证
转 字 0014
制单日期：2019.01.31
审核日期：
附单据数：1
摘要
科目名称
借方金额
贷方金额
项目2.4.2-题2-商品入库-采购入库单-神舟笔记本电脑18台
库存商品
6400000
项目2.4.2-题2-商品入库-采购入库单-神舟笔记本电脑18台
商品采购
6400000
票号
日期
数量
单价
合 计
6400000
6400000
备注
项 目
部 门
个 人
客 户
业务员
记账
审核
出纳
制单 何静

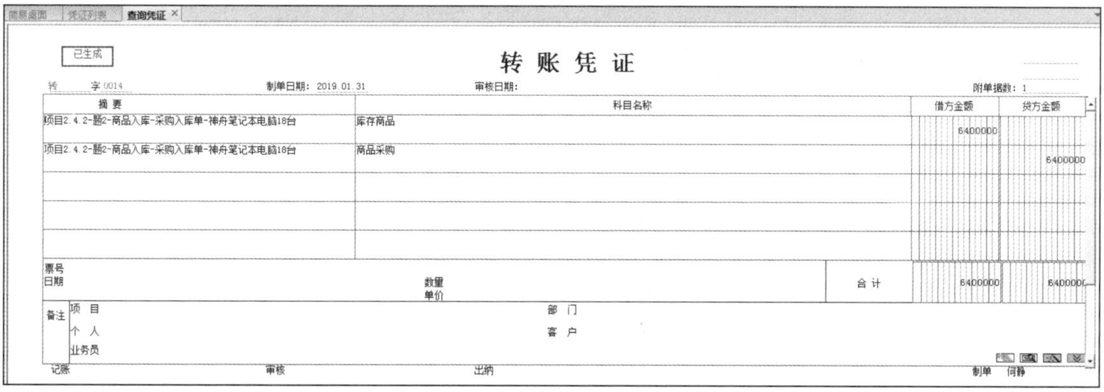

图 2-4-20 转账凭证

（3）在应付款管理系统中，对"包含已现结发票"的应付单据进行审核并制单，如图 2-4-21 所示。

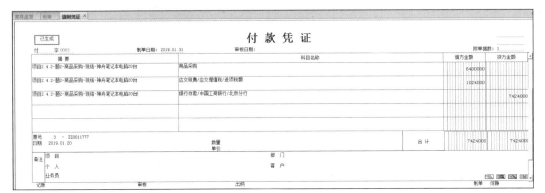

图 2-4-21　付款凭证

（4）在应收款管理系统中，核算运输部门的责任款项及进项税额转出。

① 单击"基础设置"/"基础档案"/"财务"/"会计科目"，增设"其他应收款"。设置其辅助核算类型为"客户往来"，受控于"应收款管理系统"。执行"应收单据的录入"命令，选择"应收单"，如图 2-4-22 所示。

② 填写相应的信息，如图 2-4-23 所示。

图 2-4-22　"单据类别"对话框

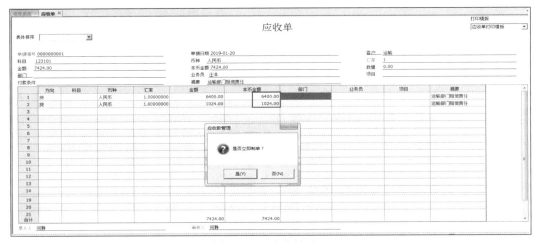

图 2-4-23　应收单录入

③ 单击"保存""审核"按钮后，在弹出的"是否立即制单"对话框中单击"是"按钮，生成一张应收赔款凭证，单击"保存"按钮，如图 2-4-24 所示。

第 3 笔业务的操作处理过程如下。

该笔业务需要录入采购订单、采购到货单和采购入库单。

（1）在采购管理系统中，执行"订货"/"采购订单"命令，增加一张采购订单。在表体中录入惠普笔记本电脑 20 台、单价 4 500 元，修改默认税率为 16 等内容，单击"保存"按钮，单击"审核"按钮。

（2）在采购管理系统中，执行"到货"/"到货单"命令，参照订单生成一张采购到货单，如图 2-4-25 所示。

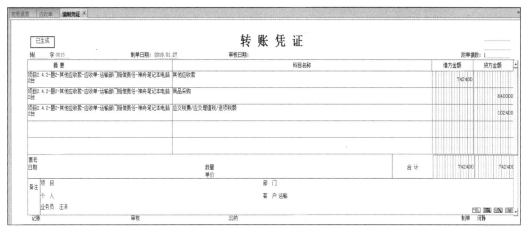

转账凭证

已生成

转 字 0015　制单日期：2019.01.27　审核日期：　附单据数：1

摘要	科目名称	借方金额	贷方金额
项目2.4.2-题2-其他应收款-应收单-运输部门赔偿责任-神舟笔记本电脑2台	其他应收款	742400	
项目2.4.2-题2-其他应收款-应收单-运输部门赔偿责任-神舟笔记本电脑2台	商品采购		640000
项目2.4.2-题2-其他应收款-应收单-运输部门赔偿责任-神舟笔记本电脑2台	应交税费/应交增值税/进项税额		102400
票号 日期	数量 单价 合计	742400	742400

备注　项目　部门
个人　客户 运输
业务员 汪洋

记账　审核　出纳　制单 何静

图 2-4-24　赔款凭证

到货单

打印模版 8170 到货单打印模版　合并显示 □

表体排序

业务类型 普通采购　单据号 0000000005　日期 2019-01-25
采购类型 厂商采购　供应商 昌达　部门 采购一部
业务员 汪洋　币种 人民币　汇率 1
运输方式　税率 16.00　备注

	存货编码	存货名称	主计量	数量	原币含税单价	原币单价	原币金额	原币税额	原币价税合计	税率	订单号
1	0101003	惠普笔记本电脑	台	20.00	5220.00	4500.00	90000.00	14400.00	104400.00	16.00	D20180120
2											
21											
合计				20.00			90000.00	14400.00	104400.00		

制单人 汪洋　现存量 0.00

图 2-4-25　采购到货单

（3）在库存管理系统中，执行“入库业务”/“采购入库单”命令。在“采购入库单”窗口中，直接单击“生单”按钮，选择“到货单生成采购入库单”后，单击“保存”按钮，再单击“审核”按钮，如图 2-4-26 所示。

采购入库单

采购入库单打印模版　蓝字　红字　合并显示 □

表体排序

入库单号 0000000009　入库日期 2019-01-25　仓库 电脑库
订单号 D20180120　到货单号 0000000005　业务号
供货单位 昌达　部门 采购一部　业务员 汪洋
到货日期 2019-01-25　业务类型 普通采购　采购类型 厂商采购
入库类别 普通采购　审核日期 2019-01-25　备注

	存货编码	存货名称	规格型号	主计量单位	数量	本币单价	本币金额
1	0101003	惠普笔记本电脑		台	20.00	4500.00	90000.00
2							
20							
合计					20.00		90000.00

制单人 肖建　审核人 肖建
现存量 20.00

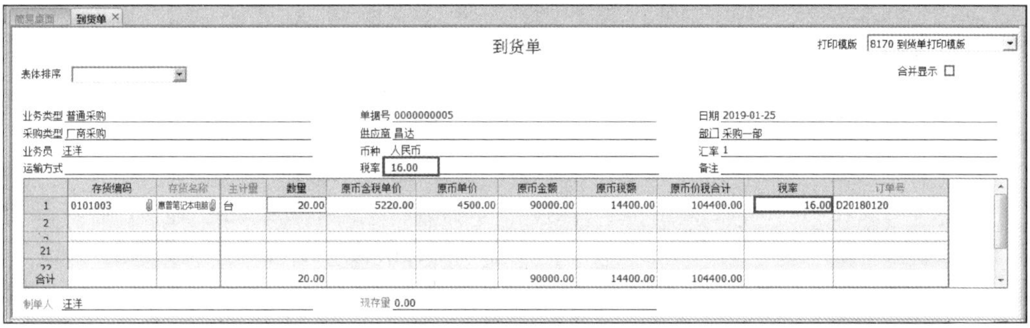

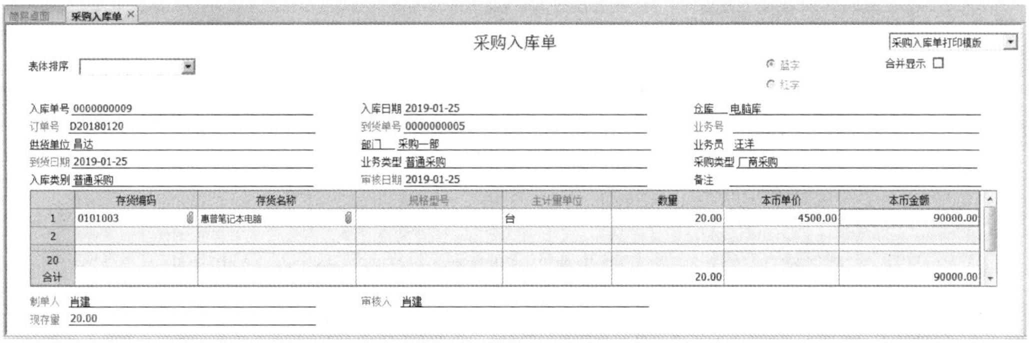

图 2-4-26　采购入库单

第 4 笔业务的操作处理过程如下。

该笔业务只需要录入采购订单。

在采购管理系统中，执行“订货”/“采购订单”命令，增加一张采购订单。在表体中录入惠普笔记本电脑 25 台、单价 4 500 元。修改默认税率为 16 等内容，单击“保存”按钮，单击“审核”按钮，如图 2-4-27 所示。

微课：采购退货的业务单据

图 2-4-27　采购订单

第 5 笔业务的操作处理过程如下。

该笔业务属于入库前部分退货业务，需要录入采购订单、采购到货单和退货单，并根据实际入库数量录入采购入库单。

（1）在采购管理系统中，执行"采购订货"/"采购订单"命令，增加一张采购订单。在表体中录入 LED 显示屏 50 台、单价 800 元，修改默认税率为 16 等内容，单击"保存"按钮，单击"审核"按钮。

（2）执行"到货"/"到货单"命令，选择"采购订单"，生成到货单。

（3）入库时发现 10 台存在质量问题，执行"采购到货"/"采购退货单"命令，修改表头中的采购业务类型为"采购退回"，日期为 2019.1.25，修改增值税税率为 16，对系统弹出"将按照表头税率统一表体税率，是否继续？"的提示框，选"是"，再单击"保存"按钮，并审核红字采购退货单，如图 2-4-28 所示。

图 2-4-28　采购退货单

（4）在库存管理系统中，执行"入库业务"/"采购入库单"命令，单击"生单"按钮，在打开的"选择采购订单或采购到货单"对话框中选择"采购到货单"选项卡，选择"到货单"和"到货退回单"，选择入库时间和仓库后单击"确定"按钮，生成一张蓝字采购入库单和一张红字采购入库单，如图 2-4-29 和图 2-4-30 所示。

◇　在该环节，也可以只在"到货单"的表体显示中修改"本次入库数量"为 40 台，生成一张入库单。

◇　对于尚未办理入库手续的退货业务，只需要开具退货单，即可完成退货业务的处理。

◇　收到对方按实际验收数量开具的发票后，按正常业务办理采购结算。

图 2-4-29　蓝字采购入库单

图 2-4-30　红字采购入库单

第 6 笔业务的操作处理过程如下。

该笔业务属于结算前全部退货业务，需要录入退货单、红字采购入库单，进行红蓝采购入库单和采购发票的手工结算。

（1）在采购管理系统中，执行"采购发票"/"采购专用发票"命令，单击"增加"按钮，"生单"选择"采购订单"或"入库单"，生成专用发票。修改发票号和开票日期以及默认税率（16），单击"保存"按钮，如图 2-4-31 所示。

图 2-4-31　采购专用发票

（2）执行"采购到货"/"采购退货单"命令，单击"增加"按钮，复制到货单生成表体数据，如图 2-4-32 所示。

采购退货单

表体排序

业务类型 普通采购　　单据号 0000000009　　日期 2019-01-26
采购类型 采购退回　　供应商 昌达　　部门 采购一部
业务员 汪洋　　币种 人民币　　汇率 1
运输方式　　税率 16.00　　备注

	存货编码	存货名称	主计量	数量	原币含税单价	原币单价	原币金额	原币税额	原币价税合计	税率	订单号
1	0101003	惠普笔记本电脑	台	-20.00	5220.00	4500.00	-90000.00	-14400.00	-104400.00	16.00	D20180120
合计				-20.00			-90000.00	-14400.00	-104400.00		

制单人 汪洋　　现存量 20.00

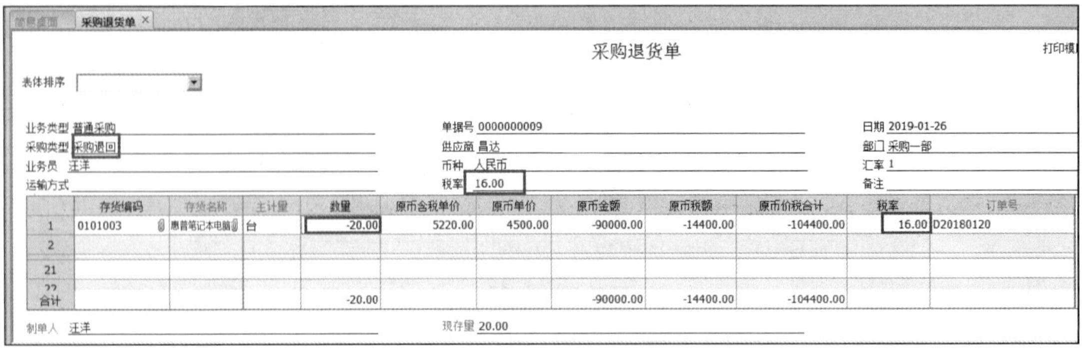

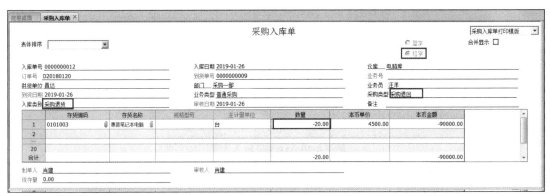

图 2-4-32　采购退货单

（3）在库存管理系统中，执行“采购入库”/“采购入库单”命令，单击“生单”按钮，选中刚才录入的采购退货单，单击“确定”按钮，并修改入库类别为“采购退货”，生成一张红字采购入库单。单击“保存”按钮后，再单击“审核”按钮，如图 2-4-33 所示。

采购入库单

表体排序　　蓝字　红字　　采购入库单打印模版　合并显示

入库单号 0000000012　　入库日期 2019-01-26　　仓库 电脑库
订单号 D20180120　　到货单号 0000000009　　业务号
供货单位 昌达　　部门 采购一部　　业务员 汪洋
到货日期 2019-01-26　　业务类型 普通采购　　采购类型 采购退回
入库类别 采购退货　　审核日期 2019-01-26　　备注

	存货编码	存货名称	规格型号	主计量单位	数量	本币单价	本币金额
1	0101003	惠普笔记本电脑		台	-20.00	4500.00	-90000.00
合计					-20.00		-90000.00

制单人 肖建　　审核人 肖建
现存量 0.00

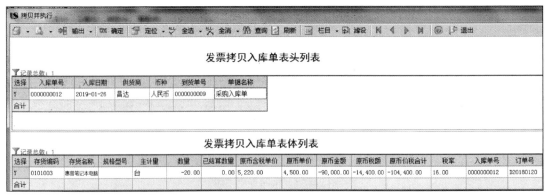

图 2-4-33　红字采购入库单

（4）在采购管理系统中，执行“采购发票”/“红字专用采购发票”命令，打开“红字发票”窗口。单击“增加”按钮，“生单”选择“入库单”，过滤窗口的供应商选“02001-昌达公司”，日期设置为“2019.1.26”，存货编码选中“0101003-惠普笔记本电脑”，打开“入库单表头列表”，入库单信息如图 2-4-34 所示。

拷贝并执行

输出　确定　定位　全选　全消　查询　刷新　栏目　滤设　退出

发票拷贝入库单表头列表

记录总数：1

选择	入库单号	入库日期	供货商	币种	到货单号	单据名称
Y	0000000012	2019-01-26	昌达	人民币	0000000009	采购入库单
合计						

发票拷贝入库单表体列表

记录总数：1

选择	存货编码	存货名称	规格型号	主计量	数量	已结算数量	原币含税单价	原币单价	原币金额	原币税额	原币价税合计	税率	入库单号	订单号
Y	0101003	惠普笔记本电脑		台	-20.00	0.00	5,220.00	4,500.00	-90,000.00	-14,400.00	-104,400.00	16.00	0000000012	D20180120
合计														

图 2-4-34　选单信息

（5）单击“确定”按钮，系统自动生成一张红字采购专用发票，修改采购类型“采购采购”为

"采购退回",发票号为"ZY00070-",修改增值税税率为 16,对系统弹出"将按照表头税率统一表体税率,是否继续?"的提示框,选"是",再单击"保存"按钮,生成采购专用发票。如图 2-4-35 所示。

图 2-4-35　红字采购专用发票

(6)执行"采购结算"/"自动结算"命令,打开"自动结算"对话框。选中"红蓝入库单"和"红蓝发票"复选框,单击"确定"按钮,完成结算。

◇　如果将采购管理系统中的采购选项设置为"普通采购必有订单",则红字采购入库单必须根据红字到货单生成。如果需要手工录入,则须先修改采购选项的设置。

◇　结算前的退货业务如果只是录入到货单,则只需要开具到货退回单,不用进行采购结算,按照实际入库数量录入采购入库单。

◇　如果退货已经录入采购入库单,但还没有收到发票,则只需要根据退货数量录入红字入库单,对红蓝入库单进行自动结算。

◇　如果已经录入采购入库单,同时退货时已经收到采购发票,则需要根据退货数量录入红字采购入库单,并录入采购发票,其中发票的数量=原入库数量-红字入库单数量。此时,结算时需要选择红蓝发票和红蓝入库单。

第 7 笔业务的操作处理过程如下。

该笔业务属于结算前部分退货,需要录入到货单、入库单,再根据退货的数量录入红字到货单和红字采购入库单,并按实际数量输入采购发票。

(1)在采购管理系统和库存管理系统中进行操作。

① 在采购管理系统中,执行"采购到货"/"到货单"命令,"生单"选择"采购订单",生成到货单。

② 在库存管理系统中,参照采购到货单生单,生成采购入库单。单击"审核"按钮后退出。

③ 2019 年 1 月 31 日,公司发现 5 台电脑存在质量问题,在采购管理系统中参照生成"采购退货单",修改采购类型为"采购退回",修改数量为"-5",修改表头增值税税率为 16,对系统弹出"将按照表头税率统一表体税率,是否继续?"的提示框,选"是",再单击"保存"按钮,生成采购专用发票,如图 2-4-36 所示。

微课:采购退货的
会计凭证

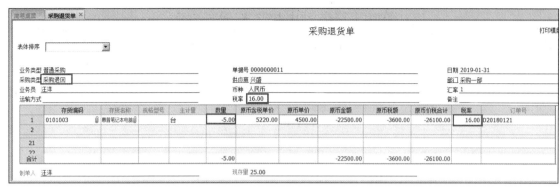

图 2-4-36　采购退货单

④ 在库存管理系统中，参照"红字到货单"生成一张红字入库单，如图 2-4-37 所示。

图 2-4-37　红字入库单

⑤ 在采购管理系统中，执行"采购发票"/"采购专用发票"命令，单击"增加"按钮，"生单"选择"入库单"，生成采购发票，修改开票数量为 20 台，修改表头增值税税率为 16，对系统弹出"将按照表头税率统一表体税率，是否继续？"的提示框，选"是"，再单击"保存"按钮，生成采购专用发票，如图 2-4-38 所示。

图 2-4-38　采购专用发票

⑥ 执行"采购结算"/"手工结算"命令，在条件过滤窗口中选择"入库单和发票"，采用手工结算方式进行结算，执行"选单""刷入""刷票"命令，供应商选择"兴盛公司"，存货选中"惠普笔记本电脑"，如图 2-4-39 所示。

图 2-4-39　结算选单

⑦ 单击"确定"按钮，打开结算窗口，检查发现入库单合计数量与发票数量相等，再单击"结算"按钮完成结算，如图 2-4-40 所示。

图 2-4-40　"手工结算"窗口

⑧ 完成结算之后，执行"采购结算"/"结算单列表"命令，可查看兴盛公司惠普电脑结算情况及全部结算单情况，如图 2-4-41 所示。

结算单列表

记录总数：14

选择	结算单号	结算日期	供应商	入库单号/…	发票号	存货编码	存货名称	规格型号	主计量	结算数量	结算单价	结算金额	暂估单价	暂估金额	制单人
	0000000000000001	2019-01-10	兴盛	0000000003	ZT0010	0101006	惠普笔…		台	25.00	4,300.00	107,500.00	4,300.00	107,500.00	汪洋
	0000000000000002	2019-01-25	美菱	0000000004	ZY0020	0101005	华硕笔…		台	50.00	3,500.00	175,000.00	3,500.00	175,000.00	汪洋
	0000000000000003	2019-01-25	中创	0000000005	ZY0040	0102001	LED显示屏		台	80.00	811.25	64,900.00	800.00	64,000.00	汪洋
	0000000000000003	2019-01-25	中创		ZY0040+	0201001	运输费		次	0.00	0.00	4,000.00	0.00	0.00	汪洋
	0000000000000004	2019-01-27	兴盛	0000000006	ZY0050	0102005	散热器		只	195.00	20.51	4,000.00	20.00	3,900.00	汪洋
	0000000000000005	2019-01-20	美菱	0000000002	PT0020	0102002	主板		块	20.00	500.00	10,000.00	880.00	17,600.00	汪洋
	0000000000000006	2019-01-15	兴盛	0000000001	ZY0030	0101001	联想笔…		台	10.00	4,250.00	42,500.00	4,200.00	42,000.00	汪洋
	0000000000000007	2019-01-20	昌达	0000000008	ZY0060	0101004	神舟笔…		台	18.00	3,555.56	64,000.00	3,200.00	57,600.00	汪洋
	0000000000000008	2019-01-27	昌达	0000000009		0101003	惠普笔记本电脑		台	20.00	4,500.00	90,000.00	4,500.00	90,000.00	汪洋
	0000000000000008	2019-01-27	昌达	0000000012		0101003	惠普笔记本电脑		台	-20.00	4,500.00	-90,000.00	4,500.00	-90,000.00	汪洋
	0000000000000009	2019-01-27	昌达		ZY0070	0101003	惠普笔记本电脑		台	20.00	5,220.00	104,400.00			汪洋
	0000000000000009	2019-01-27	昌达		ZY0070-	0101003	惠普笔记本电脑		台	-20.00	5,220.00	-104,40…			汪洋
	0000000000000010	2019-01-31	兴盛	0000000013	ZT0080	0101003	惠普笔记本电脑		台	25.00	4,500.00	112,500.00	4,500.00	112,500.00	汪洋
	0000000000000010	2019-01-31	兴盛	0000000014	ZY0080	0101003	惠普笔记本电脑		台	-5.00	4,500.00	-22,500.00	4,500.00	-22,500.00	汪洋
合计									418.00		557,900.00		557,600.00	

图 2-4-41　结算单列表

（2）在存货核算系统中进行操作。

① 以操作员"202 何静"的身份进入存货核算系统，执行"业务核算"/"正常单据记账列表"命令，打开"正常单据记账列表"。过滤查询条件为"惠普笔记本电脑"、日期为"2019.1.30—2019.1.31"，打开记账列表后，单击全选，如图 2-4-42 所示。单击"记账"按钮，退出记账窗口。

正常单据记账列表

记录总数：2

选择	日期	单据号	存货编码	存货名称	规格型号	存货代码	单据类型	仓库名称	收发类别	数量	单价	金额	计量单价
Y	2019-01-30	0000000013	0101003	惠普笔记本电脑			采购入库单	电脑库	普通采购	25.00	4,500.00	112,500.00	
Y	2019-01-31	0000000014	0101003	惠普笔记本电脑			采购入库单	电脑库	采购退货	-5.00	4,500.00	-22,500.00	
小计										20.00		90,000.00	

图 2-4-42　正常单据记账列表

② 在存货核算系统中，执行“财务核算”/“生成凭证”命令，打开“生成凭证”窗口，单击“确定”按钮。打开“未生成凭证单据一览表”，如图 2-4-43 所示，选择对应的入库单，单击“确定”按钮，回到“生成凭证”窗口，录入相应科目编码。其中，在发生退货之前就已收到发票的，商品入库科目应由“应付暂估”改为“商品采购”，如图 2-4-44 所示。

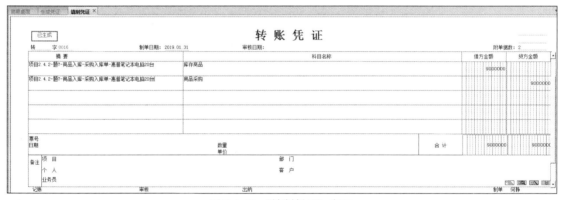

未生成凭证单据一览表

选择	记账日期	单据日期	单据类型	单据号	仓库	收发类别	记账人	部门	部门编码	业务单号	业务类型	计价方式	备注	摘要	供应商	客户
1	2019-01-31	2019-01-30	采购入库单	0000000013	电脑库	普通采购	何静	采购一部	301		普通采购	先进先出法		采购入库单	兴盛公司	
1	2019-01-31	2019-01-31	采购入库单	0000000014	电脑库	采购退货	何静	采购一部	301		普通采购	先进先出法		采购入库单	兴盛公司	

图 2-4-43 未生成凭证单据一览表

凭证类别 转 转账凭证

选择	单据类型	单据号	摘要	科目类型	科目编码	科目名称	借方金额	贷方金额	借方数量	贷方数量	科目方向	存货编码	存货名称	部门名称	业务员名称	供应商名称	客户名称	单据日期
1	采购入库单	0000000013	采购入库单	存货	1405	库存商品	112, 500. 00		25. 00		1	0101003	惠普笔记本电脑	采购一部	汪洋	兴盛公司		2019-01-30
				对方	1402	商品采购		112, 500. 00		25. 00	2	0101003	惠普笔记本电脑	采购一部	汪洋	兴盛公司		2019-01-30
		0000000014		存货	1405	库存商品	-22, 500. 00		-5. 00		1	0101003	惠普笔记本电脑	采购一部	汪洋	兴盛公司		2019-01-31
				对方	1402	商品采购		-22, 500. 00		-5. 00	2	0101003	惠普笔记本电脑	采购一部	汪洋	兴盛公司		2019-01-31
合计							90, 000. 00	90, 000. 00										

图 2-4-44 “生成凭证”窗口

③ 单击“合成”按钮，生成一张转账凭证，单击“保存”按钮，如图 2-4-45 所示。

图 2-4-45 “填制凭证”窗口

（3）在应付款管理系统中进行操作。

① 执行“财务会计”/“应付款管理”命令，进入应付款管理系统。

② 执行“日常处理”/“应付单据处理”/“应付单据审核”命令，打开“单据过滤条件”对话框。输入相关查询条件，单击“确定”按钮，系统弹出“应付单据列表”，选择所需单据，如图 2-4-46 所示。

微课：采购退货结算及会计处理

应付单据列表

记录总数：1

选择	审核人	单据日期	单据类型	单据号	供应商名称	部门	业务员	制单人	币种	汇率	原币金额	本币金额	备注
Y		2019-01-31	采购专用发票	ZY00080	兴盛公司	采购一部	汪洋	汪洋	人民币	1.00000000	104, 400. 00	104, 400. 00	
合计											104, 400. 00	104, 400. 00	

图 2-4-46 应付单据列表

③ 单击"审核"按钮，系统完成审核并给出审核报告，单击"确定"按钮后退出。

④ 执行"制单处理"命令，打开"制单查询"对话框。选择发票制单，单击"确定"按钮，打开"制单"窗口，选择"转账凭证"，再单击"全选"按钮，选中要制单的采购发票，如图 2-4-47 所示。

图 2-4-47 "制单"窗口

⑤ 单击"制单"按钮，生成应付款转账凭证，如图 2-4-48 所示。单击"退出"按钮。

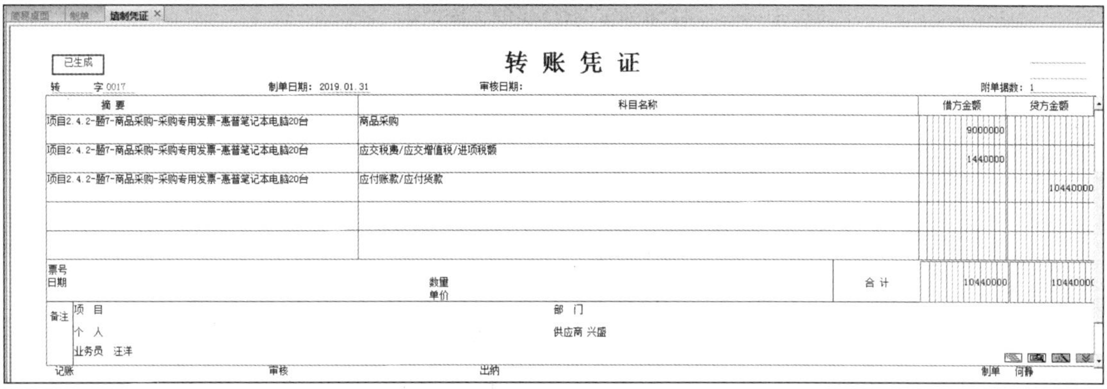

图 2-4-48 应付款转账凭证

第 8 笔业务的操作处理过程如下。

该笔业务属于已经办理了结算手续且记账的采购退货业务，需要输入采购退货单、红字采购入库单和红字采购发票，并进行结算。

（1）在采购管理系统中，取消采购管理系统选项设置中的"普通业务必有订单"，执行"采购到货"/"采购退货单"命令，单击"增加"按钮，手工输入采购退货单，修改相应的数量为负数，修改税率为 16，点击"保存"并审核，如图 2-4-49 所示。

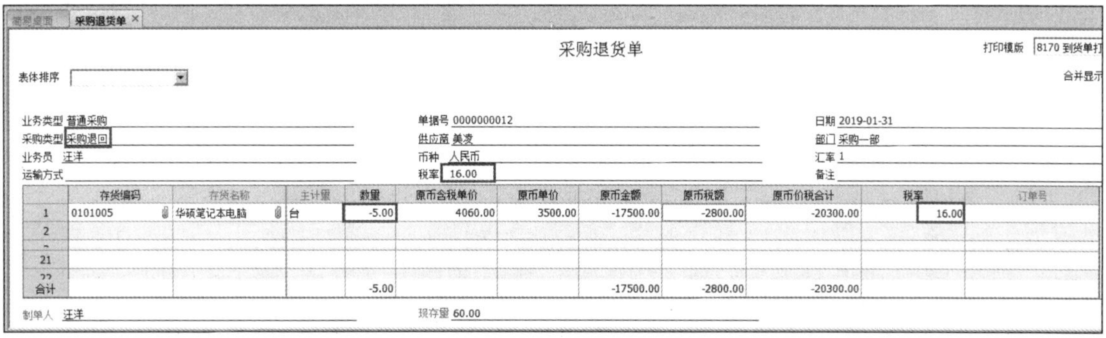

微课：采购退款处理

图 2-4-49 采购退货单

（2）在库存管理系统中，执行"入库"/"采购入库单"命令，单击"生单"，选择"红字到货单"单据，在过滤窗口中选中"美凌商行"及"华硕笔记本电脑"两条记录，生成一张红字采购入库单，如图2-4-50所示。输入"电脑库"，单击"审核"按钮后退出。

图 2-4-50　红字采购入库单

（3）在采购管理系统中，执行"发票"/"红字采购专用发票"命令，单击"增加"按钮，手工输入或根据采购入库单"生单"生成红字采购专用发票，修改发票号为"ZY00020-"，如图2-4-51所示。

图 2-4-51　红字采购专用发票

（4）单击发票上方"结算"按钮或执行"采购结算"/"自动结算"命令，选择"入库单和发票"，单击"确定"按钮后系统进行结算，查看结算单列表如图2-4-52所示。

选择	结算单号	结算日期	供应商	入库单号/...	发票号	存货编码	存货名称	规格型号	主计量	结算数量	结算单价	结算金额	暂估单价	暂估金额	制单人
	000000000000001	2019-01-10	兴盛	0000000003	ZY00010	0101006	三星笔...		台	25.00	4,300.00	107,500.00	4,300.00	107,500.00	汪洋
	000000000000002	2019-01-25	美凌	0000000004	ZY00020	0101005	华硕笔...		台	50.00	3,500.00	175,000.00	3,500.00	175,000.00	汪洋
	000000000000003	2019-01-25	中创	0000000005	ZY00040	0102001	LED显示屏		台	80.00	811.25	64,900.00	800.00	64,000.00	汪洋
	000000000000003	2019-01-25	中创		ZY00040+	0201001	运输费		次	0.00	0.00	0.00	0.00	0.00	汪洋
	000000000000004	2019-01-27	兴盛	0000000006	ZY00050	0102005	散热器		只	195.00	20.51	4,000.00	20.00	3,900.00	汪洋
	000000000000005	2019-01-25	美凌	0000000002	PT00020	0102002	主板		块	20.00	500.00	10,000.00	880.00	17,600.00	汪洋
	000000000000006	2019-01-15	兴盛	0000000001	ZY00030	0101001	联想笔...		台	10.00	4,250.00	42,500.00	4,200.00	42,000.00	汪洋
	000000000000007	2019-01-20	昌达	0000000008	ZY00060	0101004	神舟笔...		台	18.00	3,555.56	64,000.00	3,200.00	57,600.00	汪洋
	000000000000008	2019-01-27	昌达	0000000009		0101003	惠普笔记本电脑		台	20.00	4,500.00	90,000.00	4,500.00	90,000.00	汪洋
	000000000000008	2019-01-27	昌达	0000000012		0101003	惠普笔记本电脑		台	-20.00	4,500.00	-90,000.00	4,500.00	-90,000.00	汪洋
	000000000000009	2019-01-27	昌达		ZY00070	0101003	惠普笔记本电脑		台	20.00	5,220.00	104,400.00			汪洋
	000000000000009	2019-01-27	昌达		ZY00070-	0101003	惠普笔记本电脑		台	-20.00	5,220.00	-104,40...			汪洋
	000000000000010	2019-01-31	兴盛	0000000013	ZY00080	0101003	惠普笔记本电脑		台	25.00	4,500.00	112,500.00	4,500.00	112,500.00	汪洋
	000000000000010	2019-01-31	兴盛	0000000014	ZY00080-	0101003	惠普笔记本电脑		台	-5.00	4,500.00	-22,500.00	4,500.00	-22,500.00	汪洋
	000000000000011	2019-01-31	美凌	0000000015	ZY00020-	0101005	华硕笔...		台	-5.00	3,500.00	-17,500.00	3,500.00	-17,500.00	汪洋
合计									413.00		540,400.00		540,100.00	

图 2-4-52　结算单列表

（5）在存货核算系统中执行“业务核算”/“正常单据记账”命令，选择仓库“电脑库”及存货名称编码为“华硕笔记本电脑”作为过滤条件，打开“正常单据记账列表”，如图 2-4-53 所示。

正常单据记账列表

记录总数：1

选择	日期	单据号	存货编码	存货名称	规格型号	存货代码	单据类型	仓库名称	收发类别	数量	单价	金额	计划单价
Y	2019-01-31	0000000015	0101005	华硕笔记本电脑			采购入库单	电脑库	采购退货	-5.00	3,500.00	-17,500.00	
小计										-5.00		-17,500.00	

图 2-4-53　正常单据记账列表

（6）选择单据后单击“记账”，并执行“财务核算”/“生成凭证”命令，输入对应科目，如图 2-4-54 所示。

凭证类别 转 转账凭证

选择	单据类型	单据号	摘要	科目类型	科目编码	科目名称	借方金额	贷方金额	借方数量	贷方数量	科目方向	存货编码	存货名称	部门名称	业务员名称	供应商名称	客户名称	单据日期
1	采购入库单	0000000015	采购入库单	存货	1405	库存商品	-17,500.00		-5.00		1	0101005	华硕笔记本电脑	采购一部	汪洋	美凌商行		2019-01-31
				对方	1402	商品采购		-17,500.00		-5.00	2	0101005	华硕笔记本电脑	采购一部	汪洋	美凌商行		2019-01-31
合计							-17,500.00	-17,500.00										

图 2-4-54　“生成凭证”对话框

（7）在“生成凭证”对话框中单击“生成”，生成退货的红字入库会计凭证，如图 2-4-55 所示。

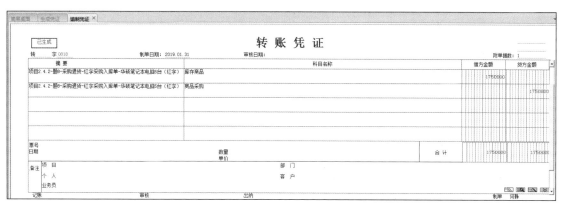

图 2-4-55　退货的红字入库会计凭证

（8）在应付款管理系统中执行“应付单据处理”/“应付单据审核”命令，选择退货发票进行审核，如图 2-4-56 所示。

应付单据列表

记录总数：1

选择	审核人	单据日期	单据类型	单据号	供应商名称	部门	业务员	制单人	币种	汇率	原币金额	本币金额	备注
Y		2019-01-31	采购专用发票	ZY00020-	美凌商行	采购一部	汪洋	汪洋	人民币	1.00000000	-20,300.00	-20,300.00	
合计											-20,300.00	-20,300.00	

图 2-4-56　应付单据列表

（9）执行“制单处理”，选择退货发票，生成采购退货的红字应付凭证，如图 2-4-57 所示。

图 2-4-57　采购退货的红字应付凭证

第9笔业务的操作处理过程如下。

该笔业务属于货到票未到的业务，月末发票依然未到，应进行暂估处理。

（1）在存货核算系统中，执行"业务核算"/"暂估成本录入"命令，打开采购入库单成本成批录入的"查询条件选择"对话框，选择"电脑库；配件库"，选择"包括已有暂估金额的单据"，如图 2-4-58 所示，单击"确定"按钮。

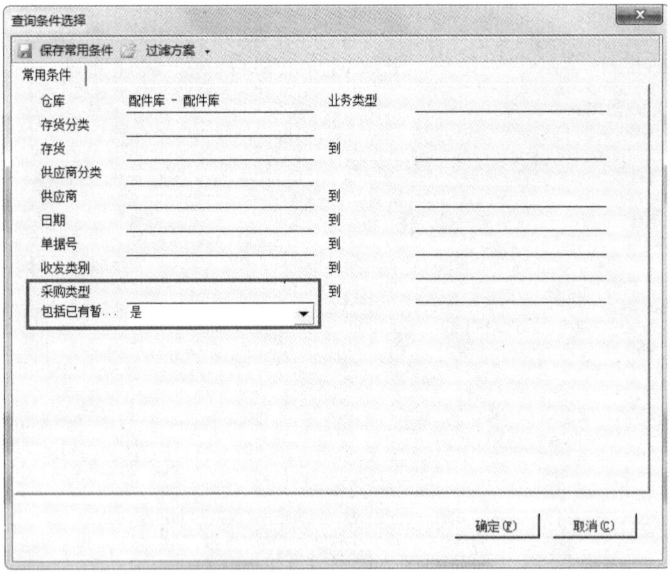

微课：期末暂估入库

图 2-4-58　采购入库单成本成批录入的"查询条件选择"对话框

（2）在"暂估成本录入"窗口中，如图 2-4-59 所示，单击"录入"按钮，修改 LED 显示屏的单价为 1 300 元，单击"保存"按钮后退出。

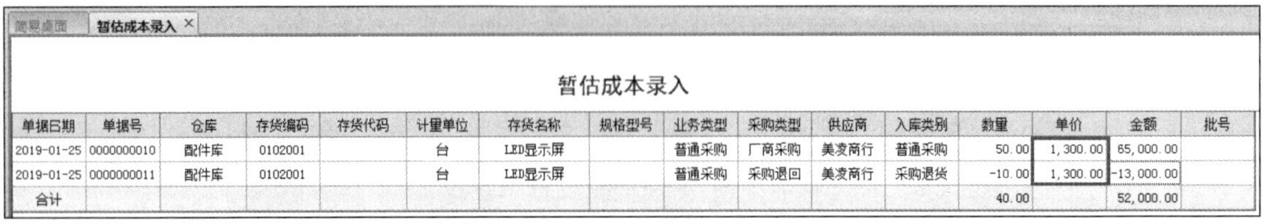

单据日期	单据号	仓库	存货编码	存货代码	计量单位	存货名称	规格型号	业务类型	采购类型	供应商	入库类别	数量	单价	金额	批号
2019-01-25	0000000010	配件库	0102001		台	LED显示屏		普通采购	厂商采购	美菱商行	普通采购	50.00	1,300.00	65,000.00	
2019-01-25	0000000011	配件库	0102001		台	LED显示屏		普通采购	采购退回	美菱商行	采购退货	-10.00	1,300.00	-13,000.00	
合计												40.00		52,000.00	

图 2-4-59　"暂估成本录入"窗口

（3）执行"业务核算"/"正常单据记账"命令，过滤记账条件时仓库选"配件库"，选择单据，如图 2-4-60 所示。单击"记账"按钮后退出。

选择	日期	单据号	存货编码	存货名称	规格型号	存货代码	单据类型	仓库名称	收发类别	数量	单价	金额	计划单价	计划金额
Y	2019-01-25	0000000010	0102001	LED显示屏			采购入库单	配件库	普通采购	50.00	1,300.00	65,000.00	1,300.00	65,000.00
Y	2019-01-25	0000000011	0102001	LED显示屏			采购入库单	配件库	采购退货	-10.00	1,300.00	-13,000.00	1,300.00	-13,000.00
小计										40.00		52,000.00		

图 2-4-60　"未记账单据一览表"窗口

（4）执行"财务核算"/"生成凭证"命令，选择"采购入库单（暂估记账）"，在弹出的"选择单据"窗口中单击"全选"按钮，再单击"确定"按钮，如图 2-4-61 所示。

选择	记账日期	单据日期	单据类型	单据号	仓库	收发类别	记账人	部门	部门编码	业务单号	业务类型	计价方式	备注	摘要	供应商	客户
1	2019-01-31	2019-01-25	采购入库单	0000000010	配件库	普通采购	何静	采购二部	302		普通采购	售价法		采购入库单	美凌商行	
1	2019-01-31	2019-01-25	采购入库单	0000000011	配件库	采购退货	何静	采购二部	302		普通采购	售价法		采购入库单	美凌商行	

图 2-4-61　"选择单据"窗口

（5）单击"确定"按钮，返回"生成凭证"窗口，录入相应科目编码，如图 2-4-62 所示。

选择	单据类型	单据号	摘要	科目类型	科目编码	科目名称	借方金额	贷方金额	借方数量	贷方数量	科目方向	存货编码	存货名称	部门名称	业务员名称	供应商名称	客户名称	单据日期
1	采购入库单	0000000010	采购入库单	存货	1405	库存商品	65,000.00		50.00		1	0102001	LED显示屏	采购二部	方明	美凌商行		2019-01-25
				应付暂估	220202	暂估应付款		65,000.00		50.00	2	0102001	LED显示屏	采购二部	方明	美凌商行		2019-01-25
		0000000011		存货	1405	库存商品	-13,000.00		-10.00		1	0102001	LED显示屏	采购二部	方明	美凌商行		2019-01-25
				应付暂估	220202	暂估应付款		-13,000.00		-10.00	2	0102001	LED显示屏	采购二部	方明	美凌商行		2019-01-25
合计							52,000.00	52,000.00									

图 2-4-62　"生成凭证"窗口

（6）单击"合成"按钮，生成一张转账凭证，如图 2-4-63 所示。

图 2-4-63　转账凭证

3. 数据备份

退出"企业门户"，在系统管理中由系统管理员执行"账套"/"输出"命令，将数据存储在"E：\U8-V10.1 供应链数据备份\606-2-4"中。

2.4.4 评价考核

1. 评价标准

根据项目实施的情况，实行过程评价与结果评价相结合的评价方式，评价标准如表 2-4-3 所示。

表 2-4-3　　　　　　　　　　　　　　　　评价标准　　　　　　　　　　　　　　单位：分

评价类别	评价属性	评价项目	分数
过程评价 （40%）	实训态度	遵章守纪	10
		按要求及时完成	10
		操作细致有耐心	10
		独立完成	10
		小计	40
结果评价 （60%）	实施效果	掌握暂估业务的处理过程	15
		熟悉溢余、短缺及退货业务处理流程	15
		独立完成新大地电脑有限公司其他业务的处理	30
		小计	60

2. 评定等级

根据得分情况评定等级，如表 2-4-4 所示。

表 2-4-4　　　　　　　　　　　　　　　　评定等级　　　　　　　　　　　　　　单位：分

等级标准	优	良	中	及格	不及格
分数区间	≥90	80（含）～90	70（含）～80	60（含）～70	<60
实际得分					

项目三
销售管理系统

- **项目目标**

能够完成销售管理系统的初始化设置，能对企业销售环节发生的不同类型销售的业务，如赊销业务、现销业务、销售退货业务、直运销售业务、分期收款销售业务、委托代销业务、零售业务等进行相应的信息化处理，生成各类业务流转单据；能够结合应收款管理系统及存货核算系统对发生的以上业务进行应收项及销售成本的会计核算处理，生成销售业务的应收款或现收款、商品销售成本的会计凭证。

- **知识概要**

利用销售管理系统可对企业销售业务全流程进行管理。销售管理系统支持以销售订单为核心的业务模式，支持普通批发销售业务、零售业务、委托代销业务、直运销售业务、分期收款销售业务和销售调拨业务等多种类型的销售业务，可满足不同用户需求。

销售管理系统与其他系统的主要关系如图 3-0-1 所示。

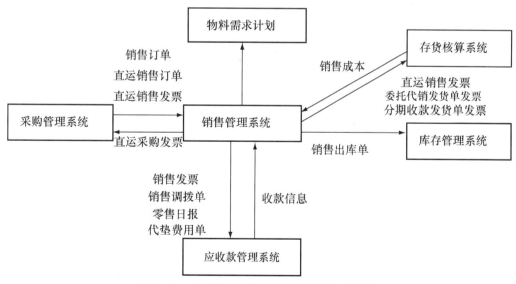

图 3-0-1　销售管理系统与其他系统的主要关系

采购管理系统可参照销售管理系统的销售订单生成采购订单。在直运业务必有订单模式下，直运采购订单必须参照直运销售订单生成。如果直运业务非必有订单，那么直运采购发票和直运销售发票可相互参照。

根据选项设置，销售出库单既可以在销售管理系统中生成，被传递到库存管理系统中审核，又可以在库存管理系统中参照销售管理系统的单据生成。库存管理系统为销售管理系统提供可用于销售的存货的可用量。

销售发票、销售调拨单、零售日报、代垫费用单在应收款管理系统中审核登记应收款明细账，并制单生成凭证。应收款系统进行收款并核销相应应收单据后回写收款核销信息。

直运销售发票、委托代销发货单发票、分期收款发货单发票在存货核算系统中登记存货明细账，并制单生成凭证。存货核算系统为销售管理系统提供销售成本。

销售过程中发生销售折让时，应按扣除折让后的实际销售额核算应收账款。收款时涉及现金折扣时应扣除应收账款，增加财务费用。

- 重点、难点

重点：掌握初始化设置销售类型及期初应收单据的录入工作，掌握不同销售类型的业务单据流转程序及会计凭证的生成步骤。其中，单据流转过程中每笔业务的审核环节不可或缺。

难点：销售过程中发生退货时相应单据及凭证的红字冲销处理。

- 实训内容（表 3-0-1）

表 3-0-1　　　　　　　　　　　　项目三实训内容

任务名称	工作要求
任务 3.1　销售管理系统初始化	设置销售选项的控制参数
任务 3.2　先发货后开票的销售业务	填制销售发货等业务单据并生成凭证
任务 3.3　开票直接发货或者先开票后发货的销售业务	填制销售发票等业务单据并生成凭证
任务 3.4　销售退货业务	填制销售退货等业务单据并生成凭证
任务 3.5　直运销售业务	填制直运销售等业务单据并生成凭证
任务 3.6　分期收款销售业务	填制分期收款等业务单据并生成凭证
任务 3.7　委托代销业务	填制委托代销业务单据并生成凭证
任务 3.8　零售日报业务	填制零售业务单据并生成凭证
任务 3.9　销售账表统计分析	查询销售收入、成本等业务报表

任务 3.1 | 销售管理系统初始化

云班课——线上导航

安装"蓝墨云"手机客户端，在手机上运行"蓝墨云"，点击右上角"+"，输入邀请码121388，活动内容见表 3-1-1；翻转课堂资源用微信扫描二维码获取。

表 3-1-1 销售管理系统初始化线上导航

项目三　销售管理系统						任务 3.1　销售管理系统初始化			
翻转课堂	性质	对象场景	学生活动			教师活动		互动活动	
空间分布	前置学习	线上云班课	探索、导学	活动1	**认知** 学习销售管理系统初始化中涉及的管理要求及设置参数的背景知识	活动1	**构建** 销售管理系统初始化及应收款管理系统初始化资源库	活动1	**教师调查** 知识、技能设计方案的难易程度
				活动2	**观看** 销售管理系统的初始化参数设置、应收款管理系统的初始化参数设置的操作视频及课件	活动2	**上传** 演示视频、课件等背景知识资料	活动2	**学生自评** 初学效果
									教师评估调整 教学方案
	课中学习	线下机房实训	归纳、内化	活动3	**模拟** 3.1.1 完成销售管理系统中涉及销售类型及业务单据管理要求的初始设置工作 3.1.2 完成销售管理系统期初单据数据输入工作 3.1.3 完成应收款管理系统中涉及会计科目及初始余额的初始设置工作 3.1.4 完成账套备份	活动3	**演示** 销售管理系统及应收款管理系统初始化的过程	活动3	**教师跟踪** 学生团队、学生个人的学习效果
				活动4	**反映** 知识问题、技能问题	活动4	**答疑解惑** 纠正操作错误	活动4	**师生共同解决问题**
									共同调整教学方法
	课后学习	线上云班课	演绎、拓展	活动5	**巩固** 复习知识点及单项实训	活动5	**评价** 学习效果	活动5	**教师开发** 拓展练习、拓展测验
				活动6	**自我测试** 综合实训	活动6	**查看** 测试结果	活动6	**学生学习经验交流**
									教师教学经验交流

3.1.1　背景知识

1．基本认知

销售管理系统初始化是指在处理销售日常业务之前确定销售业务的范围、类型及对各种销售业务的核算要求。它主要包括销售选项的设置、期初录入和其他设置等内容。

2．工作过程及岗位要求（见表 3-1-2）

表 3-1-2　　　　　　　　　　销售管理系统初始化工作过程及岗位要求

系统	销售管理系统	库存管理系统	存货核算系统	应付款管理系统
部门	销售部	仓储部	财务部	
岗位操作员	账套主管（201 江波）	账套主管（201 江波）	账套主管（201 江波）	账套主管（201 江波）
工作过程	开始 → 设置系统初始选项 → 录入期初销售业务单据（期初发货单或期初委托代销单）	设置系统初始选项 → 预计可用量控制设置	设置销售成本核算科目 → 设置销售成本核算方式及委托代销成本核算方式	设置应收款项会计核算科目 → 录入期初赊销发票或应付单
		核对		
admin		账套备份 → 结束		

3.1.2　任务资料

1．设置系统参数

（1）设置销售管理系统参数

① 有委托代销业务。

② 有零售日报业务。

③ 有分期收款业务。

④ 有直运销售业务。

⑤ 销售生成出库单。

⑥ 普通销售必有订单。

⑦ 新增发货单参照订单生成。

⑧ 新增退货单、新增发票参照发货单生成。

⑨ 其他设置采用系统默认设置。

（2）应收款管理系统参数设置和初始设置

① 应收款管理系统选项（见表 3-1-3）。

表 3-1-3　　　　　　　　　　应收款管理系统选项

应收款核销方式	按单据	单据审核日期依据	单据日期
控制科目依据	按客户	受控科目制单方式	明细到单据
销售科目依据	按存货分类	坏账处理方式	应收余额百分比法

② 初始设置。

a. 基本科目设置：单击"增加"按钮，应收科目为"1122 应收账款"，预收科目为"2203 预收账款"，销售收入科目为"6001 主营业务收入"，税金科目为"22210102 应交税费——应交增值税——销项税额"。

b. 控制科目设置：按客户设置。应收科目 1122，预收科目 2203。

c. 商品科目设置：按商品设置。销售收入和销售退回科目 6001，应交增值税 2221，税率 16%。

d. 结算方式科目设置：现金结算（1001）、现金支票、转账支票、电汇科目（100201）。

e. 坏账准备设置：先将选项设置中的"坏账处理方式"更改为"应收余额百分比法"。然后设置提取比率为1%，坏账准备期初余额为0。坏账准备科目为"1241 坏账准备"，对方科目为"6701 资产减值损失"。

（3）单据设置

允许手工修改销售专用发票号。

2. 启用期初数据

启用期初数据即启用销售管理系统期初余额（销售管理系统中的价格均为不含税价）。

（1）期初发货单

① 2018年12月18日，向光华公司发出神舟笔记本电脑20台，单价4 000元，属于电脑库，销售部门为销售一部，销售类型为普通销售。

② 2018年12月20日，向艾青公司发出LED显示屏10台，单价1 300元，属于配件库，销售部门为销售二部，销售类型为普通销售。

（2）分期收款发出商品期初数

2018年12月5日，向新月公司发出惠普笔记本电脑10台，单价5 300元，属于电脑库，销售部门为销售一部，销售类型为分期收款销售。

3.1.3 任务实施

实施要求如下。

（1）设置销售管理系统参数及单据编号。

（2）设置应收款管理系统参数。

（3）录入销售管理系统期初数据。

（4）设置存货核算系统参数。

（5）单据录入时，涉及货物增值税税率时，将系统默认的增值税税率由17%改为16%。交通运输的劳务税率由7%改为10%。

实训指导如下。

打开"系统管理"，以系统管理员的身份注册，引入"606-2-4"文件夹中的数据，并以账套主管的身份登录企业门户，登录时间为"2019-01-01"。

销售管理系统参数设置是销售管理系统初始化的一项重要工作。因为一旦销售管理系统开始处理日常业务，有的系统参数就不能再修改，有的不能重新设置。因此，在系统初始化时应该设置好相关的系统参数。

微课：销售管理系统
参数设置

1. 设置销售管理系统参数

（1）以账套主管201江波的身份登录企业门户，打开"业务"选项卡，执行"供应链"/"销售管理"命令，打开销售管理系统。

（2）在系统菜单中，执行"设置"/"销售选项"命令，弹出"销售选项"对话框。打开"业务控制"选项卡，对本单位需要的参数按3.1.2任务资料的要求进行选择，选中"有零售日报业务""有委托代销业务""有分期收款业务""有直运销售业务""销售生成出库单"和"普通销售必有订单"等复选框，如图3-1-1所示。

（3）选中"其他控制"选项卡，"新增发货单默认"选择"参照订单"，"新增退货单默认"选择"参照发货"，"新增发票默认"选择"参照发货"。其他选项采用系统默认设置，如图3-1-2所示。单击"确定"按钮，完成设置。

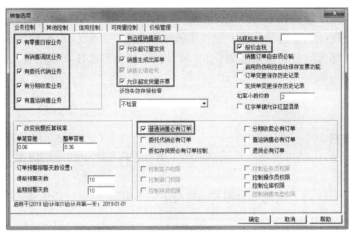

图 3-1-1 "业务控制"选项卡

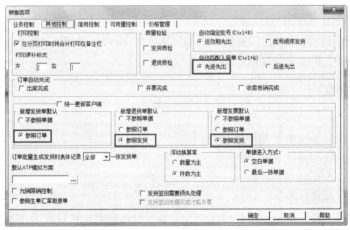

图 3-1-2 "其他控制"选项卡

（4）设置单据编号。选中"设置"/"单据设置"/"单据编号设置"，在打开的"单据编号设置"窗口中选择销售管理模块。选择"销售专用发票"，单击"修改"按钮，选中"手工改动，重号时自动重取"，如图 3-1-3 所示。单击"保存"按钮后退出。

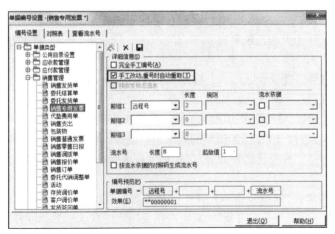

微课：应收款管理系统初始设置

图 3-1-3 销售专用发票编号设置

2. 应收款管理系统参数设置和初始设置

应收款管理系统与销售管理系统在同时启用的情况下，存在着数据传递关系。因此，在设置销售管理系统的同时，也应设置应收款管理系统。应收款管理系统的参数设置和初始设置都是系统的初始化工作，应该在处理日常业务之前完成。

（1）在企业门户中选择"业务工作"/"财务会计"/"应收款管理"，执行"设置"/"选项"命令，打开"账套参数设置"对话框，打开"常规"选项卡，单击"编辑"按钮，此时参数处于可修改状态，按 3.1.2 任务资料的要求进行相应的设置，如图 3-1-4 所示。

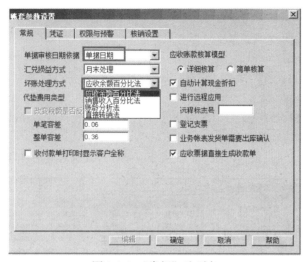

图 3-1-4 "常规"选项卡

（2）打开"凭证"选项卡，按 3.1.2 任务资料的要求修改相应参数，如图 3-1-5 所示。单击"确定"按钮，保存所进行的设置。

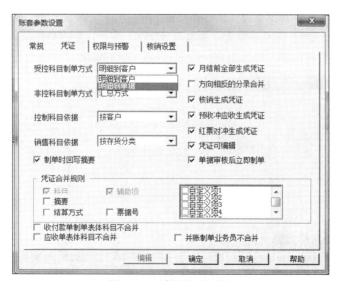

图 3-1-5 "凭证"选项卡

（3）执行"初始设置"命令，打开"初始设置"窗口，打开"基本科目设置"，依 3.1.2 任务资料的要求单击窗口左上角"增加"按钮进行相应设置。设置应收科目为"应收账款"，设置预收科目为"预收账款"，设置销售收入科目为"主营业务收入"，设置税金科目为"应交税费"等，如图3-1-6所示。

图 3-1-6　基本科目设置

（4）执行"控制科目设置"命令，按客户进行设置，应收科目设置为"应收账款"，预收科目设置为"预收账款"。

（5）执行"产品科目设置"命令，按商品进行设置，设置销售收入和销售退回科目为"主营业务收入"，设置税金为"应交税费"。

（6）执行"结算方式科目设置"命令，设置相应结算方式所对应的科目，如图3-1-7所示。

图 3-1-7　结算方式科目设置

（7）"坏账准备"设置的步骤为：执行"设置"/"选项"命令，打开"选项设置"窗口；单击"编辑"按钮，在坏账处理方式中选择应收余额百分比法。按项目要求分别录入相关内容，单击"确定"按钮，保存所进行的设置，如图3-1-8所示。设置完毕后退出。

图 3-1-8　坏账准备设置

微课：录入期初单据

3. 销售管理系统期初数据录入

在销售管理系统中启用期初数据，对于已经发货尚未开具发票的货物，应该被作为期初发货单录入销售管理系统期初数据中，以便将来开具发票后进行发票复核，即进行销售结算。

（1）期初发货单录入（由501肖建录入期初业务单据，401黄敏审核单据）

① 执行"业务工作"/"供应链"/"销售管理"，进入销售管理系统。

② 执行"设置"/"期初录入"/"期初发货单"命令，打开"期初发货单"窗口。单击"增加"

按钮，"业务类型"选择"普通销售"，按 3.1.2 所给资料录入，如图 3-1-9 所示。

图 3-1-9　期初发货单

③ 单击"保存"按钮后，单击"审核"按钮。只有经过审核的发货单才可作为销售发票录入时的参照。

④ 录入另一张，单击"增加"按钮，"业务类型"选择"普通销售"，如图 3-1-10 所示。保存，审核后退出。

图 3-1-10　审核后的期初发货单

（2）期初分期收款发货单录入。

① 执行"设置"/"期初录入"/"期初发货单"命令，打开"期初发货单"窗口。单击"增加"按钮，"业务类型"选择"分期收款"，按 3.1.2 所给资料录入，如图 3-1-11 所示。

图 3-1-11　期初分期收款发货单

② 单击"保存""审核"按钮后退出。

4．存货核算系统参数设置

商品销售业务发生以后，对商品销售成本的结转有逐笔结转和月末一次结转两种方式。本教材中的销售案例规定对电脑库销售的商品成本实行逐笔结转，对配件库的商品成本实行月末一次结转。

（1）执行"供应链"/"存货核算"/"初始设置"/"选项"/"选项录入"命令，在打开的"核算方式"选项卡上，将销售成本核算方式设置为"销售发票"，将委托代销成本核算方式设置为"按发出商品核算"，如图 3-1-12 所示。

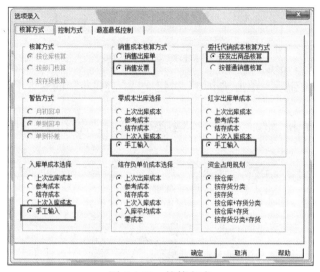

图 3-1-12 核算方式

（2）选择"控制方式"选项卡，设置"单据审核后才能记账"，"期末处理登差价账"，"结算单价与暂估单价不一致时要调整出库成本"，"允许凭证修改存货科目的金额及数量"，其他采用默认设置，如图 3-1-13 所示。

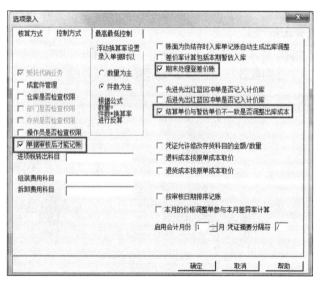

图 3-1-13 控制方式

◇ 当销售管理系统与存货核算系统集成使用时，存货核算系统中分期收款发出商品的期初余额从销售管理系统中取数，取数的依据就是已经审核的分期收款期初发货单。

◇ 对单据的审核是对当前业务完成的确认。有的单据只有经过审核才是有效单据，才能进入下一流程，才能被其他单据参照或被其他功能模块、系统使用。

◇ 对发货单可以进行"批审"，以快速完成发货单的审核工作。

◇ 审核后的发货单不能修改或删除，但可以"弃审"后再进行修改或删除。

◇ 如果销售管理系统执行月末结账，则不能对发货单等单据执行"弃审"操作。

5. 增加科目信息

在存货核算系统中，执行"科目设置／存货科目"命令，在打开的"存货科目"窗口中，增加科目信息如图 3-1-14 所示；执行"科目设置／对方科目"命令，增加科目信息如图 3-1-15 所示。

图 3-1-14　设置存货科目

图 3-1-15　设置存货的对方科目

6. 账套备份

退出"企业门户"，在系统管理中由系统管理员执行"账套"／"输出"命令，将数据存储在"E：\U8-V10.1 供应链数据备份\606-3-1"中。

3.1.4　评价考核

1. 评价标准

根据项目实施的情况，实行过程评价与结果评价相结合的评价方式，评价标准如表 3-1-4 所示。

表 3-1-4　　　　　　　　　　　　　　　　　　评价标准　　　　　　　　　　　　　　　　　单位：分

评价类别	评价属性	评价项目	分数
过程评价（40%）	实训态度	遵章守纪	10
		按要求及时完成	10
		操作细致有耐心	10
		独立完成	10
		小计	40
结果评价（60%）	实施效果	销售管理系统参数设置正确	20
		应收款管理系统参数设置正确	20
		期初数据录入正确	20
		小计	60

2. 评定等级

根据得分情况评定等级，如表 3-1-5 所示。

表 3-1-5 评定等级 单位：分

等级标准	优	良	中	及格	不及格
分数区间	≥90	80（含）~90	70（含）~80	60（含）~70	<60
实际得分					

任务 3.2 | 先发货后开票的销售业务

云班课——线上导航

安装"蓝墨云"手机客户端，在手机上运行"蓝墨云"，点击右上角"+"，输入邀请码 121388，活动内容见表 3-2-1；翻转课堂资源用微信扫描二维码获取。

表 3-2-1 先发货后开票销售业务线上导航

翻转课堂	性质 场景	对象	学生活动		教师活动		互动活动
	项目三 销售管理系统				任务 3.2 先发货后开票的销售业务		
前置学习	线上云班课	探索、导学	活动1	认知 学习企业销售环节业务类型中先发货后开票的背景知识	活动1	构建 先发货后开票资源库	活动1	教师调查 知识、技能设计方案的难易程度
			活动2	观看 先发货后开票的操作视频及课件	活动2	上传 演示视频、课件等背景知识资料	活动2	学生自评 初学效果 / 教师评估调整 教学方案
空间分布 课中学习	线下机房实训	归纳、内化	活动3	模拟 3.2.1 完成销售订单的填制与审核工作 3.2.2 完成发货单及出库单的填制与审核工作 3.2.3 完成发票的生成工作 3.2.4 完成应收账款核算工作 3.2.5 完成销售成本核算工作 3.2.6 账套备份	活动3	演示 先发货后开票的过程	活动3	教师跟踪 学生团队、学生个人的学习效果
			活动4	反映 知识问题、技能问题	活动4	答疑解惑 纠正操作错误	活动4	师生共同解决问题 / 共同调整教学方法
课后学习	线上云班课	演绎、拓展	活动5	巩固 复习知识点及单项实训	活动5	评价 学习效果	活动5	教师开发 拓展练习、拓展测验
			活动6	自我测试 综合实训	活动6	查看 测试结果	活动6	学生学习经验交流 / 教师教学经验交流

3.2.1 背景知识

1. 基本认知

本任务的主要内容是对先发货后开票的销售业务中的报价单、销售订单、发货单等单据进行处理。发货单审核后根据销售管理系统的初始化设置，系统将自动生成销售出库单。存货既可以随时结转销售成本，如采用先进先出法或后进先出法，又可以在月末集中一次性结转销售成本，如采用月末一次加权平均法等。销售发票开具后可能立即收到货款，此时可以做现结处理，也可能尚未收到款项，形成应收账款。

2. 工作过程及岗位要求（见表 3-2-2）

表 3-2-2　　　　　　　　　　　先发货后开票业务工作过程及岗位要求

系统	销售管理系统	库存管理系统	存货核算系统	应付款管理系统
部门	销售部	仓储部	财务部	
岗位操作员	销售员（401 黄敏）	仓管员（授权 501 肖建）	会计员（202 何静）	会计员（202 何静）
工作过程	发生先发货后开票业务			
admin				

3.2.2 任务资料

1. 参数设置及要求

① 销售生成出库单。

② 普通销售必有订单。

③ 录入销售报价单，录入或生成销售订单、销售发货单。

④ 录入或生成销售发票，并按要求修改发票编号。

⑤ 对销售发票进行复核，确认应收款项。

⑥ 确认、收取应收款项。

⑦ 根据销售专用发票确认销售成本（存货采用先进先出法核算）。

⑧ 备份账套。

2. 普通销售数据资料

相关人员资料：销售业务员黄敏、仓储部仓管员肖建。

① 2019 年 1 月 8 日，收到光华公司 2018 年 12 月 18 日购买的 20 台神舟笔记本电脑的价税款 92 800 元（电汇 DH00223388），本公司于 2019 年 1 月 4 日开具销售专用发票（XS19010），确认出库成本。

② 2019 年 1 月 10 日，给艾青公司开具 2018 年 12 月 20 日销售 LED 显示屏的销售专用发票

（XS119020），款项尚未收到。经双方同意采用票据结算货款，同日收到艾青公司 1 个月期的无息商业承兑汇票 1 张，票据号为 SH20190110，票据出票日期为 2019 年 1 月 10 日，到期日为 2019 年 2 月 9 日，票据金额 15 080 元。

③ 2019 年 1 月 10 日，新月公司打算订购联想笔记本电脑 10 台，出价 4 800 元/台，要求本月 15 日发货。本公司报价为 5 000 元/台。2019 年 1 月 12 日，本公司与新月公司协商，对方同意联想笔记本电脑销售单价为 5 000 元，但订货数量减为 8 台。订单号为 D20190110，付款条件为 4/10，2/20，n/30。本公司确认后于 2019 年 1 月 13 日发货（电脑库），以现金代垫运费 500 元。2019 年 1 月 14 日开具销售专用发票，发票号为 XS19030，货款尚未收到。

④ 2019 年 1 月 13 日，精利公司有意向本公司订购华硕笔记本电脑 10 台，散热器 100 只，本公司报价分别为 4 300 元/台和 40 元/只。2019 年 1 月 16 日，精利公司同意我公司的报价，并决定追加订货，华硕笔记本电脑追加 2 台，散热器追加 20 只，订单号为 D20190113。需要分批开具销售发票。本公司同意对方的订货要求，发货日期为 2019 年 1 月 18 日。

⑤ 2019 年 1 月 18 日，按销售订单发货给精利公司，分别发出华硕笔记本电脑 12 台，散热器 120 只，本公司支付运杂费 200 元（现金支票 XJ01000588）。次日开具两张销售专用发票，发票号分别为 XS19040 和 XS19050。对方电汇（DH00778899）款项 65 424 元已经收到，系付 12 台华硕笔记本电脑和 120 只散热器的价税款。确认出库成本。

⑥ 2019 年 1 月 20 日，光华公司向本公司订购三星笔记本电脑 10 台，本公司报价 5 000 元/台，对方初步同意。本公司根据报价单已经生成销售订单，订单号为 D20190120，发货日期为 2019 年 1 月 25 日。2019 年 1 月 23 日，光华公司提出价格过高，只能接受 4 500 元/台，本公司不同意。对方随后撤销了对本公司三星笔记本电脑的订购。

3.2.3　任务实施

实施要求如下。

（1）录入销售报价单，录入或生成销售订单、销售发货单。

（2）录入或生成销售发票。

（3）确认、收取应收款项。

实施指导如下。

已经完成任务 3.1 的操作，或者引入 "606-3-1" 文件夹中的账套备份数据。将系统日期修改为 2019 年 1 月 31 日，以 401 操作员黄敏（无密码）的身份登录 606 账套的 "企业门户" 处理业务单据，以 202 操作员何静的身份登录应收款管理系统、存货核算系统处理会计单据。

1．第 1 笔业务的操作处理

本笔业务属于 2018 年已经发货的销售业务，本期开具销售专用发票并收到款项。因此，本笔业务需要在销售管理系统中开具销售专用发票并现结；在应收款管理系统中审核收款并生成凭证传递至总账系统；在存货核算系统中进行正常单据记账，确认并结转销售成本。

设置 "开户银行"，执行 "设置" / "基础档案" / "开户银行" 命令，在弹出的窗口中输入相应的内容，如图 3-2-1 所示。

◆　如果本单位或对方单位未设置开户银行及账号，则无法填制销售专用发票。

◆　如果期初已经设置，则此环节可以跳过。

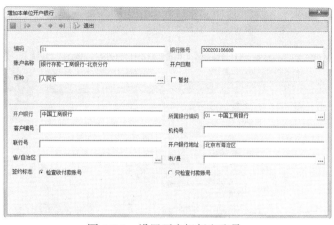

图 3-2-1　设置开户银行和账号

（1）在销售管理系统中进行操作。

① 执行"供应链"/"销售管理"/"销售开票"/"销售专用发票"命令，打开"销售专用发票"窗口。单击"增加"按钮，系统自动弹出"参照生单"窗口。"客户"选择"光华公司"，单击"确定"按钮，系统根据过滤条件显示符合条件的全部单据，如图 3-2-2 所示。

图 3-2-2　选择发货单

② 选择"光华公司"期初发货单，在表体中选择"神舟笔记本电脑"，在存货编码前自动显示"Y"字样。单击"确定"按钮，系统自动生成一张销售专用发票。

③ 修改发票日期、发票号，确认后单击"保存"按钮。单击"现结"按钮，系统自动弹出"现结"窗口，依 3.2.2 所给资料输入相应信息，如图 3-2-3 所示。

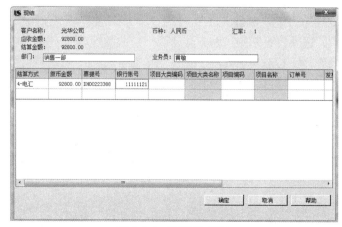

图 3-2-3　"现结"窗口

④ 结算信息输入并确认后，单击"确定"按钮，系统在专用发票上盖章确认，并显示"现结"字样。

⑤ 单击"复核"按钮，保存销售专用发票的信息，如图3-2-4所示。单击"退出"按钮退出。

图 3-2-4　销售专用发票

◆ 销售专用发票可以参照发货单自动生成，也可以手工输入。

◆ 如果需要手工输入销售专用发票，则必须将销售管理系统选项中的"普通销售必有订单"取消，否则只能参照生成，不能手工输入。

◆ 如果增加销售专用发票时系统没有自动弹出选择发货单的条件过滤窗口，则表示在销售管理系统参数设置时没有选择"普通销售必有订单"选项。这时可以单击"发货"按钮，系统显示发货单过滤窗口。

◆ 如果一张发货单需要分次开具发票，则需要修改发票数量等信息。

◆ 系统自动生成发票后，如果单击"复核"按钮，则此时不能进行现结处理，只能确认为应收账款。

◆ 如果需要现结，则需要在生成销售专用发票后直接单击"现结"按钮，进行现结处理后再单击"复核"按钮。

◆ 已经现结或复核的发票不能直接被修改或删除。如需删除，则需要先单击"弃结"按钮或单击"弃复"按钮。

（2）在应收款管理系统中进行操作。

① 在企业门户中，选择"业务"/"财务会计"/"应收款管理"，进入应收款管理系统。

② 执行"日常处理"/"应收单据处理"/"应收单据审核"命令，打开"应收单查询条件"对话框，选中"包含已现结发票"复选框，如图3-2-5所示。

③ 单击"确定"按钮，选择需要审核的单据，在记录的"选择"栏里双击，出现"Y"即表示选择成功，如图3-2-6所示。

④ 单击"审核"按钮，完成审核。

⑤ 执行"应收款管理"/"制单处理"命令，系统自动打开"制单查询"对话框，设置单据过滤条件，选中"现结制单"复选框。单击"确定"按钮，打开"现结制单"窗口，单击"全选"按钮。

⑥ 选择"凭证类型"为"收款凭证"，单击"制单"按钮，系统自动生成一张凭证，单击"保存"按钮，如图3-2-7所示。再单击"退出"按钮，退出应收款管理系统。

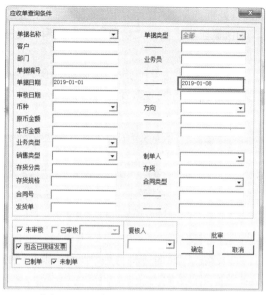

图 3-2-5　"应收单查询条件"对话框

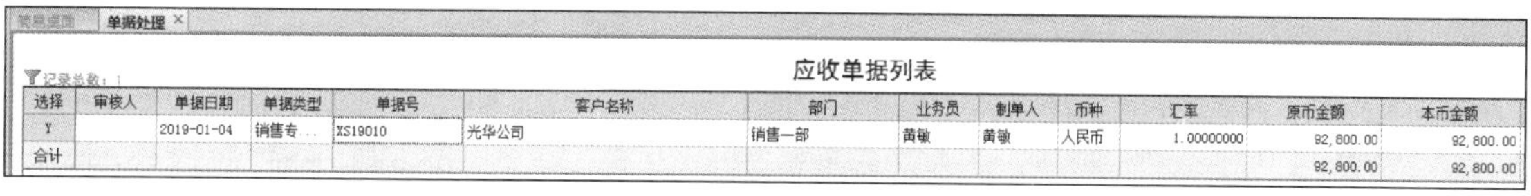

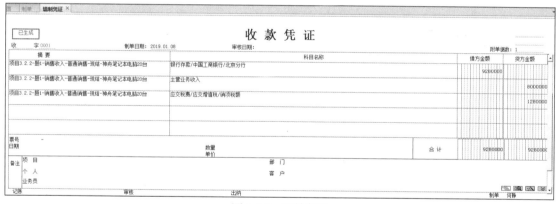

图 3-2-6　应收单据选择

图 3-2-7　现结制单

◇　用户需要在应收款管理系统中审核应收单后才能制单。

◇　应收单可以在应收款管理系统中手工录入,也可以由销售发票自动生成。

当销售管理系统与应收款管理系统集成使用时,复核销售发票后,系统会自动生成应收单并将其传递到应收款管理系统中。

◇　无论应收单是否现结,均需要在应收款管理系统中审核后才能形成应收账款。

◇　可以根据每笔业务制单,也可以月末一次制单。如果采用月末一次处理,可以按业务分别制单或合并制单。

◇　用户不能直接删除已经制单的应收单或收款单,应先删除凭证后再进行处理。

◇　对于已经生成的凭证,用户可以通过"单据查询"/"凭证查询"进行查询、删除或冲销。

（3）在存货核算系统中进行处理。

① 在企业门户中登录存货核算系统，执行"初始设置"/"科目设置"/"存货科目"命令，打开"存货科目"窗口。

② 单击"增加"按钮，系统自动增加一行记录，参照存货仓库、存货类别等输入存货科目信息，将存货科目名称设置为"库存商品"，分期收款发出商品科目名称设置为"发出商品"，如图 3-2-8 所示。

仓库编码	仓库名称	存货分类编码	存货分类名称	存货编码	存货名称	存货科目编码	存货科目名称	差异科目编码	差异科目名称	分期收款发出商品科目	分期收款发出商品科目名称	委托代销发出商品科目编码	委托代销发出商品科目名称	直运科目编码	直运科目名称
01	电脑库					1405	库存商品			1406	发出商品	1406	发出商品	1402	商品采购
02	配件库					1405	库存商品	1407	商品进销差价	1406	发出商品	1406	发出商品	1402	商品采购

图 3-2-8 "存货科目"窗口

③ 执行"科目设置"/"对方科目"命令，打开"对方科目"窗口。单击"增加"按钮，根据收发类别设置存货对方科目，如采购入库时对方科目为"商品采购"，销售出库时对方科目为"主营业务成本"，如图 3-2-9 所示。设置完毕后退出。

收发类别编码	收发类别名称	存货分类编码	存货分类名称	存货编码	存货名称	部	项目大类编码	项目大类名称	项目编码	项目名称	对方科目编码	对方科目名称	暂估科目编码	暂估科目名称
11	普通采购	01	商品								1402	商品采购	220202	暂估应付款
21	普通销售	01	商品								6401	主营业务成本		

图 3-2-9 设置存货对方科目

 小提示　　设置存货科目与对方科目不是必须要进行的。设置完成后，在对应的凭证生成过程中会自动弹出设置的科目。

④ 执行"业务核算"/"正常单据记账"命令，系统自动弹出"查询条件选择"窗口。设置条件为"电脑库"与"神舟笔记本电脑"，"2019-1-8"，如图 3-2-10 所示。

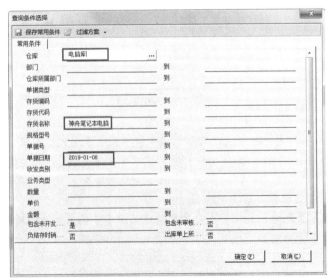

图 3-2-10 "查询条件选择"窗口

⑤ 单击“确定”按钮，系统显示符合条件的单据。单击“全选”按钮，选择需要记账的单据，如图 3-2-11 所示，单击“记账”后退出。

⑥ 执行“财务核算”/“生成凭证”命令，打开“生成凭证”窗口。单击“选择”按钮，打开生成凭证的“查询条件”对话框。选中“销售专用发票”复选框，单击“确定”按钮。

选择	日期	单据号	存货编码	存货名称	规格型号	存货代码	单据类型	仓库名称	收发类别	数量	单价	金额
Y	2019-01-04	XS19010	0101004	神舟笔记本电脑			专用发票	电脑库	普通销售	20.00		
小计										20.00		

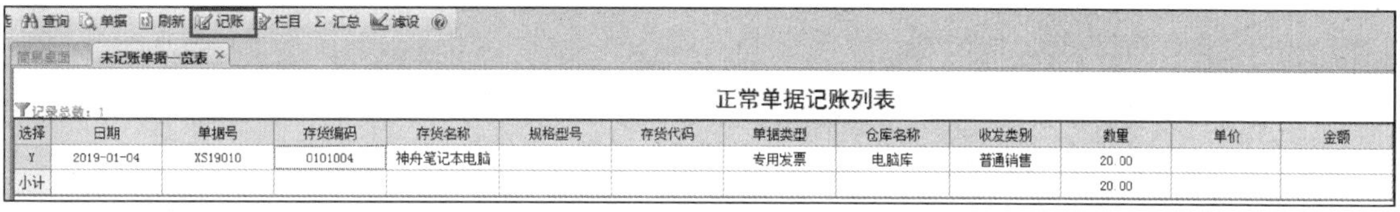

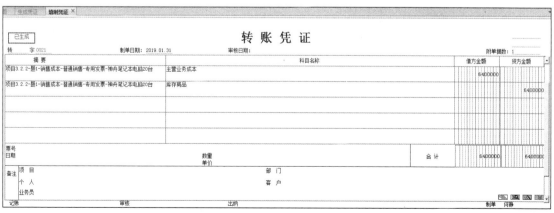

图 3-2-11　正常单据记账列表

⑦ 在打开的“未生成凭证单据一览表”中，选择需要生成凭证的单据，如图 3-2-12 所示。

选择	记账日期	单据日期	单据类型	单据号	仓库	收发类别	记账人	部门	部门编码	业务单号	业务类型	计价方式	备注	摘要	供应商	客户
1	2019-01-31	2019-01-08	专用发票	XS19010	电脑库	普通销售	何静	销售一部	401		普通销售	先进先出法		专用发票		光华公司

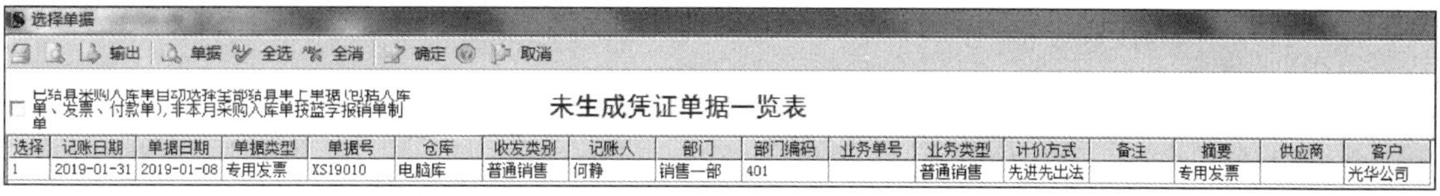

图 3-2-12　“选择单据”窗口

⑧ 返回“生成凭证”窗口，销售成本采用先进先出法，因此销售 20 台神舟笔记本电脑的销售成本按照“先进先出法“系统自动计算销售成本，如图 3-2-13 所示。

选择	单据类型	单据号	摘要	科目类型	科目编码	科目名称	借方金额	贷方金额	借方数量	贷方数量	科目方向	存货编码	存货名称	部门名称	业务员名称	供应商名称	客户名称	单据日期
1	专用发票	XS18010	专用发票	对方	6401	主营业务成本	64,000.00		20.00		1	0101004	神舟笔记本电脑	销售一部	黄敏		光华公司	2019-01-08
				存货	1405	库存商品		64,000.00		20.00	2	0101004	神舟笔记本电脑	销售一部	黄敏		光华公司	2019-01-08
合计							64,000.00	64,000.00										

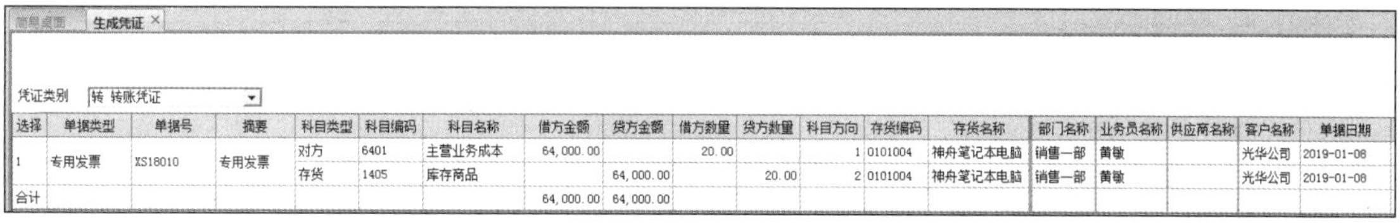

图 3-2-13　“生成凭证”窗口

⑨ 核对入账科目无误后，单击“合成”按钮，系统生成一张结转销售成本的凭证，单击“保存”按钮，如图 3-2-14 所示。单击“退出”按钮后退出。

摘要	科目名称	借方金额	贷方金额
项目3.2.2-题1-销售成本-普通销售-专用发票-神舟笔记本电脑20台	主营业务成本	6400000	
项目3.2.2-题1-销售成本-普通销售-专用发票-神舟笔记本电脑20台	库存商品		6400000
票号 日期	数量 单价 合计	6400000	6400000

图 3-2-14　结转销售成本的凭证

⑩ 执行“财务核算”/“凭证列表”命令，可以查询生成的结转销售成本的凭证。

◇ 在存货核算系统中，用户必须执行正常单据记账后才能确认销售出库的成本，并生成结转销售成本凭证。

◇ 正常单据记账后，可以执行取消记账操作，恢复到记账前的状态。

◇ 可以根据每笔业务单据执行记账操作，也可以月末执行一次记账操作。

◇ 存货可以每笔结转销售成本，也可以月末集中结转，分单据生成凭证或合并生成凭证。

◇ 存货采用先进先出法核算时，可以随时结转销售成本。如果存货采用售价法或全月加权平均法核算，则只能在月末结转成本。

2. 第2笔业务的操作处理

该笔业务属于 2018 年年末已发货的销售业务，与第一笔基本相同。需要在销售管理系统中生成销售专用发票，在应收款管理系统中进行应收单据审核与制单。用票据结算货款时应在应收款管理系统中填制应收票据。因配件库存货采用售价法核算，因而发生销售业务时不能立即结转销售成本，需要等到月末再进行销售成本的结转。

微课：票据结算

（1）在销售管理系统中进行操作。

① 执行"供应链"/"销售管理"/"销售开票"/"销售专用发票"命令，打开"销售专用发票"窗口。单击"增加"按钮，系统自动弹出"选择发货单"窗口。"客户"选择"艾青公司"，存货选择"LED显示屏"，单击"显示"按钮，系统根据过滤条件显示符合条件的全部单据，如图 3-2-15 所示。

图 3-2-15 选择发货单

② 选择艾青公司期初发货单，在表体中选择"LED 显示屏"，在存货编码前自动显示"Y"字样。单击"确定"按钮，系统自动生成一张销售专用发票。

③ 修改发票日期、发票号，确认后单击"保存"按钮。单击"复核"按钮，保存销售专用发票的信息，如图 3-2-16 所示。单击"退出"按钮，退出。

图 3-2-16 销售专用发票

（2）在应收款管理系统中进行操作。

① 在企业门户中，选择"业务工作"/"财务会计"/"应收款管理"，进入应收款管理系统。

② 执行"日常处理"/"应收单据处理"/"应收单据审核"命令，打开"单据过滤条件"对话框。单击"确定"按钮，在"单据处理"窗口中单击"全选"按钮，在记录的"选择"栏里出现"Y"即表示选择成功，如图 3-2-17 所示。

图 3-2-17　应收单据选择

③ 单击"审核"按钮，完成审核。

④ 执行"应收单据处理"/"制单处理"命令，系统自动打开"制单查询"对话框，设置单据过滤条件，选中"发票制单"复选框。单击"确定"按钮，打开"发票制单"窗口，单击"全选"按钮。

⑤ 选择"凭证类型"为"转账凭证"，单击"制单"按钮，系统自动生成一张凭证，单击"保存"按钮，如图 3-2-18 所示。再单击"退出"。

图 3-2-18　根据应收单据生成凭证

⑥ 执行"应收款管理"/"票据管理"命令，在打开的对话框中按"确定"按钮进入票据管理窗口。单击"增加"按钮，输入商业承兑汇票信息：收到日"2019.01.10"，出票日"2019.01.10"，到期日"2019.2.9"，出票人：艾青公司，票据类型为商业承兑汇票，票据号 SH20190110，金额 15 080 元。票面利率为 0，注意：商业承兑汇票不需要输入银行名称，新增商业承兑汇票结算方式。保存后退出，如图 3-2-19 所示。

⑦ 执行"应收款管理"/"收款单据审核"命令，打开"收付款单据列表"，选择"商业承兑汇票"，票据号为 SH20190110，单击"审核"后退出，如图 3-2-20 所示。

⑧ 执行"应收款管理"/"制单处理"命令，过滤单据选择"收付款单制单"，单击"确定"按钮，选择"制单"，修改凭证摘要，输入"应收票据"科目，在打开的对话框中输入票据号、出票日期等信息，生成应收票据凭证，如图 3-2-21 所示。

图 3-2-19　增加商业汇票

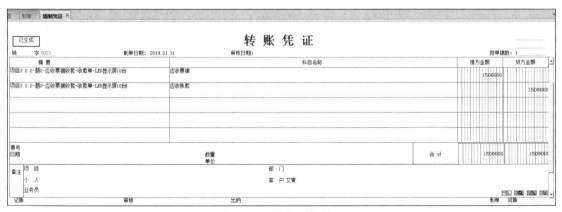

图 3-2-20　收付款单列表

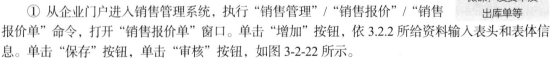

图 3-2-21　应收票据凭证

3．第 3 笔业务的操作处理

该笔业务属于本期发生的业务，需要填制或生成报价单、销售订单、销售发货单、销售出库单、销售专用发票，并进行代垫费用的处理；在应收款管理系统中审核应收单并制单，在存货核算系统中结转销售成本。

微课：发货单及
出库单等

（1）在销售管理系统中进行操作。

① 从企业门户进入销售管理系统，执行"销售管理"/"销售报价"/"销售报价单"命令，打开"销售报价单"窗口。单击"增加"按钮，依 3.2.2 所给资料输入表头和表体信息。单击"保存"按钮，单击"审核"按钮，如图 3-2-22 所示。

② 执行"销售订货"/"销售订单"命令，打开"销售订单"窗口。单击"增加"按钮，再单击"报价"按钮，弹出"选择报价单"窗口。"客户"选择"新月公司"，单击"显示"按钮，同时选中报价单和存货，如图 3-2-23 所示。

图 3-2-22　销售报价单

图 3-2-23　选择报价单

③ 系统自动生成一张销售订单,修改订单日期,并修改数量为 8 台。信息确认后,单击"保存"按钮,再单击"审核"按钮,如图 3-2-24 所示,然后退出"销售订单"窗口。

图 3-2-24　销售订单

④ 执行"销售发货"/"发货单"命令,打开"发货单"窗口。单击"增加"按钮,系统自动显示"选择订单"窗口。

⑤ 在"选择订单"窗口中单击"显示"按钮,系统显示符合条件的销售订单。进行选择后,单击"确定"按钮,生成销售发货单。修改发货日期和仓库,单击"保存"按钮,再单击"审核"按钮,如图 3-2-25 所示,然后退出"发货单"窗口。

图 3-2-25　发货单

◇　销售报价单只能手工输入，手工输入销售报价单不是必须要进行的流程。
◇　报价单被参照后与销售订单不建立关联，即使审核后也可以被删除。
◇　销售订单可以手工输入，也可以根据销售报价单参照生成。
◇　已经审核的销售订单可以修改。在订单列表中，用户可打开该销售订单，单击"变更"
按钮进行修改。
◇　如果销售订单、发货单等单据已经被下游单据参照，则不能直接被修改、删除。如果需
要修改或删除，则用户必须先删除下游单据，然后取消审核，再修改或删除。

（2）在库存管理系统中进行操作。

进入库存管理系统，执行"日常业务"/"出库"/"销售出库单"命令，单击"生单"，选择生
成一张出库单，单击"审核"按钮，如图 3-2-26 所示，然后退出。

图 3-2-26　销售出库单

◇　因为在销售管理系统选项中设置了"销售生成出库单"，所以系统根据销售
发货单自动生成了出库单。
◇　系统自动生成的出库单不能被修改，可以直接被审核。
◇　如果在销售管理系统选项中没有设置"销售生成出库单"，则用户可在库存管理系统的销
售出库单窗口单击"生单"按钮，选择发货单生成出库单。
◇　在库存管理系统中生成的出库单可以在销售管理系统的账表中被查询，用户可通过联查
单据查询到该销售出库单。

（3）在销售管理系统中进行操作。

① 回到销售管理系统，执行"销售开票"/"销售专用发票"命令，打开"销售专用发票"窗口。单击"增加"按钮，系统自动弹出"选择发货单"窗口。"客户"选择"新月公司"，单击"显示"按钮，系统根据过滤条件显示符合条件的全部单据，如图 3-2-27 所示。

图 3-2-27 选择发货单

② 选择新月公司发货单，在表体中选择"联想笔记本电脑"，在存货编码前自动显示"Y"字样。单击"确定"按钮，系统自动生成一张销售专用发票。

③ 修改发票日期、发票号，确认后单击"保存"按钮。单击"复核"按钮，保存销售专用发票的信息，如图 3-2-28 所示。单击"退出"按钮，退出。

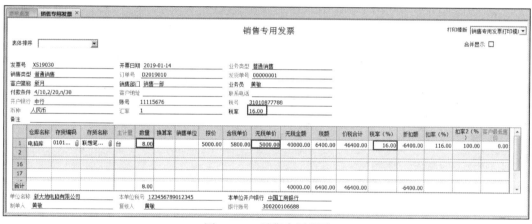

图 3-2-28 销售专用发票

④ 执行"代垫费用"/"代垫费用单"命令，打开"代垫费用单"窗口。单击"增加"按钮，按 3.2.2 任务资料中所给资料填入，单击"保存"按钮，再单击"审核"按钮，如图 3-2-29 所示，然后退出。

图 3-2-29 代垫费用单

> **小提示**
> ✧ 用户可以在销售专用发票窗口生成销售专用发票并保存后，单击“代垫”按钮，调出“代垫费用单”窗口，输入代垫的费用。
> ✧ 也可以通过“代垫费用”/“代垫费用单”输入代垫费用单信息。
> ✧ 代垫费用单被保存后，系统自动生成其他应收单并传递到应收款管理系统中。
> ✧ 销售管理系统只能记录代垫费用，不能对代垫费用制单。

（4）在应收款管理系统中进行操作。

① 在企业门户中，选择“业务”/“财务会计”/“应收款管理”，进入应收款管理系统。

微课：应收款会计凭证处理

② 执行“应收单据处理”/“应收单据审核”命令，打开“单据过滤条件”对话框。单击“确定”按钮，在“单据处理”窗口中单击“全选”按钮，在记录的“选择”栏里出现“Y”表示选择成功，如图 3-2-30 所示。

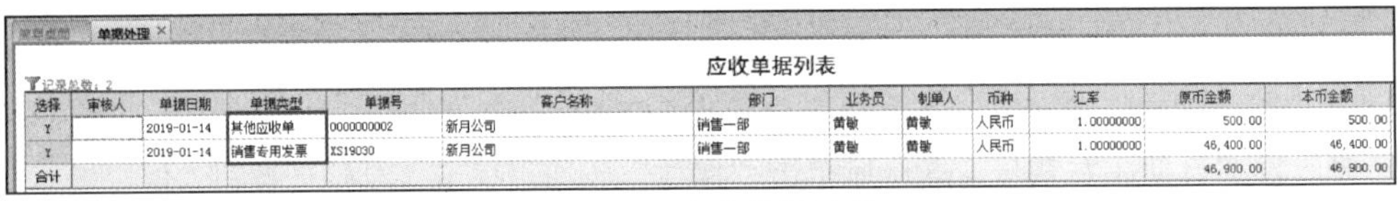

单据处理
应收单据列表
记录总数：2
选择 审核人 单据日期 单据类型 单据号 客户名称 部门 业务员 制单人 币种 汇率 原币金额 本币金额
Y 2019-01-14 其他应收单 0000000002 新月公司 销售一部 黄敏 黄敏 人民币 1.00000000 500.00 500.00
Y 2019-01-14 销售专用发票 XS19030 新月公司 销售一部 黄敏 黄敏 人民币 1.00000000 46,400.00 46,400.00
合计 46,900.00 46,900.00

图 3-2-30 应收单据选择

③ 单击“审核”按钮，完成审核。

④ 执行“制单处理”命令，系统自动打开“制单查询”对话框，设置单据过滤条件，选中“发票制单”和“应收单制单”复选框。单击“确定”按钮，打开“发票制单”窗口，单击“全选”按钮。

⑤ 选择“凭证类型”为“转账凭证”，单击“制单”按钮，系统自动生成两张凭证，单击“保存”按钮，如图 3-2-31 和图 3-2-32 所示。再单击“退出”按钮，退出应收款管理系统。

查询凭证
已生成
转 账 凭 证
转 字 0024
制单日期：2019.01.31
审核日期：
附单据数：1
摘要
科目名称
借方金额
贷方金额
项目3.2.2-题3-销售收入-普通销售-赊销-销售专用发票-联想笔记本电脑8台
应收账款
4640000
项目3.2.2-题3-销售收入-普通销售-赊销-销售专用发票-联想笔记本电脑10台
主营业务收入
4000000
项目3.2.2-题3-销售收入-普通销售-赊销-销售专用发票-联想笔记本电脑8台
应交税费/应交增值税/销项税额
640000
票号
日期
数量
单价
合计
4640000
4640000
备注
项 目
个 人
业务员 黄敏
部 门
客 户 新月
记账
审核
出纳
制单 何静

图 3-2-31 赊销商品生成的凭证

填制凭证
已生成
付 款 凭 证
付 字 0004
制单日期：2019.01.31
审核日期：
附单据数：1
摘要
科目名称
借方金额
贷方金额
项目3.2.2-题3-代垫运费-普通销售-其他应收单-新月公司
应收账款
50000
项目3.2.2-题3-代垫运费-普通销售-其他应收单-新月公司
库存现金
50000
票号
日期
数量
单价
合计
50000
备注
项 目
个 人
业务员 黄敏
部 门
客 户 新月
记账
审核
出纳
制单 何静

图 3-2-32 代垫费用生成的凭证

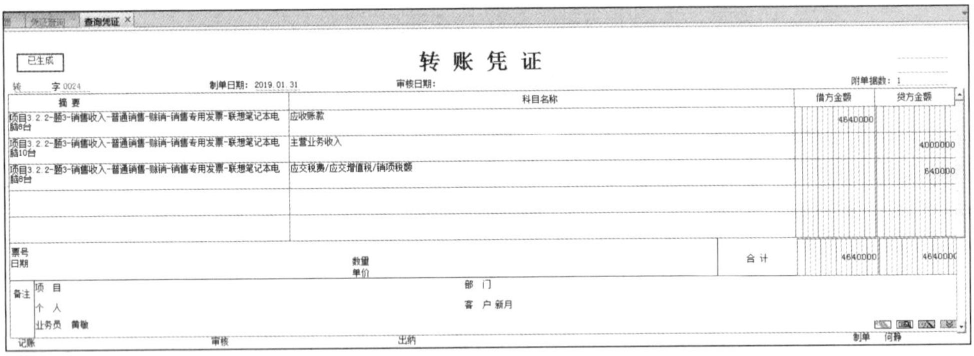

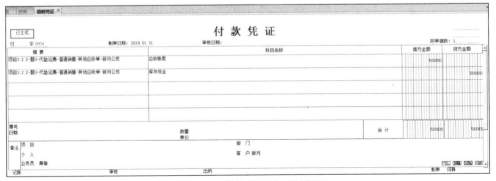

（5）在存货核算系统中进行操作。

① 执行"业务核算"/"正常单据记账"命令，系统自动弹出"查询条件选择"窗口。设置仓库为"电脑库"，存货编码为"0101001-联想笔记本电脑"，业务类型为"普通销售"，如图 3-2-33 所示。

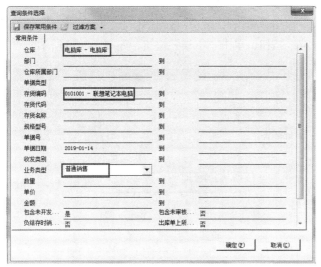

微课：销售成本结转
凭证

图 3-2-33　查询条件选择

② 单击"确定"按钮，系统显示符合条件的单据。单击"全选"按钮，选择需要记账的单据，如图 3-2-34 所示，单击"记账"后退出。

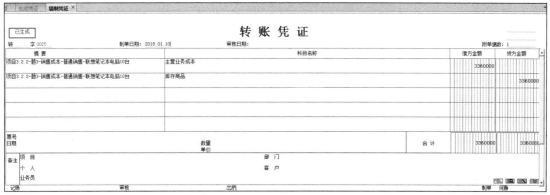

图 3-2-34　正常单据记账列表

③ 执行"财务核算"/"生成凭证"命令，打开"生成凭证"窗口。单击"选择"按钮，打开生成凭证的"查询条件"对话框。选中"销售专用发票"复选框，单击"确定"按钮。在打开的"未生成凭证单据一览表"中，选择需要生成凭证的单据。

④ 返回"生成凭证"窗口，核对入账科目是否正确。单击"生成"按钮，系统生成一张结转销售成本的凭证，单击"保存"按钮，如图 3-2-35 所示。单击"退出"按钮后退出。

图 3-2-35　结转销售成本凭证

4. 第4笔业务的操作处理

该笔业务没有开具销售专用发票，不需要进行结算，只需录入报价单和销售订单。

微课：追加订单

（1）从企业门户进入销售管理系统。执行"业务"/"销售报价"/"销售报价单"命令，打开"销售报价单"窗口，单击"增加"按钮，依 3.2.2 所给资料输入表头和表体信息。单击"保存"按钮，单击"审核"按钮，如图 3-2-36 所示。

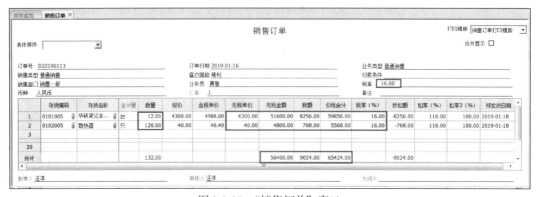

销售报价单

	存货编码	存货名称	主计量	数量	报价	含税单价	无税单价	无税金额	税额	价税合计	税率（%）	折扣额	扣率（%）	扣率2（%）	客户最低售价
1	0101005	华硕笔记本电脑	台	10.00	4300.00	4988.00	4300.00	43000.00	6880.00	49880.00	16.00	-6880.00	116.00	100.00	0.00
2	0102005	散热器	只	100.00	40.00	46.40	40.00	4000.00	640.00	4640.00	16.00	-640.00	116.00	100.00	0.00
合计				110.00				47000.00	7520.00	54520.00		-7520.00			

单据号 0000000002　日期 2019-01-13　业务类型 普通销售
销售类型 普通销售　客户简称 精力
销售部门 销售一部　业务员 黄敏　税率 16.00
币种 人民币　汇率 1　备注

制单人 汪洋　审核人 汪洋　关闭人

图 3-2-36 "销售报价单"窗口

（2）执行"销售订货"/"销售订单"命令，打开"销售订单"窗口。单击"增加"按钮，再单击"报价"按钮，弹出"选择报价单"窗口。"客户"选择"精利公司"，单击"显示"按钮，同时选中报价单和存货。

小提示

◇ 增加操作员与建立账套的顺序可以更改，即可以在完成账套的建立后再增加操作员。

◇ 只有系统管理员才有权限设置用户和角色。

◇ 如果想同时选中多个存货，需要按住 Ctrl 键再进行选择。

（3）系统自动生成一张销售订单，修改订单日期，并修改数量，信息确认后，单击"保存"按钮，再单击"审核"按钮，如图 3-2-37 所示，然后退出"销售订单"窗口。

销售订单

	存货编码	存货名称	主计量	数量	报价	含税单价	无税单价	无税金额	税额	价税合计	税率（%）	折扣额	扣率（%）	扣率2（%）	预发货日期
1	0101005	华硕笔记本...	台	12.00	4300.00	4988.00	4300.00	51600.00	8256.00	59856.00	16.00	-8256.00	116.00	100.00	2019-01-18
2	0102005	散热器	只	120.00	40.00	46.40	40.00	4800.00	768.00	5568.00	16.00	-768.00	116.00	100.00	2019-01-18
合计				132.00				56400.00	9024.00	65424.00		-9024.00			

订单号 D20190113　订单日期 2019-01-16　业务类型 普通销售
销售类型 普通销售　客户简称 精利
销售部门 销售一部　业务员 黄敏　税率 16.00
币种 人民币　汇率 1　备注

制单人 汪洋　审核人 汪洋　关闭人

图 3-2-37 "销售订单"窗口

5. 第5笔业务的操作处理

该笔业务是上一笔业务的继续，需要生成销售发货单、销售专用发票和销售出库单，并确定应收款项和结转销售成本。

（1）在销售管理系统中进行操作。

① 进入销售管理系统，执行"销售发货"/"销售发货单"命令，打开"发货单"窗口。单击"增加"按钮，系统弹出"选择订单"窗口。

② 客户选择"精利公司"，单击"显示"按钮，在弹出的销售订单中选中符合条件的存货，如图 3-2-38 所示。

微课：分批发货出库

选择	业务类型	销售类型	订单号	订单日期	币名	汇率	开票单位编码	客户简称	开票单位名称	销售部门	业务员	税率（%）
Y	普通销售	普通销售	D20190113	2019-01-16	人民币	1.00000000	01001	精利	精利	销售一部	黄敏	16.00
合计												

发货单参照订单

选择	订单号	订单行号	仓库	货物货号	存货代码	货物名称	规格型号	预发货日期	主计量单位	可发货数量	含税单价	无税单价	可发货无税	可发货税额	可发货价	税率（%）
Y	D20190113	1			0101005	华硕笔记…		2019-01-18	台	12.00	4,988.00	4,300.00	51,600.00	6,256.00	59,856.00	16.00
Y	D20190113	2			0102005	散热器		2019-01-18	个	120.00	46.40	40.00	4,800.00	768.00	5,568.00	16.00
合计										132.00			56,400.00	9,024.00	65,424.00	

图 3-2-38　发货单参照订单

③ 单击"确定"按钮，系统自动参照销售订单生成销售发货单。修改发货日期，输入仓库，单击"保存"按钮，再单击"审核"按钮，如图 3-2-39 所示，然后退出"发货单"窗口。

发货单

	仓库名称	存货编码	存货名称	主计量	数量	报价	含税单价	无税单价	无税金额	税额	价税合计	税率（%）	折扣额	扣率（%）	扣率2（%）	客户最低售价
1	电脑库	0101…	华硕笔…	台	12.00	4300.00	4988.00	4300.00	51600.00	8256.00	59856.00	16.00	-8256.00	116.00	100.00	0.00
2	配件库	0102…	散热器	个	120.00	40.00	46.40	40.00	4800.00	768.00	5568.00	16.00	-768.00	116.00	100.00	
3																
19																
合计					132.00				56400.00	9024.00	65424.00		-9024.00			

发货单号 0000000005　　发货日期 2019-01-18　　业务类型 普通销售
销售类型 普通销售　　订单号 D20190113　　发票号
客户简称 精利　　销售部门 销售一部　　业务员 黄敏
发货地址　　发运方式　　付款条件
税率 16.00　　币种 人民币　　汇率 1
备注
表体排序　　合并显示 □
打印模版 发货单打印模版

制单人 黄敏　　审核人 黄敏　　关闭人

图 3-2-39　销售发货单

（2）在库存管理系统中进行操作。

进入库存管理系统，执行"日常业务"/"出库"/"销售出库单"命令，系统自动根据发货单生成两张出库单，分别单击"审核"按钮后退出。

（3）在销售管理系统中进行操作。

① 回到销售管理系统，执行"开票"/"销售专用发票"命令，打开"销售专用发票"窗口。单击"增加"按钮，系统自动弹出"选择发货单"窗口。"客户"选择"精利公司"，单击"显示"按钮，选中"华硕笔记本电脑"，单击"确定"按钮。系统自动生成一张销售专用发票。

② 修改发票日期、发票号，确认后单击"保存"按钮。单击"支出"，打开"销售费用支出单"窗口，单击"增加"按钮，按 3.2.2 所给资料填入。单击"保存"按钮，再单击"审核"按钮，如图3-2-40 所示。然后退出，回到"销售专用发票"窗口。

图 3-2-40　销售费用支出单

③ 单击"保存"按钮，确认并保存该发票，对发票 XS19040 及 XS19050 分别实施"现结"，在弹出的"现结"窗口中分别输入华硕笔记本电脑现结 59 856 元、散热器现结 5 568 元，如图 3-2-41 和图 3-2-42 所示，确认后退出。单击"复核"按钮，销售专用发票如图 3-2-43 所示。

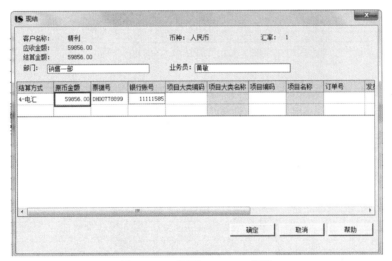

图 3-2-41　发票 XS19040 现结

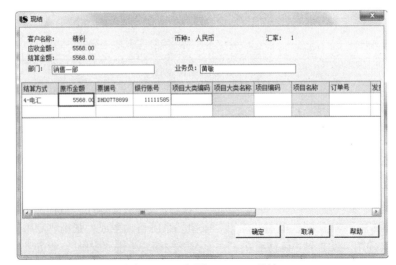

图 3-2-42　发票 XS19050 现结

图 3-2-43　销售专用发票

微课：分批开发票

④ 采用同样的方法，再生成一张销售专用发票，如图 3-2-44 所示。

图 3-2-44　销售专用发票

（4）在应收款管理系统中进行操作。

① 在企业门户中，选择"业务"/"财务会计"/"应收款管理"，进入应收款管理系统。

② 执行"日常处理"/"应收单据处理"/"应收单据审核"命令，打开"单据过滤条件"对话框。选择"包含已现结发票"，单击"确定"按钮，在"单据处理"窗口中单击"全选"按钮，在记录的"选择"栏里出现"Y"表示选择成功，如图 3-2-45 所示。

微课：现收款会计凭证

选择	审核人	单据日期	单据类型	单据号	客户名称	部门	业务员	制单人	币种	汇率	原币金额	本币金额
Y		2019-01-18	销售专	XS18040	精利公司	销售一部	黄敏	黄敏	人民币	1.00000000	59,856.00	59,856.00
Y		2019-01-18	销售专	XS18050	精利公司	销售一部	黄敏	黄敏	人民币	1.00000000	5,568.00	5,568.00
合计											65,424.00	65,424.00

应收单据列表

图 3-2-45　应收单据选择

③ 单击"审核"按钮，完成审核。

④ 执行"应收款管理"/"制单处理"命令，系统自动打开"制单查询"对话框。设置单据过滤条件，选择"发票制单"和"现结制单"复选框。单击"确定"按钮，打开"发票制单"窗口，单击"全选"按钮。

⑤ 选择"凭证类型"为"转账凭证"，单击"制单"按钮，系统自动生成两张凭证，单击"保存"按钮，如图 3-2-46 和图 3-2-47 所示。再单击"退出"按钮，退出应收款管理系统。

⑥ 在销售过程中发生的运杂费用属于销售费用，在销售管理系统的专用发票上填好支出单或执行"费用支出"/"销售费用支出单"命令审核且保存后，进入总账系统填制一张付款凭证，如图 3-2-48 所示。

图 3-2-46　销售华硕笔记本电脑收款凭证

图 3-2-47　销售散热器收款凭证

图 3-2-48　运杂费的付款凭证

（5）在存货核算系统中进行操作。

此时只需核算华硕笔记本电脑的销售成本。

① 执行"业务核算"/"正常单据记账"命令，系统自动弹出"正常单据记账条件"窗口。设置仓库为"电脑库"，设置单据类型为"销售专用发票"，单击"确定"按钮，系统显示符合条件的单据。单击"全选"按钮，选择需要记账的单据，单击"记账"按钮后退出。

微课：结转销售
成本凭证

② 执行"财务核算"/"生成凭证"命令，打开"生成凭证"窗口。单击"选择"按钮，打开生成凭证的"查询条件"对话框。选中"销售专用发票"复选框，单击"确定"按钮。在打开的"未生成凭证单据一览表"中，选择需要生成凭证的单据。

③ 返回"生成凭证"窗口，核对入账科目是否正确，电脑库采用"先进先出法"，系统自动分批计算华硕笔记本电脑的销售成本，如图 3-2-49 所示。

图 3-2-49 按"先进先出法"自动分批计算成本

④ 单击"合成"按钮，系统生成一张结转销售成本的凭证，单击"保存"按钮，如图 3-2-50 所示。单击"退出"按钮后退出。

图 3-2-50 结转销售成本转账凭证

值得注意的是，配件库的散热器因采用售价核算，涉及综合进销差价率的计算与分配，其销售成本待到期末集中进行核算。

6. 第6笔业务的操作处理

该笔业务属于没有执行完中途关闭的业务。需要在销售管理系统中输入报价单、销售订单；对方撤销订货后删除报价单和销售订单，或者直接关闭订单。

微课：关闭单据

（1）执行"销售报价"/"销售报价单"命令，打开"销售报价单"窗口。依 3.2.2 所给资料录入相关数据，单击"保存"按钮，如图 3-2-51 所示，再单击"审核"按钮后退出。

图 3-2-51 销售报价单

（2）执行"销售订货"/"销售订单"命令，参照报价单生成订单。单击"保存"按钮，再单击"审核"按钮，如图 3-2-52 所示。

（3）因对方无法接受定价，在"销售订单"窗口中直接单击"关闭"按钮，撤销对光华公司的销售订单，如图 3-2-53 所示。此时，销售订单"关闭人"一栏中显示"黄敏"的签名。

图 3-2-52　销售订单

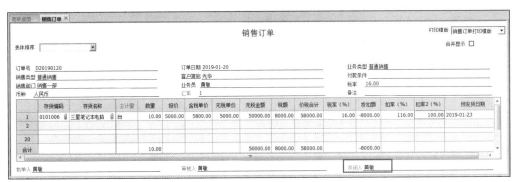

图 3-2-53　关闭销售订单

小提示

✧　报价单、销售订单均有5种状态，即录入、未审核、已审核、已执行、关闭。

✧　已经关闭的订单表示该项业务已经执行完毕或无法执行。

7. 数据备份

退出"企业门户"，在系统管理中由系统管理员执行"账套"/"输出"命令，将数据存储在"E：\U8-V10.1供应链数据备份\606-3-2"中。

3.2.4　评价考核

1. 评价标准

根据项目实施的情况，实行过程评价与结果评价相结合的评价方式，评价标准如表3-2-3所示。

表 3-2-3　　　　　　　　　　　评价标准　　　　　　　　　　　单位：分

评价类别	评价属性	评价项目	分数
过程评价（40%）	实训态度	遵章守纪	10
		按要求及时完成	10
		操作细致有耐心	10
		独立完成	10
		小计	40
结果评价（60%）	实施效果	处理销售发票并结算正确	20
		处理应收单或收款单并正确生成凭证	20
		正确结转已销商品的成本并生成凭证	20
		小计	60

2．评定等级

根据得分情况评定等级，如表 3-2-4 所示。

表 3-2-4　　　　　　　　　　　　　　　　评定等级　　　　　　　　　　　　　　　　单位：分

等级标准	优	良	中	及格	不及格
分数区间	≥90	80（含）～90	70（含）～80	60（含）～70	<60
实际得分					

任务 3.3 | 开票直接发货或者先开票后发货的销售业务

云班课——线上导航

安装"蓝墨云"手机客户端，在手机上运行"蓝墨云"，点击右上角"+"，输入邀请码 121388，活动内容见表 3-3-1；翻转课堂资源用微信扫描二维码获取。

表 3-3-1　　　　　　　　　　开票直接发货或者先开票后发货的销售业务线上导航

项目三			销售管理系统		任务 3.3	开票直接发货或者先开票后发货的销售业务		
翻转课堂	性质 场景	对象	学生活动		教师活动		互动活动	
空间分布	前置学习 线上云班课	探索、导学	活动1	认知 学习企业销售环节业务类型中直接发货或先开票后发货的背景知识	活动1	构建 先发货后开票资源库	活动1	教师调查 知识、技能设计方案的难易程度
			活动2	观看 先开票后发货的操作视频及课件	活动2	上传 演示视频、课件等背景知识资料	活动2	学生自评 初学效果
								教师评估调整 教学方案
	课中学习 线下机房实训	归纳、内化	活动3	模拟 3.3.1 完成销售订单的填制与审核工作 3.3.2 完成发票的填制与审核工作 3.3.3 完成发货单及出库单的生成工作 3.3.4 完成应收账款核算工作 3.3.5 完成销货成本核算工作 3.3.6 完成账套备份工作	活动3	演示 先开票后发货销售业务单据处理及会计核算的过程	活动3	教师跟踪 学生团队、学生个人的学习效果
			活动4	反映 知识问题、技能问题	活动4	答疑解惑 纠正操作错误	活动4	师生共同解决问题
								共同调整教学方法
	课后学习 线上云班课	演绎、拓展	活动5	巩固 复习知识点及单项实训	活动5	评价 学习效果	活动5	教师开发 拓展练习、拓展测验
			活动6	自我测试 综合实训	活动6	查看 测试结果	活动6	学生学习经验交流
								教师教学经验交流

3.3.1 背景知识

1．基本认知

该任务主要讲解开票直接发货或者先开票后发货的销售业务。这类业务都可以直接开具发票，系统根据发票自动生成发货单，根据发货单参照生成销售出库单。这两类业务可以是现销业务，也可以是赊销业务。

2．工作过程及岗位要求（见表3-3-2）

表 3-3-2　　　　　　开票直接发货或先开票后发货销售业务工作过程及岗位要求

系统	销售管理系统	库存管理系统	存货核算系统	应付款管理系统
部门	销售部	仓储部	财务部	
岗位操作员	销售员 （401 黄敏）	仓管员 （授权 401 黄敏）	会计员 （202 何静）	会计员 （202 何静）
工作过程				
admin				

3.3.2 任务资料

1．参数设置及要求

① 在销售管理系统中取消普通销售必有订单。

② 在销售管理系统中取消销售生成出库单。

③ 开具销售专用发票并复核。

④ 确认、收取应收款项。

⑤ 生成销售出库单。

⑥ 根据销售出库单确认销售成本（存货采用后进先出法核算）。

⑦ 备份账套。

2．普通销售数据资料

① 2019年1月15日，新月公司派采购员到本公司订购三星笔记本电脑10台，本公司报价5 200元/台。经协商，双方同意的价格为5 000元/台，订单号为D20190115，发货日为当日。本公司开具销售专用发票（XS19160），收到对方的转账支票（ZZ1010278）。采购员当日提货（电脑库）。

② 2019年1月22日，艾青公司采购员到本公司采购CPU 10只，本公司报价1 300元/只，双方协商后的价格为1 200元/只。本公司立即开具销售专用发票（XS19070），于2019年1月25日和2019年1月28日分两批发货（配件库），每次发货5块。对方答应收到货物后，全额支付本次款项和前次款项。

③ 2019年1月25日，新月公司有意向本公司订购神舟笔记本电脑10台。本公司报价4 200元/台，经双方协商，最后以4 000元/台成交。订单号为D20190125，发货日为2019年1月27日。

付款条件为：2/10，1/20，n/30。合同规定现金折扣基数为价税合计额。当日收到对方的电汇（DH00112233），本公司当即开具销售专用发票（XS19080）。

④ 2019 年 1 月 27 日，给新月公司发货（电脑库），确认神舟笔记本电脑出库成本。

⑤ 2019 年 1 月 28 日，新月公司向本公司订购戴尔笔记本电脑 5 台、联想笔记本电脑 5 台。本公司报价为：戴尔笔记本电脑 4 650 元/台，联想笔记本电脑 5 000 元/台。双方协商后的订购价为戴尔笔记本电脑 4 600 元/台，联想笔记本电脑 5 000 元/台。订单号为 D20190128，发货日期 1 月 29日。本公司于 2019 年 1 月 29 日开具销售专用发票（XS19090），对方于当日提取联想笔记本电脑 5台，戴尔笔记本电脑尚未提货。

3.3.3　任务实施

实施要求如下。

（1）开具销售专用发票并复核。

（2）确认、收取应收款项。

（3）确认销售成本。

实训指导如下。

已经完成任务 3.2 的操作，或者引入"606-3-2"文件夹中的账套备份数据，将系统日期修改为2019 年 1 月 31 日，涉及的系统参数设置由账套主管 201 江波处理，销售业务单据由 401 黄敏处理，会计审核及制单由 202 操作员何静处理。

该项业务需要直接手工开具发票，因此，必须将销售管理系统中的"普通销售必有订单"项取消，同时取消库存管理系统中的"销售生成出库单"选项。这样就可以直接开具销售专用发票了。

1．第 1 笔业务的操作处理

该笔业务属于开票直接发货的普通销售业务，可以直接开具销售专用发票，由销售专用发票生成销售发货单、销售出库单，确认收入和应收款项。

（1）在销售管理系统中进行操作。

① 由企业门户进入销售管理系统，执行"设置"/"销售选项"命令，在打开的对话框中取消"普通销售必有订单"和"销售生成出库单"，单击"确定"按钮后退出。

② 执行"供应链"/"销售管理"/"销售订货"/"销售订单"命令，根据第 1 笔业务资料输入一张订单。

③ 执行"销售管理"/"销售开票"/"销售专用发票"命令，打开"销售专用发票"窗口。单击"增加"按钮，生单选择"参照订单"，选择三星笔记本电脑单据后，单击"保存"按钮。

微课：生成现收凭证及结转成本凭证

④ 单击"现结"按钮，打开"现结"窗口，输入结算方式为转账支票，全额支付，输入付款的银行账号（11115676），如图 3-3-1 所示。

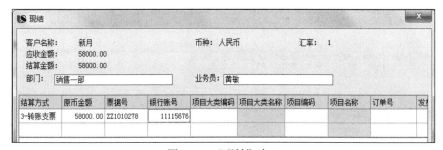

图 3-3-1　"现结"窗口

⑤ 单击"确定"按钮，回到"销售专用发票"窗口，在发票上有"现结"字样。单击"复核"按钮，如图 3-3-2 所示。

图 3-3-2　销售专用发票

⑥ 执行"销售发货"/"发货单"命令，打开"发货单"窗口。系统根据复核后的销售专用发票自动生成一张已经审核的销售发货单，如图 3-3-3 所示。单击"退出"按钮，退出销售管理系统。

图 3-3-3　销售发货单

（2）在库存管理系统中进行操作。

① 执行"出库业务"/"销售出库单"命令，打开"销售出库单"窗口。

② 单击"生单"按钮，系统显示单据过滤窗口。单击"过滤"按钮，系统显示符合条件的单据。选择"显示表体"，系统显示单据内容，选择相应的发货单，如图 3-3-4 所示。

微课：开发票与出库单

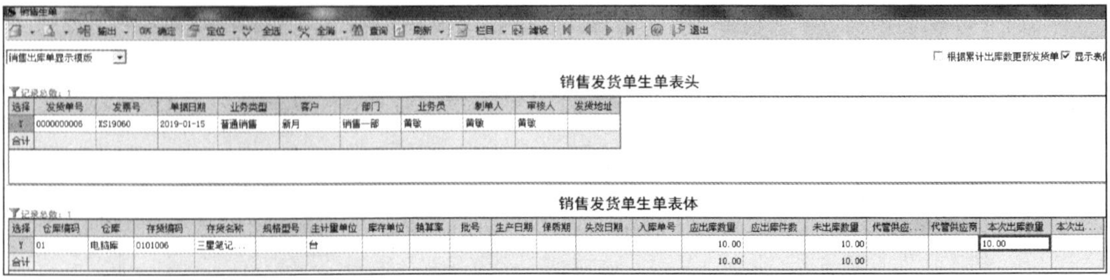

图 3-3-4　选择发货单

③ 单击“确定”按钮，系统自动生成一张销售出库单，单击“保存”按钮，再单击“审核”按钮，如图 3-3-5 所示。

简易桌面
销售出库单
销售出库单
销售出库单打印模版
表体排序
蓝字
红字
合并显示
出库单号 0000000004
出库日期 2019-01-15
仓库 电脑库
出库类别 普通销售
业务类型 普通销售
业务号 XS19060
销售部门 销售一部
业务员 黄敏
客户 新月
审核日期 2019-01-15
备注
存货编码
存货名称
规格型号
主计量单位
数量
单价
金额
1
0101006
三星笔记本电脑
台
10.00
2
21
合计
10.00
制单人 肖建
审核人 肖建
现存量 25.00

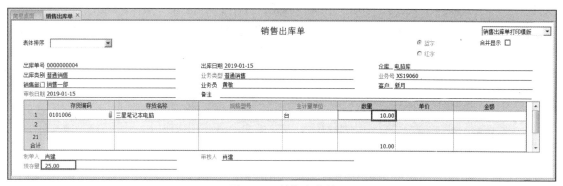

图 3-3-5　销售出库单

（3）在应收款管理系统中进行操作。

① 在企业门户中，选择“业务工作”/“财务会计”/“应收款管理”，进入应收款管理系统。

② 执行“应收单据处理”/“应收单据审核”命令，打开“应收单查询条件”对话框，选择“包含已现结发票”复选框，如图 3-3-6 所示。

应收单查询条件
单据名称
单据类型
全部
客户
部门
业务员
单据编号
单据日期
2019-01-01
2019-01-15
审核日期
币种
方向
原币金额
本币金额
业务类型
销售类型
制单人
存货分类
存货
存货规格
合同类型
合同号
发货单
未审核
已审核
复核人
批审
包含已现结发票
确定
取消
已制单
未制单

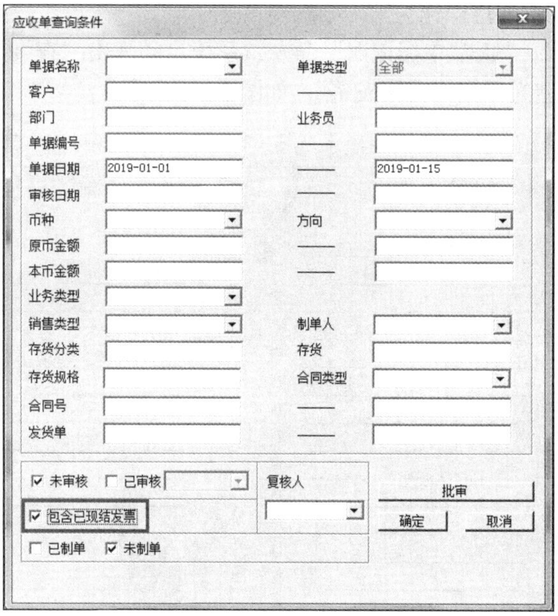

图 3-3-6　单据过滤条件

③ 单击“确定”按钮，选择需要审核的单据，在记录的“选择”栏里双击，出现“Y”即表示选择成功，如图 3-3-7 所示。

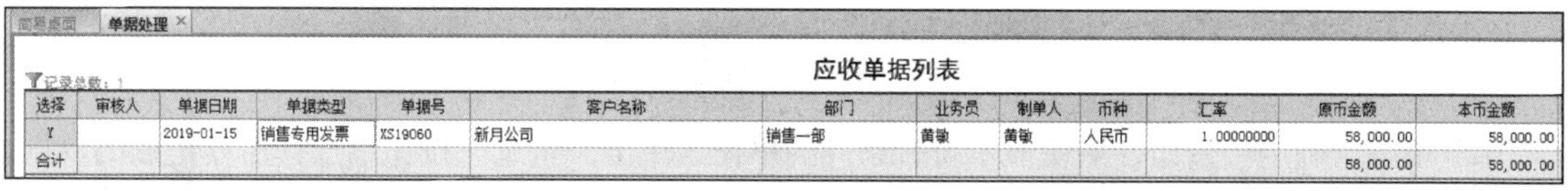

简易桌面
单据处理
应收单据列表
记录总数：1
选择
审核人
单据日期
单据类型
单据号
客户名称
部门
业务员
制单人
币种
汇率
原币金额
本币金额
Y
2019-01-15
销售专用发票
XS19060
新月公司
销售一部
黄敏
黄敏
人民币
1.00000000
58,000.00
58,000.00
合计
58,000.00
58,000.00

图 3-3-7　应收单据选择

④ 单击"审核"按钮，完成审核。

⑤ 执行"应收款管理"/"制单处理"命令，系统自动打开"制单查询"对话框。设置单据过滤条件，选中"现结制单"复选框。单击"确定"按钮，打开"现结制单"窗口，单击"全选"按钮。

⑥ 选择"凭证类型"为"收款凭证"，单击"制单"按钮，系统自动生成一张凭证，单击"保存"按钮，如图 3-3-8 所示。再单击"退出"按钮，退出应收款管理系统。

图 3-3-8　收款凭证

（4）在存货核算系统中进行操作。

① 执行"业务核算"/"正常单据记账"命令，系统自动弹出"查询条件选择"窗口。设置仓库为"电脑库"，单据类型为"销售专用发票"，如图 3-3-9 所示。

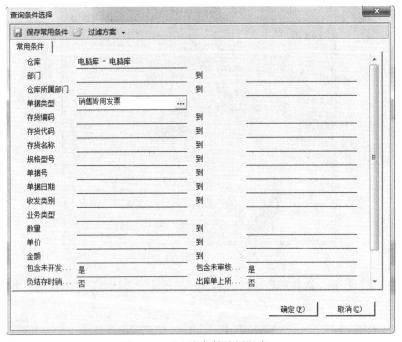

图 3-3-9　"查询条件选择"窗口

② 单击"确定"按钮，系统显示符合条件的单据。单击"全选"按钮，选择需要记账的单据，如图 3-3-10 所示。单击"记账"按钮后退出。

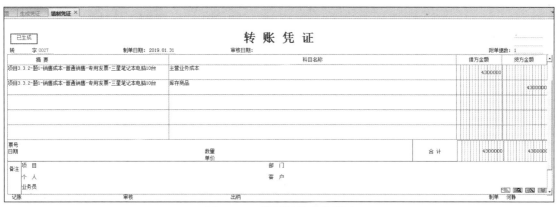

图 3-3-10　正常单据记账列表

③ 执行"财务核算"/"生成凭证"命令，打开"生成凭证"窗口。单击"选择"按钮，打开生成凭证的"查询条件"对话框。选中"销售专用发票"复选框，单击"确定"按钮。在打开的"未生成凭证单据一览表"中，选择需要生成凭证的单据。

④ 返回"生成凭证"窗口，核对入账科目是否正确。单击"生成"按钮，系统生成一张结转销售成本的凭证，单击"保存"按钮，如图 3-3-11 所示。单击"退出"按钮后退出系统。

图 3-3-11　结转销售成本凭证

◇　只有在基础档案中设置了开户银行、税号等信息的客户，才能开具销售专用发票，否则只能开具普通销售发票。

◇　根据销售专用发票生成的发货单信息不能修改，发货单日期为操作业务日期。如果需要与发票日期相同，则注册时的日期应该与发票日期相同，否则发货单日期不等于发票日期。其他由系统自动生成的单据或凭证也是系统注册的日期。

◇　根据发货单生成销售出库单时，可以修改出库数量，即可以分次出库。

2．第 2 笔业务的操作处理

该笔业务属于开票直接发货的普通销售业务，可以直接开具销售专用发票，由销售专用发票生成销售发货单，分次生成销售出库单，确认应收款项。

（1）在销售管理系统中进行操作。

① 执行"供应链"/"销售管理"/"销售开票"/"销售专用发票"命令，打开"销售专用发票"窗口。单击"增加"按钮，系统自动弹出"选择发货单"

微课：一次开票分批发货

窗口。单击"取消"按钮，关闭该对话框，进入"销售专用发票"窗口。按 3.3.2 所给资料，手工输入发票的表头和表体信息，税率为 16，对系统弹出"将按照表头税率统一表体税率，是否继续？"的提示框，选"是"，单击"保存"按钮，单击"复核"按钮，如图 3-3-12 所示。

② 执行"销售发货"/"发货单"命令，打开"发货单"窗口。系统根据复核后的销售专用发票自动生成一张已经审核的销售发货单，如图 3-3-13 所示。需要说明的是：由发票自动生成的发货

单数量，系统不允许在发货单上直接修改，分批发货要在出库单中生单时修改每个批次的数量。单击"退出"按钮，退出销售管理系统。

图 3-3-12　销售专用发票

图 3-3-13　销售发货单

（2）在库存管理系统中进行操作。

① 执行"库存管理"/"出库业务"/"销售出库单"命令，打开"销售出库单"窗口。

② 单击"批量生单"按钮，系统显示单据过滤窗口。单击"显示"按钮，系统显示符合条件的单据。选择"显示表体"，系统显示单据内容。选择相应的发货单，修改出库的日期和数量，将本次出库数量改为"5"，如图 3-3-14 所示。

图 3-3-14　销售出库选择发货单

③ 单击"确定"按钮，系统自动生成一张销售出库单，单击"保存"按钮，再单击"审核"按钮，如图 3-3-15 所示。

图 3-3-15　销售出库单

④ 重复刚才的操作，将出库日期修改为"2019-01-28"，出库数量为"5"，单击"确定"按钮，再生成一张销售出库单，单击"保存"按钮，再单击"审核"按钮，如图 3-3-16 所示。

图 3-3-16　销售出库单

（3）在应收款管理系统中进行操作。

① 在企业门户中，选择"业务"/"财务会计"/"应收款管理"，进入应收款管理系统。

② 执行"日常处理"/"应收单据处理"/"应收单据审核"命令，打开"单据处理"对话框。单击"确定"按钮，选择需要审核的单据，在记录的"选择"栏里双击，出现"Y"即表示选择成功，如图 3-3-17 所示。

微课：应收会计
凭证

选择	审核人	单据日期	单据类型	单据号	客户名称	部门	业务员	制单人	币种	汇率	原币金额	本币金额
Y		2019-01-22	销售专	XS19070	艾青公司	销售二部	陈利	黄毅	人民币	1.00000000	13,920.00	13,920.00
合计											13,920.00	13,920.00

图 3-3-17　应收单据选择

③ 单击"审核"按钮，完成审核。

④ 执行"应收款管理"/"制单处理"命令，系统自动打开"制单查询"对话框。设置单据过滤条件，选中"发票制单"复选框。单击"确定"按钮，打开"发票制单"窗口，单击"全选"按钮。

⑤ 选择"凭证类型"为"转账凭证"，单击"制单"按钮，系统自动生成一张凭证，单击"保

存"按钮，如图 3-3-18 所示。再单击"退出"按钮，退出应收款管理系统。

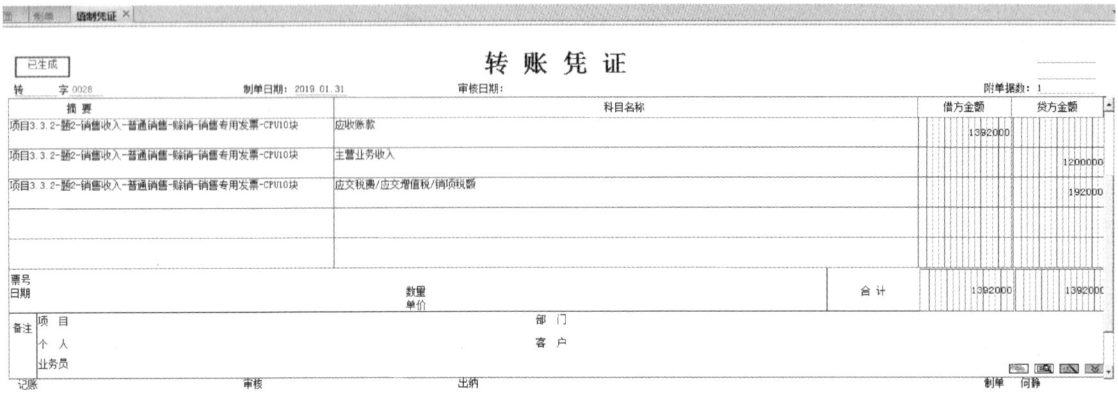

图 3-3-18 转账凭证

⑥ 配件库商品销售成本月末集中结转。

3. 第3笔业务的操作处理

该笔业务属于开票现结的业务，需要开具销售专用发票，并进行现结，确认收入。因客户在付款条件优惠期间内付款，故所发生的现金折扣应抵扣应收款项并计入财务费用。

（1）在销售管理系统中进行操作。

① 执行"销售管理"/"销售订货"/"销售订单"命令，根据所给资料输入销售订单信息，修改税率为 16%，审核后退出，如图 3-3-19 所示。

图 3-3-19 销售订单

② 执行"销售管理"/"销售开票"/"销售专用发票"命令，打开"销售专用发票"窗口。单击"生单"按钮，选择"参照订单"，输入过滤客户为"新月公司"，单击"确定"，选中新月公司订单单据。单击"确定"按钮，系统自动生成一张销售发票，修改发票号，在表体栏目"仓库名称"中输入"电脑库"，单击"保存"按钮。

③ 单击"现结"按钮，打开"现结"窗口，输入结算方式为电汇，现结金额为价税总额减扣现金折扣后的余额，即 46 400×（1-2%）=45 472（元），输入电汇票号 DH00112233，如图 3-3-20 所示。

④ 单击"确定"按钮，回到"销售专用发票"窗口，在发票上有"现结"字样。单击"复核"按钮，如图 3-3-21 所示。

图 3-3-20 "现结"窗口

图 3-3-21 销售专用发票

（2）在应收款管理系统中进行操作。

① 执行"应收款管理"/"应收单据处理"/"应收单据录入"命令，输入一张方向为"负向"的红字收款单。现金折扣金额为 46 400×0.02=928 元，计入"财务费用"科目，冲销"应收账款"科目，保存后暂不审核制单，如图 3-3-22 所示。

微课：有现金折扣的收款凭证

图 3-3-22 应收单

② 执行"应收款管理"/"应收单据处理"/"应收单据审核"命令，打开"单据处理"对话框。选择"包含已现结发票"，单击"确定"按钮，在"应收单据列表"上方单击"全选"按钮，出现两个"Y"即表示选择成功，再单击"审核"按钮，完成审核，如图 3-3-23 所示。

选择	审核人	单据日期	单据类型	单据号	客户名称	部门	业务员	制单人	币种	汇率	原币金额	本币金额
Y		2019-01-25	其他应收单	0000000003	新月公司	财务部	何静	何静	人民币	1.00000000	-928.00	-928.00
Y		2019-01-25	销售专…	XS19080	新月公司	销售一部	黄敏	黄敏	人民币	1.00000000	46,400.00	46,400.00
合计											45,472.00	45,472.00

图 3-3-23 应收单据选择

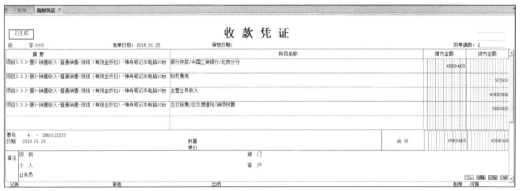

③ 执行"应收款管理"/"制单处理"命令，系统自动打开"制单查询"对话框。设置单据过滤条件，选中"发票制单""应收单制单""现结制单"复选框。单击"确定"按钮，打开"应收单制单"窗口，单击"合并"按钮。

④ 选择"凭证类型"为"收款凭证"，单击"制单合并"按钮，系统自动生成一张凭证。输入"财务费用"科目，并修改摘要内容，移动凭证右侧滑动条至下部，显示凭证中抵扣应收款之后的内容（即现金折扣与应收款正负相抵的部分暂不显示），单击"保存"按钮，如图 3-3-24 所示。单击"退出"按钮，退出应收款管理系统。

图 3-3-24　收款凭证

需要说明是，本例也可以将现收与现金折扣分别生成 2 张凭证，其中反映现金折扣的凭证为红字借记应收账款 928，红字贷记财务费用 928；反映现收的凭证为借记应收账款 928，借记银行存款 45 472，贷记主营业务收入 40 000，贷记应交税费——应交增值税——销项税额 6 400。

4. 第 4 笔业务的操作处理

该笔业务是第 3 笔业务的继续，需要生成销售发货单、销售出库单，并结转销售成本。

（1）在销售管理系统中进行操作。

执行"销售管理"/"销售发货"/"发货单"命令，打开"发货单"窗口。系统根据复核后的销售专用发票自动生成一张已经审核的销售发货单，如图 3-3-25 所示。单击"退出"按钮，退出销售管理系统。

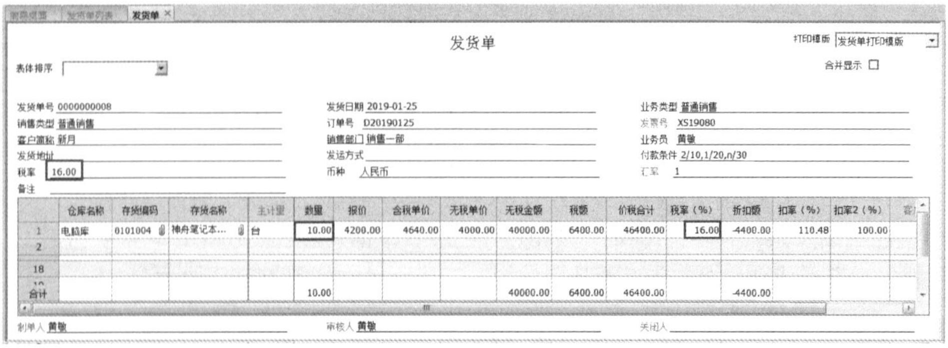

微课：结转销售成本

图 3-3-25　销售发货单

（2）在库存管理系统中进行操作。

① 执行"库存管理"/"销售出库单"命令，打开"销售出库单"窗口。

② 单击"销售生单"按钮，系统显示单据过滤窗口。单击"显示"按钮，系统显示符合条件的单据，选择"显示表体"，系统显示单据内容，选择相应的发货单，并确认出库单数量。

③ 单击"确定"按钮，系统自动生成一张销售出库单，修改日期为 2019-01-27，单击"保存"按钮，再单击"审核"按钮，如图 3-3-26 所示。

图 3-3-26　销售出库单

（3）在存货核算系统中进行操作。

① 执行"业务核算"/"正常单据记账"命令，系统自动弹出"正常单据记账列表"，设置条件为"电脑库"，单据类型为"销售专用发票"。

② 单击"确定"按钮，系统显示符合条件的单据。单击"全选"按钮，选择需要记账的单据，如图 3-3-27 所示，单击"记账"按钮后退出。

图 3-3-27　正常单据记账列表

③ 执行"财务核算"/"生成凭证"命令，打开"生成凭证"窗口。单击"选择"按钮，打开生成凭证的"查询条件"对话框。选中"销售专用发票"复选框，单击"确定"按钮。在打开的"未生成凭证单据一览表"中选择需要生成凭证的单据。

④ 返回"生成凭证"窗口，核对入账科目是否正确，如图 3-3-28 所示。

选择	单据类型	单据号	摘要	科目类型	科目编码	科目名称	借方金额	贷方金额	借方数量	贷方数量	科目方向	存货编码	存货名称	部门名称	业务员名称	供应商名称	客户名称	单据日期
1	专用发票	XS19080	专用发票	对方	6401	主营业务成本	16,000.00			5.00	1	0101004	神舟笔记本电脑	销售一部	黄敏		新月公司	2019-01-25
				存货	1405	库存商品		16,000.00	5.00		2	0101004	神舟笔记本电脑	销售一部	黄敏		新月公司	2019-01-25
				对方	6401	主营业务成本	17,777.80			5.00	1	0101004	神舟笔记本电脑	销售一部	黄敏		新月公司	2019-01-25
				存货	1405	库存商品		17,777.80	5.00		2	0101004	神舟笔记本电脑	销售一部	黄敏		新月公司	2019-01-25
合计							33,777.80	33,777.80										

图 3-3-28　"生成凭证"窗口

⑤ 单击"合成"按钮，系统生成一张结转销售成本的凭证，单击"保存"按钮，如图 3-3-29 所示。单击"退出"按钮后退出。

　小提示　电脑库采用"先进先出法"核算存货，该笔业务内含有两种不同的购进价格。

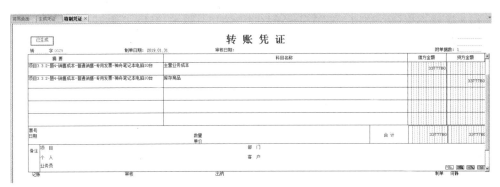

图 3-3-29　结转销售成本的凭证

5. 第5笔业务的操作处理

该笔业务也是先开票后发货的业务，需要开具销售专用发票，生成发货单、销售出库单，确认应收款项，并核定已销存货成本。

（1）在销售管理系统中进行操作。

微课：一次开票
分次提货

① 执行"销售开票"/"销售专用发票"命令，单击"增加"按钮，按 3.3.2 所给资料手工输入销售专用发票的相关信息，税率修改为 16%，或先输入一张销售订单，再根据订单生单。完成发票信息核对后，单击"保存"按钮，再单击"复核"按钮，如图 3-3-30 所示。

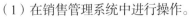

图 3-3-30　销售专用发票

② 执行"销售发货"/"发货单"命令，打开"发货单"窗口，系统自动根据复核后的销售专用发票生成一张已审核的发货单，如图 3-3-31 所示。

图 3-3-31　发货单

（2）在库存管理系统中进行操作。

① 执行"出库"/"销售出库单"命令，打开"销售出库单"窗口。单击"生单"按钮，系统显示单据过滤窗口。单击"显示"按钮，系统显示符合条件的单据。选择联想笔记本电脑的发货单，并修改戴尔笔记本的数量此次为 0，如图 3-3-32 所示。

图 3-3-32　选择出库发货单

② 单击"确定"按钮，系统自动生成一张销售出库单，单击"保存"按钮，再单击"审核"按钮，如图 3-3-33 所示。

图 3-3-33　销售出库单

（3）在应收款管理系统中进行操作。

① 执行"应收款管理"/"应收单据处理"/"应收单据审核"命令，打开"单据处理"对话框。选择"包含已现结发票"，单击"确定"按钮，选择需要审核的单据，在记录的"选择"栏里双击，出现"Y"即表示选择成功，如图 3-3-34 所示。

选择	审核人	单据日期	单据类型	单据号	客户名称	部门	业务员	制单人	币种	汇率	原币金额	本币金额
Y		2019-01-28	销售专	XS19090	新月公司	销售一部	黄敏	黄敏	人民币	1.00000000	55,680.00	55,680.00
合计											55,680.00	55,680.00

图 3-3-34　应收单据列表

② 单击"审核"按钮，完成审核。

③ 执行"应收款管理"/"制单处理"命令，系统自动打开"制单查询"对话框。设置单据过滤条件，选中"发票制单"复选框。单击"确定"按钮，打开"发票制单"窗口，单击"全选"按钮。

④ 选择"凭证类型"为"转账凭证"，单击"制单"按钮，系统自动生成一张凭证，单击"保存"按钮，如图 3-3-35 所示。再单击"退出"按钮，退出应收款管理系统。

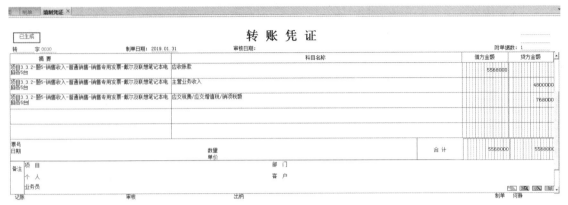

图 3-3-35　转账凭证

（4）在存货核算系统中进行操作。

① 执行"业务核算"/"正常单据记账"命令，系统自动弹出"正常单据记账列表"。设置仓库为"电脑库"，单据类型为"专用发票"，并指定单据日期为 2019-01-28。

② 单击"确定"按钮，系统显示符合条件的单据。单击"全选"，选择需要记账的单据，如图 3-3-36 所示，单击"记账"后退出。

选择	日期	单据号	存货编码	存货名称	规格型号	存货代码	单据类型	仓库名称	收发类别	数量	单价	金额
Y	2019-01-28	XS19090	0101002	戴尔笔记本电脑			专用发票	电脑库	普通销售	5.00		
Y	2019-01-28	XS19090	0101001	联想笔记本电脑			专用发票	电脑库	普通销售	5.00		
小计										10.00		

图 3-3-36　正常单据记账列表

③ 执行"财务核算"/"生成凭证"命令，打开"生成凭证"窗口。单击"选择"按钮，打开生成凭证的"查询条件"对话框。选中"销售专用发票"复选框，单击"确定"按钮。在打开的"未生成凭证单据一览表"中，选择需要生成凭证的单据，如图 3-3-37 所示。

选择	记账日期	单据日期	单据类型	单据号	仓库	收发类别	记账人	部门	部门编码	业务单号	业务类型	计价方式	备注	摘要	供应商	客户
1	2019-01-31	2019-01-28	专用发票	XS19090	电脑库	普通销售	何静	销售一部	401		普通销售	先进先出法		专用发票		新月公司

图 3-3-37　未生成凭证单据一览表

④ 返回"生成凭证"窗口，核对入账科目是否正确。如图 3-3-38 所示。

凭证类别　转 转账凭证

选择	单据类型	单据号	摘要	科目类型	科目编码	科目名称	借方金额	货方金额	借方数量	货方数量	科目方向	存货编码	存货名称	部门名称	业务员名称	供应商名称	客户名称	单据日期
1	专用发票	XS18090	专用发票	对方	6401	主营业务成本	20,000.00		5.00		1	0101002	戴尔笔记本电脑	销售一部	黄敏		新月公司	2019-01-28
				存货	1405	库存商品		20,000.00		5.00	2	0101002	戴尔笔记本电脑	销售一部	黄敏		新月公司	2019-01-28
				对方	6401	主营业务成本	21,000.00		5.00		1	0101001	联想笔记本电脑	销售一部	黄敏		新月公司	2019-01-28
				存货	1405	库存商品		21,000.00		5.00	2	0101001	联想笔记本电脑	销售一部	黄敏		新月公司	2019-01-28
合计							41,000.00	41,000.00										

图 3-3-38　对应科目

⑤ 单击"合成"按钮，系统生成一张结转销售成本的凭证，单击"保存"按钮，如图 3-3-39 所示。单击"退出"按钮后退出。

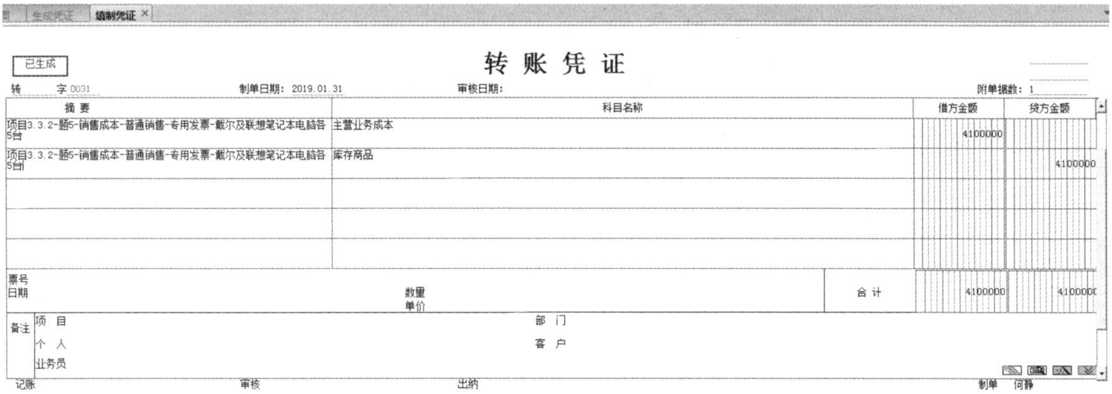

图 3-3-39 结转销售成本凭证

6．数据备份

退出"企业门户"，在系统管理中由系统管理员执行"账套"/"输出"命令，将数据存储在"E：\供应链数据\606-3-3"中。

3.3.4 评价考核

1．评价标准

根据项目实施的情况，实行过程评价与结果评价相结合的评价方式，评价标准如表 3-3-3 所示。

表 3-3-3   评价标准   单位：分

评价类别	评价属性	评价项目	分数
过程评价（40%）	实训态度	遵章守纪	10
		按要求及时完成	10
		操作细致有耐心	10
		独立完成	10
		小计	40
结果评价（60%）	实施效果	正确开具销售专用发票并结算	20
		确认应收或收取款项并正确生成凭证	20
		正确结转销售成本	20
		小计	60

2．评定等级

根据得分情况评定等级，如表 3-3-4 所示。

表 3-3-4   评定等级   单位：分

等级标准	优	良	中	及格	不及格
分数区间	≥90	80（含）～90	70（含）～80	60（含）～70	<60
实际得分					

任务 3.4 | 销售退货业务

云班课——线上导航

安装"蓝墨云"手机客户端，在手机上运行"蓝墨云"，点击右上角"+"，输入邀请码 121388，活动内容见表 3-4-1；翻转课堂资源用微信扫描二维码获取。

表 3-4-1 　　　　　　　　　　　　　　销售退货业务线上导航

项目三　销售管理系统					任务 3.4　销售退货业务			
翻转课堂	性质	对象场景	学生活动		教师活动		互动活动	
空间分布	前置学习	线上云班课	探索、导学	活动1	认知 学习企业销售业务类型中销售退货的背景知识	活动1	构建 销售退货资源库	活动1	教师调查 知识、技能设计方案的难易程度
				活动2	观看 销售退货的操作视频及课件	活动2	上传 演示视频、课件等背景知识资料	活动2	学生自评 初学效果
									教师评估调整 教学方案
	课中学习	线下机房实训	归纳、内化	活动3	模拟 3.4.1 完成退货单的填制与审核工作 3.4.2 完成红字入库单的生成工作 3.4.3 完成红字出库单的生成工作 3.4.4 完成红字应收账款核算工作 3.4.5 完成红字销货成本核算工作 3.4.6 完成账套备份工作	活动3	演示 销售退货的业务单据处理及会计核算过程	活动3	教师跟踪 学生团队、学生个人的学习效果
				活动4	反映 知识问题、技能问题	活动4	答疑解惑 纠正操作错误	活动4	师生共同解决问题
									共同调整教学方法
	课后学习	线上云班课	演绎、拓展	活动5	巩固 复习知识点及单项实训	活动5	评价 学习效果	活动5	教师开发 拓展练习、拓展测验
				活动6	自我测试 综合实训	活动6	查看 测试结果	活动6	学生学习经验交流
									教师教学经验交流

3.4.1 背景知识

1. 基本认知

销售退货是指客户因质量、品种、数量等不符合要求而将已购货物退回。销售退货业务包括普通销售退货业务和委托代销退货业务，分为开具发票前退货和开具发票后退货、委托代销结算前退货和委托代销结算后退货，不同阶段发生的退货业务对应不同的处理方式。

2. 工作过程与岗位要求（见表 3-4-2）

表 3-4-2　　　　　　　　　　　　销售退货业务工作过程及岗位要求

系统	销售管理系统	库存管理系统	存货核算系统	应收款管理系统
部门	销售部	仓储部	财务部	
岗位操作员	销售员（401 黄敏）	仓管员（授权 501 肖健）	会计员（202 何静）	会计员（202 何静）
工作过程				
admin				

（1）先发货后开票业务模式下的退货业务处理流程

① 填写退货单，保存并审核。

② 根据退货单生成红字销售出库单，传递到库存管理系统。

③ 填写红字销售发票，复核后的红字销售发票自动传递到应收款管理系统。

④ 红字销售发票经审核形成红字应收款。

⑤ 红字销售出库单在存货核算系统中记账，进行成本处理。

（2）开票直接发货业务模式下的退货业务处理流程

① 填制红字销售发票，复核后自动生成退货单。

② 生成红字销售出库单。

③ 复核后的红字销售发票传递到应收款管理系统，审核后形成红字应收款。

④ 审核后的红字出库单在存货核算系统中记账，进行成本处理。

3.4.2 任务资料

① 2019 年 1 月 17 日，向光华公司销售华硕笔记本电脑 10 台，订单价格为 4 300 元/台，订单号为 D20190117，已经提货。2019 年 1 月 25 日，对方因为质量问题全部退货（收到，入电脑库）。本公司同意退货，该批笔记本电脑于 2019 年 1 月 17 日发货，尚未开具发票。付款条件为：2/10，1/20，n/30。

② 2019 年 1 月 30 日，新月公司提出退回戴尔笔记本电脑 5 台（无税单价：4 600 元；单位成本：4 000 元；2018 年 11 月 29 日已经开票、生成发货单，但尚未出库）。退货发票号为 XS18090-。

③ 2019 年 1 月 30 日，新月公司因质量问题要求退回神舟笔记本电脑 2 台。该笔记本电脑已于 2019 年 1 月 25 日开具销售专用发票并收款，2019 年 1 月 27 日发货并结转销售成本（单位成本 3 200 元），退货发票号为 ZY19080-。同日，财务部根据新月公司的退款要求已开出转账支票（票号 ZZ112244），用于支付 2 台神舟笔记本电脑价税合计退款金额 9 280 元（每台不含税售价 4 000 元）。

④ 2019 年 1 月 31 日，新月公司要求退货，退回三星笔记本电脑 1 台（入电脑库）。该批三星笔记本电脑已于 2019 年 1 月 15 日开具销售发票并收款。本公司同意退货（单位成本：4 300 元），同时办理退款手续（开出一张现金支票，XJ0010）。退货发票号改为 XS18060-。

3.4.3 任务实施

实施要求如下。

（1）录入退货单。

（2）录入或生成红字发票并复核。

（3）审核红字应收单并制单。

实施指导如下。

已经完成实训项目 3.3 的操作，或者引入 E 盘中"606-3-3"文件夹中的账套备份数据，将系统日期修改为 2019 年 1 月 31 日，涉及的系统参数设置由账套主管 201 江波处理，销售业务单据由 401 黄敏处理，会计审核及制单由 202 操作员何静处理。

1. 第 1 笔业务的操作处理

该笔业务属于已经发货但未开具销售专用发票的全额退货业务，只涉及发货单和出库单。

（1）在销售管理系统中进行操作。

① 执行"销售订货"/"销售订单"命令，打开"销售订单"窗口。单击"增加"按钮，输入销售订单的相关信息，修改税率为 16，单击"保存"按钮，再单击"审核"按钮，如图 3-4-1 所示。

微课：未开发票的
退货处理

图 3-4-1　销售订单

②执行"销售发货"/"发货单"命令,单击"增加"按钮,系统自动弹出"发订单"窗口。选择刚才输入的订单,单击"确定"按钮,修改发货日期,补充仓库后单击"保存"按钮,再单击"审核"按钮,如图3-4-2所示。

图 3-4-2　发货单

(2)在库存管理系统中进行操作。

执行"出库业务"/"销售出库单"命令,打开"销售出库单"窗口。单击"生单"按钮,选择上一步生成的发货单,单击"确定"按钮后生成一张销售出库单,保存并审核,如图3-4-3所示。

图 3-4-3　销售出库单

(3)在销售管理系统中进行操作。

①回到销售管理系统,执行"销售发货"/"退货单"命令,打开"退货单"窗口。

②单击"增加"按钮,生单过滤条件时,退货类型选择"未开发票退货",客户为"光华",存货为"华硕"笔记本电脑,在打开的"参照生单"窗口中选择对应的单据,如图3-4-4所示。

图 3-4-4　退货选择发货单

③单击"确定"按钮,系统自动生成退货单,修改退货日期,修改销售类型为"销售退回"保存并审核,如图3-4-5所示。

图 3-4-5　退货单

（4）在库存管理系统中进行操作。

① 执行"出库业务"/"销售出库单"命令，打开"销售生单"窗口。单击"生单"按钮，选择发货单，如图 3-4-6 所示。

图 3-4-6　选择生成红字出库单的单据

② 单击"确定"按钮后，生成一张红字销售出库单，保存并审核，如图 3-4-7 所示。

图 3-4-7　红字销售出库单

◇　退货单上的存货数量为负数。

◇　退货单可以参照销售订单、发货单生成，也可以手工输入。参照生成时，单击退货单上的"订单"或"发货"按钮，即可参照生成。

◇　参照发货单生成的退货单直接冲减原发货单数量，因而该退货单无法生成红字销售发票，但可以在"发货单列表"中被查询。

◇　如果销售选项中设置了"销售生成出库单"，则发货单审核时自动生成销售出库单，退货单审核时自动生成红字销售出库单。

2．第 2 笔业务的操作处理

该笔业务属于先开票后发货的销售业务。退货时，需要输入退货单，开具红字专用销售发票。由于尚未出库，故不必生成红字销售出库单。

微课：已开发票未出库的退货处理

（1）在销售管理系统中进行操作。

① 执行“销售发货”/“退货单”命令，单击“生单”按钮，选择“参照订单”，过滤单据时选择“新月公司”“戴尔”，单击“确定”按钮，打开“参照订单”窗口，如图 3-4-8 所示。

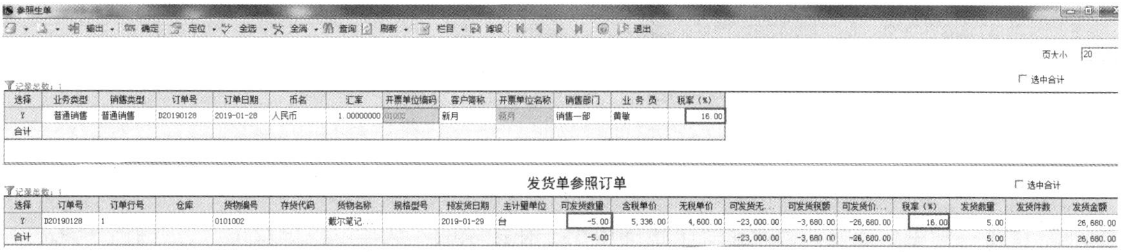

选择	业务类型	销售类型	订单号	订单日期	币名	汇率	开票单位编码	客户简称	开票单位名称	销售部门	业务员	税率（%）
Y	普通销售	普通销售	D20190128	2019-01-28	人民币	1.00000000	01002	新月	新月	销售一部	黄敏	16.00
合计												

发货单参照订单

选择	订单号	订单行号	仓库	货物编号	存货代码	货物名称	规格型号	预发货日期	主计量单位	可发货数量	含税单价	无税单价	可发货无…	可发货税额	可发货价…	税率（%）	发货数量	发货件数	发货金额
Y	D20190128	1		0101002		戴尔笔记…		2019-01-29	台	-5.00	5,336.00	4,600.00	-23,000.00	-3,680.00	-26,680.00	16.00	5.00		26,680.00
合计										-5.00			-23,000.00	-3,680.00	-26,680.00		5.00		26,680.00

图 3-4-8　发货单参照订单

② 双击选择栏目，选中戴尔笔记本电脑单据，再单击“确定”按钮进入“退货单”界面，修改销售类型为“销售退回”，输入仓库名称“电脑库”，生成一张退货单，核对退货信息后单击“保存”按钮，并单击“审核”按钮，如图 3-4-9 所示。

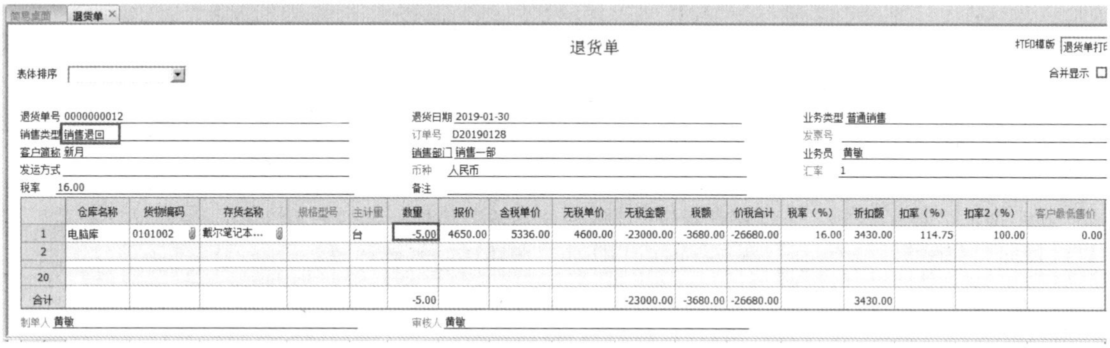

	仓库名称	货物编码	存货名称	规格型号	主计量	数量	报价	含税单价	无税单价	无税金额	税额	价税合计	税率（%）	折扣额	扣率（%）	扣率2（%）	客户最低售价
1	电脑库	0101002	戴尔笔记本…		台	-5.00	4650.00	5336.00	4600.00	-23000.00	-3680.00	-26680.00	16.00	3430.00	114.75	100.00	0.00
2																	
20																	
合计						-5.00				-23000.00	-3680.00	-26680.00		3430.00			

图 3-4-9　退货单

③ 执行“销售开票”/“红字专用销售发票”命令，系统自动显示“参照生单”窗口。过滤单据时发货类型选择“红字记录”，单击“确定显示”按钮，选择刚才填写的退货单，如图 3-4-10 所示。

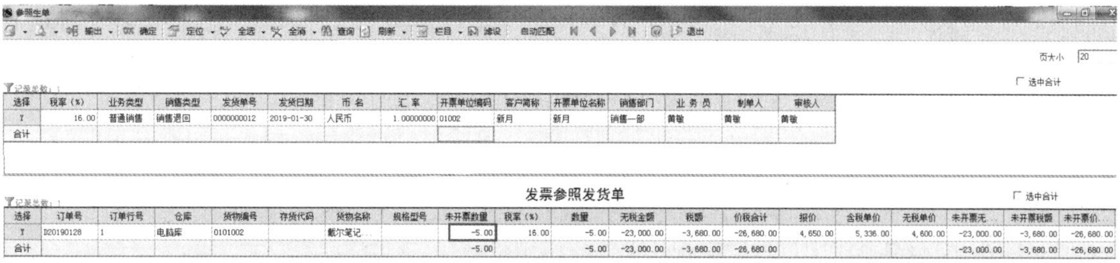

选择	税率（%）	业务类型	销售类型	发货单号	发货日期	币名	汇率	开票单位编码	客户简称	开票单位名称	销售部门	业务员	制单人	审核人
Y	16.00	普通销售	销售退回	0000000012	2019-01-30	人民币	1.00000000	01002	新月	新月	销售一部	黄敏	黄敏	黄敏
合计														

发票参照发货单

选择	订单号	订单行号	仓库	货物编号	存货代码	货物名称	规格型号	未开票数量	税率（%）	数量	无税金额	税额	价税合计	报价	含税单价	无税单价	未开票无…	未开票税额	未开票价…
Y	D20190128	1	电脑库	0101002		戴尔笔记…		-5.00	16.00	-5.00	-23,000.00	-3,680.00	-26,680.00	4,650.00	5,336.00	4,600.00	-23,000.00	-3,680.00	-26,680.00
合计								-5.00		-5.00	-23,000.00	-3,680.00	-26,680.00				-23,000.00	-3,680.00	-26,680.00

图 3-4-10　选择发货单

④ 单击“确定”按钮，生成红字销售专用发票，保存并复核，如图 3-4-11 所示。

图 3-4-11　红字销售专用发票

（2）在应收款管理系统中进行操作。

① 执行"应收单据处理"/"应收单据审核"命令，打开"单据处理"对话框。单击"确定"按钮，选择需要审核的单据，在记录的"选择"栏里双击，出现"Y"表示选择成功，如图 3-4-12 所示。

② 单击"审核"按钮，完成审核。

③ 执行"应收款管理"/"制单处理"命令，系统自动打开"制单查询"对话框。设置单据过滤条件，选中"发票制单"复选框。单击"确定"按钮，打开"发票制单"窗口，单击"全选"按钮。

微课：销售退货的
会计处理

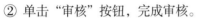

图 3-4-12　应收单据选择

④ 选择"凭证类型"为"转账凭证"，单击"制单"按钮，系统自动生成一张凭证，单击"保存"按钮，如图 3-4-13 所示。单击"退出"按钮，退出应收款管理系统。

图 3-4-13　红字应收款凭证

（3）在存货核算系统中进行操作。

① 执行"业务核算"/"正常单据记账"命令，系统自动弹出"正常单据记账条件"窗口。设置仓库为"电脑库"，设置单据类型为"销售专用发票"。

② 单击"确定"按钮，系统显示符合条件的单据。单击"全选"按钮，选择需要记账的单据，

如图 3-4-14 所示。单击“记账”按钮，系统弹出“手工输入单价列表”窗口，输入成本单价 4 000 元，如图 3-4-15 所示。

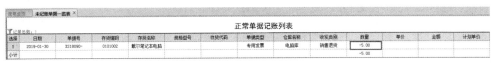

选择	日期	单据号	存货编码	存货名称	规格型号	存货代码	单据类型	仓库名称	收发类别	数量	单价	金额	计划单价
Y	2019-01-30	XS18090-	0101002	戴尔笔记本电脑			专用发票	电脑库	销售退货	-5.00			
小计										-5.00			

图 3-4-14　正常单据记账

选择	存货编码	存货名称	存货代码	规格型号	部门编码	仓库编码	仓库名称	部门名称	单价	存货自由项1
Y	0101002	戴尔笔记本电脑				01	电脑库		4,000.00	
小计										

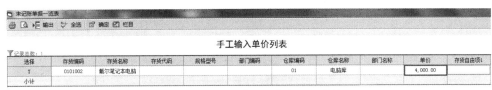

图 3-4-15　手工输入退货商品的单价

③ 执行“财务核算”/“生成凭证”命令，打开“生成凭证”窗口。单击“选择”按钮，打开生成凭证的“查询条件”对话框。选中“销售专用发票”复选框，单击“确定”按钮。在打开的“未生成凭证单据一览表”中，选择电脑库需要生成凭证的单据，如图 3-4-16 所示。

选择	记账日期	单据日期	单据类型	单据号	仓库	收发类别	记账人	部门	部门编码	业务单号	业务类型	计价方式	备注	摘要	供应商	客户
1	2019-01-31	2019-01-30	专用发票	XS18090-	电脑库	销售退货	何静	销售一部	401		普通销售	先进先出法		专用发票		新月公司

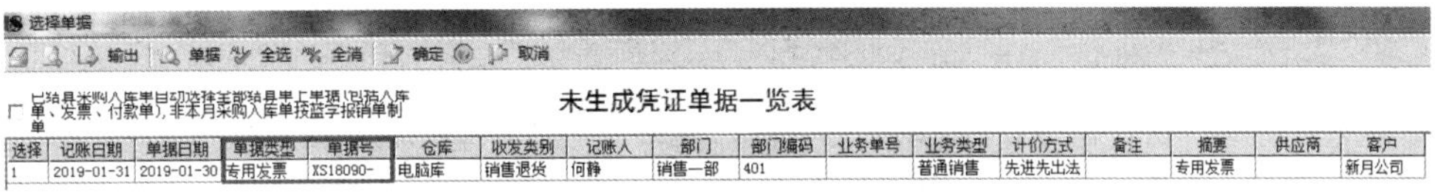

图 3-4-16　未生成凭证单据一览表

④ 返回“生成凭证”窗口，核对结转成本科目及金额，如图 3-4-17 所示。

选择	单据类型	单据号	摘要	科目类型	科目编码	科目名称	借方金额	贷方金额	借方数量	贷方数量	科目方向	存货编码	存货名称	部门名称	业务员名称	供应商名称	客户名称	单据日期
1	专用发票	XS18090-	专用发票	对方	6401	主营业务成本	-20,000.00		-5.00		1	0101002	戴尔笔记本电脑	销售一部	黄敏		新月公司	2019-01-30
				存货	1405	库存商品		-20,000.00		-5.00	2	0101002	戴尔笔记本电脑	销售一部	黄敏		新月公司	2019-01-30
合计							-20,000.00	-20,000.00										

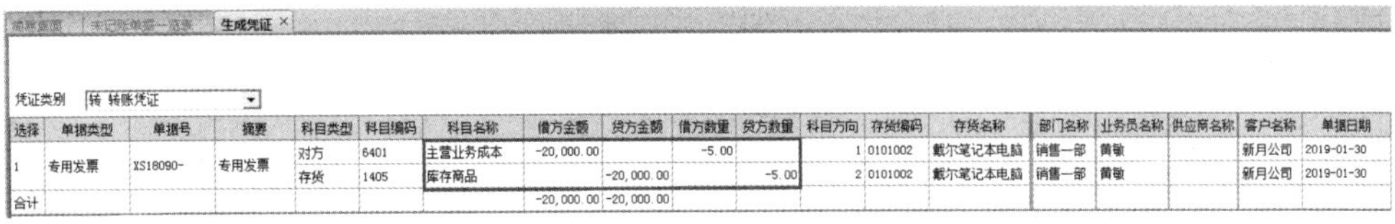

图 3-4-17　成本结转对应科目

⑤ 单击“生成”按钮，系统生成一张红字冲销销售成本的凭证，单击“保存”按钮，如图 3-4-18 所示。单击“退出”按钮后退出。

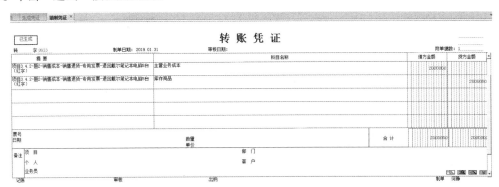

图 3-4-18　红字成本结转凭证

3. 第 3 笔业务的操作处理

该笔业务也属于先开票后发货的销售退货业务，是 3.3.2 中第 3 笔业务的部分退货。该笔业务需要手工输入退货单，开具或生成红字销售专用发票，生成红字销售出库单，冲减收入或应收账款，并冲销已结转的销售成本。未使用现付功能而支付退款时，需对收款单进行转换操作，然后审核红字付款单，生成退款凭证。

微课：销售退货
退款的会计处理

（1）在销售管理系统中进行操作。

① 执行"销售发货"/"退货单"命令，取消弹出的订单窗口，手工填制一张退货单或指定订单号为"D20190125"，自动生成退货单时修改退货数量为"-2"，修改"销售类型"为"销售退回"，并输入电脑库，单击"保存"和"审核"按钮，如图 3-4-19 所示。

图 3-4-19 退货单

② 执行"销售开票"/"红字专用销售发票"命令，"生单"选择"参照发货单"，发货单类型改为"红字记录"，选中刚才填写的退货单，如图 3-4-20 所示。

图 3-4-20 选择发货单

③ 单击"确定"按钮，生成红字专用销售发票，单击"现结"按钮，输入电汇退款-9 280 元，电汇号 DH11224466，修改发票的"销售类型"为"销售退回"，保存并复核，如图 3-4-21 所示。

图 3-4-21 红字销售专用发票

（2）在库存管理系统中进行操作。

执行"出库业务"/"销售出库单"命令，单击"生单"按钮，系统显示"选择发货单"窗口。

选择"新月公司"和"神舟笔记本电脑"的退货单,单击"确定"按钮,生成一张红字销售出库单,保存并审核,如图 3-4-22 所示。

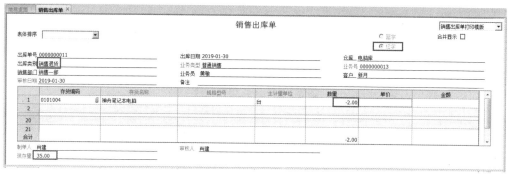

图 3-4-22　红字销售出库单

(3) 在应收款管理系统中进行操作。

① 执行"应收款管理"/"应收单据处理"/"应收单据审核"命令,打开"单据处理"对话框。单击"确定"按钮,选择需要审核的单据,在记录的"选择"栏里双击,出现"Y"即表示选择成功,如图 3-4-23 所示。

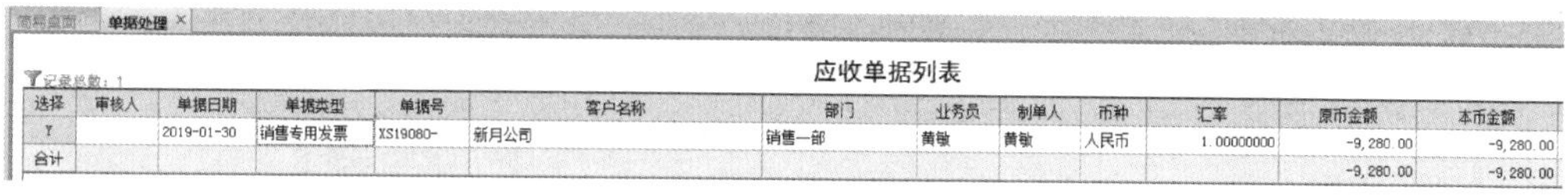

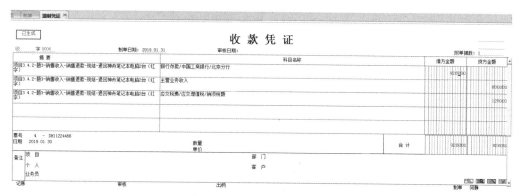

图 3-4-23　应收单据选择

② 单击"审核"按钮,完成审核。

③ 执行"应收款管理"/"制单处理"命令,系统自动打开"制单查询"对话框。设置单据过滤条件,选中"发票制单""现结制单"复选框。单击"确定"按钮,打开"发票制单"窗口,单击"全选"按钮。

④ 选择"凭证类型"为"收款凭证",单击"制单"按钮,系统自动生成一张凭证,单击"保存"按钮,如图 3-4-24 所示。再单击"退出"按钮,退出应收款管理系统。

图 3-4-24　红字应收款凭证

(4) 在存货核算系统中进行操作。

① 执行"业务核算"/"正常单据记账"命令,系统自动弹出"正常单据记账列表",设置仓库为"电脑库",设置单据类型为"销售专用发票"。

② 单击"确认"按钮，系统显示符合条件的单据。单击"全选"按钮，选择需要记账的单据，如图 3-4-25 所示。单击"记账"按钮，系统弹出"手工输入单价列表"，输入单价 3 200 元，如图 3-4-26 所示。

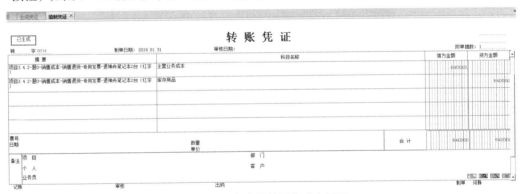

图 3-4-25　正常单据记账

图 3-4-26　手工输入退货商品的单价

③ 执行"财务核算"/"生成凭证"命令，打开"生成凭证"窗口。单击"选择"按钮，打开生成凭证的"查询条件"对话框。选择"销售专用发票"复选框，单击"确定"按钮。在打开的"未生成凭证单据一览表"中，选择需要生成凭证的单据。

④ 返回"生成凭证"窗口，单击"生成"按钮，系统生成一张结转销售成本的凭证，单击"保存"按钮，如图 3-4-27 所示。单击"退出"按钮后退出。

图 3-4-27　红字结转销售成本凭证

4．第 4 笔业务的操作处理

该笔业务属于先开票后直接发货的退货业务，并且已经现结收取款项。该笔业务是 3.3.2 中第 1 笔业务的退货业务。该笔业务需要手工录入退货单，开具或生成红字销售专用发票，生成红字销售出库单，冲减收入和收取的款项，并冲销已结转的销售成本。

微课：销售退货
退款的会计处理

（1）在销售管理系统中进行操作。

① 执行"发货"/"退货单"命令，取消弹出的订单窗口，手工填制一张退货单或"生单"选择"订单"。在打开窗口的表头上，订单号输入"D20190115"，修改数量为"-1"，修改"销售类型"为"销售退回"，修改税率为 16，如图 3-4-28 所示。

② 执行"销售开票"/"红字专用销售发票"命令，系统自动显示"参照生单"窗口。"发货单类型"选择"红字记录"，选择刚才填写的退货单，如图 3-4-29 所示。

图 3-4-28 销售退货单

图 3-4-29 选择发货单

③ 单击"确定"按钮，生成红字专用销售发票，单击"保存"按钮，再单击"现结"按钮，在弹出的"现结"窗口中输入相应信息，如图 3-4-30 所示。单击"确定"按钮，在红字专用销售发票窗口单击"复核"按钮，如图 3-4-31 所示。

图 3-4-30 销售退款现结

图 3-4-31 红字销售专用发票

（2）在库存管理系统中进行操作。

执行"出库"/"销售出库单"命令，单击"生单"按钮，系统显示"选择发货单"窗口。选择"新月公司"和"三星笔记本电脑"的退货单，单击"确定"按钮，生成一张红字销售出库单，保存并审核，如图 3-4-32 所示。

图 3-4-32　红字销售出库单

（3）在应收款管理系统中进行操作。

① 执行"应收单据处理"/"应收单据审核"命令，打开"单据处理"对话框。选择"包含已现结发票"，单击"确定"按钮，选择需要审核的单据，在记录的"选择"栏里双击，出现"Y"即表示选择成功，如图 3-4-33 所示。

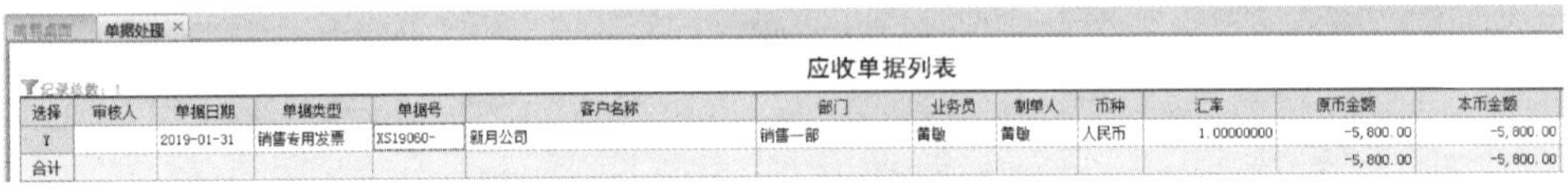

图 3-4-33　应收单据选择

② 单击"审核"按钮，完成审核。

③ 执行"应收款管理"/"制单处理"命令，系统自动打开"制单查询"对话框。设置单据过滤条件，选择"现结制单"复选框。单击"确定"按钮，打开"现结制单"窗口，单击"全选"按钮。

④ 选择"凭证类型"为"收款凭证"，单击"制单"按钮，系统自动生成一张凭证，单击"保存"按钮，如图 3-4-34 所示。再单击"退出"按钮，退出应收款管理系统。

图 3-4-34　红字应收款凭证

（4）在存货核算系统中进行操作。

① 执行"业务核算"/"正常单据记账"命令，系统自动弹出"正常单据记账条件"窗口，设置条件为"电脑库"，单据类型为"销售专用发票"。

② 单击"确定"按钮，系统显示符合条件的单据。单击"全选"按钮，选择需要记账的单据，如图 3-4-35 所示。单击"记账"按钮，系统弹出"手工输入"窗口，输入单价 4 300 元，如图 3-4-36 所示。

③ 执行"财务核算"/"生成凭证"，打开"生成凭证"窗口。单击"选择"按钮，打开生成凭证的"查询条件"对话框。选择"销售专用发票"复选框，单击"确定"按钮。在打开的"未生成凭证单据一览表"窗口中，选择需要生成凭证的单据。

图 3-4-35　正常单据记账列表

图 3-4-36　手工输入退货商品的单价

④ 返回"生成凭证"窗口，单击"生成"按钮，系统生成一张结转销售成本的凭证，单击"保存"按钮，如图 3-4-37 所示。单击"退出"按钮后，退出。

图 3-4-37　红字结转成本凭证

5．数据备份

退出"企业门户"，在系统管理中由系统管理员执行"账套"／"输出"，将数据存储在"E：\供应链数据\606-3-4"中。

3.4.4　评价考核

1．评价标准

根据项目实施的情况，实行过程评价与结果评价相结合的评价方式，评价标准如表 3-4-3 所示。

表 3-4-3　　　　　　　　　　　　　　　　评价标准　　　　　　　　　　　　　　　　单位：分

评价类别	评价属性	评价项目	分数
过程评价 （40%）	实训态度	遵章守纪	10
		按要求及时完成	10
		操作细致有耐心	10
		独立完成	10
		小计	40
结果评价 （60%）	实施效果	正确生成红字专用销售发票	20
		正确填制退货单	20
		审核红字应收单并正确制单	20
		小计	60

2．评定等级

根据得分情况评定等级，如表 3-4-4 所示。

表 3-4-4 　　　　　　　　　　　　　　　　　　　评定等级　　　　　　　　　　　　　　　　　　单位：分

等级标准	优	良	中	及格	不及格
分数区间	≥90	80（含）～90	70（含）～80	60（含）～70	<60
实际得分					

任务 3.5 ｜ 直运销售业务

云班课——线上导航

安装"蓝墨云"手机客户端，在手机上运行"蓝墨云"，点击右上角"+"，输入邀请码 121388，活动内容见表 3-5-1；翻转课堂资源用微信扫描二维码获取。

表 3-5-1 　　　　　　　　　　　　　　　　直运销售业务线上导航

项目三 销售管理系统									任务 3.5 直运销售业务	
翻转课堂	性质 场景	对象		学生活动		教师活动			互动活动	
空间分布	前置学习	线上云班课	探索、导学	活动1	**认知** 学习企业销售业务类型中直运销售的背景知识	活动1	**构建** 直运销售资源库	活动1	**教师调查** 知识、技能设计方案的难易程度	
				活动2	**观看** 直运销售的操作视频及课件	活动2	**上传** 演示视频、课件等背景知识资料	活动2	**学生自评** 初学效果	
									教师评估调整 教学方案	
	课中学习	线下机房实训	归纳、内化	活动3	**模拟** 3.5.1 完成直运销售订单的填制与审核工作 3.5.2 完成直运销售的发票生成工作 3.5.3 完成采购订单的生成工作 3.5.4 完成应收账款核算工作 3.5.5 完成销货成本核算工作 3.5.6 完成账套备份工作	活动3	**演示** 直运销售业务的单据处理及会计核算过程	活动3	**教师跟踪** 学生团队、学生个人的学习效果	
				活动4	**反映** 知识问题、技能问题	活动4	**答疑解惑** 纠正操作错误	活动4	**师生共同** 解决问题	
									共同调整 教学方法	
	课后学习	线上云班课	演绎、拓展	活动5	**巩固** 复习知识点及单项实训	活动5	**评价** 学习效果	活动5	**教师开发** 拓展练习、拓展测验	
				活动6	**自我测试** 综合实训	活动6	**查看** 测试结果	活动6	**学生学习** 经验交流	
									教师教学 经验交流	

3.5.1 背景知识

1. 基本认知

直运业务是指产品无须入库即可完成购销业务，由供应商直接将商品发给企业客户；结算时，由购销双方分别与企业结算。

直运业务包括直运销售业务和直运采购业务，没有实物的出入库，货物直接从供应商流向客户，财务结算通过直运销售发票、直运采购发票进行。直运业务适用于大型电器、汽车、设备等产品的销售。

2. 工作过程及岗位要求（见表 3-5-2）

表 3-5-2　　　　　　　　　　直运销售业务工作过程及岗位要求

系统	销售管理系统	采购管理系统	存货核算系统	应收款管理系统	应付款管理系统
部门	销售部	采购部	财务部		
岗位操作员	销售员（401 黄敏）	采购员（授权301 汪洋）	会计员（202 何静）		
工作过程	直运销售业务				
admin		结束 ← 账套备份 ←			

> **小提示**
> 直运采购发票和直运销售发票互相参照时：
> ◇ 不可超量采购、超量销售。
> ◇ 可以拆单、拆记录。
> ◇ 直运销售发票不可录入仓库，不可录入受托代销属性的存货、"应税劳务"的存货。
> ◇ 采购未完成的直运销售发票（已采购数量＜销售数量）、销售未完成的直运采购发票（已销售数量＜采购数量）结转下年。
> ◇ 未复核、未记账的直运发票结转下年。

3.5.2 任务资料

1. 参数设置

① 在销售管理系统中选择"直运销售业务"。

② 在销售管理系统中设置"直运销售必有订单"。

2. 具体销售数据

① 2019 年 1 月 15 日，光华公司向本公司订购戴尔笔记本电脑 10 台、CPU 20 只，报价分别为 4 500 元和 1 200 元，本公司接受光华公司的订货。订单号为 T20190115，预发货日期为 1 月 20 日。

② 2019 年 1 月 15 日，本公司向兴盛公司订购戴尔笔记本电脑 10 台、CPU 20 只，单价分别为 4 000 元和 815 元，订单号为 D20190115，要求 2019 年 1 月 20 日将货物直接发给光华公司。

③ 2019 年 1 月 20 日，本公司收到兴盛公司的专用发票，发票号为 ZY00112。发票载明戴尔笔记本电脑 10 台、CPU 20 只，单价分别为 4 000 元和 815 元，增值税税率为 16%。货物已经发给光华公司，本公司尚未支付货款。

④ 2019 年 1 月 22 日，本公司向光华公司开具销售专用发票（发票号 XS18100），发票载明戴尔笔记本电脑 10 台、CPU 20 只，单价分别为 4 500 元和 1 200 元，增值税税率为 16%，款项尚未收到。

3.5.3 任务实施

实施要求如下。

（1）录入销售订单。

（2）参照生成采购专用发票。

（3）参照生成销售专用发票。

（4）直运采购发票审核并制单。

（5）直运销售发票审核并制单。

实施指导如下。

已经完成任务 3.4 的操作，或者引入"606-3-4"文件夹中的账套备份数据。将系统日期修改为 2019 年 1 月 31 日，涉及的系统参数设置由账套主管 201 江波处理，销售业务单据由 401 黄敏处理，会计审核及制单由 202 操作员何静处理。

1. 第 1 笔业务的操作处理

在销售管理系统中进行如下操作。

（1）执行"设置"/"销售选项"命令，打开"销售选项"对话框，选中"有直运销售业务"和"直运销售必有订单"复选框，如图 3-5-1 所示。

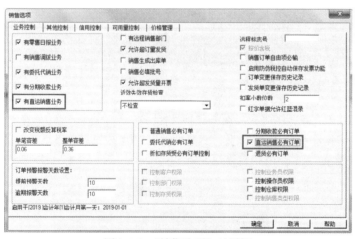

微课：设置直运
销售参数

图 3-5-1 "销售选项"对话框

（2）执行"销售订货"/"销售订单"命令，在打开的"销售订单"窗口中单击"增加"按钮，输入直运销售订单，将销售类型修改为"直运销售"，按 3.5.2 所给资料输入相应内容，如图 3-5-2 所示。

2. 第 2 笔业务的操作处理

以操作员"301 汪洋"（无密码）的身份进入采购管理系统，进行如下操作。

微课：直运销售订单
及采购订单

图 3-5-2　销售订单

执行"采购订货"/"采购订单"命令，增加一张采购订单。将采购类型修改为"直运采购"，在"生单"中选择"销售订单"，生成采购订单，修改税率为 16，输入原币单价及订单号、计划供货日期后保存并审核该张单据，如图 3-5-3 所示。

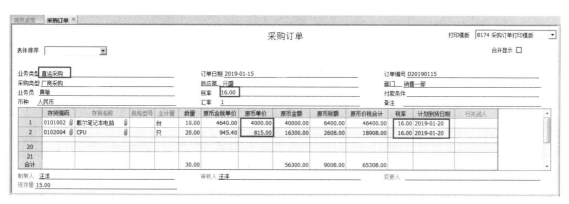

图 3-5-3　采购订单

小提示

✧　如果在销售选项中设置了"直运销售必有订单"，则直运采购必须参照销售订单生成。

✧　对于直运业务的销售订单、采购订单、采购发票、销售发票，其采购类型为直运采购，销售业务类型为直运销售。

✧　如果在销售选项中没有设置"直运销售必有订单"，在销售管理系统中没有输入销售订单，则在这种直运模式下直运采购发票和直运销售发票可以互相参照。

✧　直运采购发票与直运销售发票均不能输入仓库。

✧　直运销售发票中不可以录入受托代销属性的存货。

✧　一张直运采购发票可以对应多张直运销售发票，可以拆单、拆记录。

✧　一张直运销售发票可以对应多张直运采购发票，可以拆单、拆记录。

3．第 3 笔业务的操作处理

（1）在采购管理系统中进行操作。

① 执行"采购发票"/"专用采购发票"命令，单击"增加"按钮，修改业务类型为"直运采购"，在"生单"中选择"采购订单"，输入过滤条件，如图 3-5-4 所示。

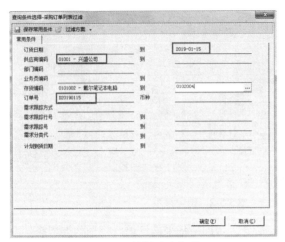

图 3-5-4　单据过滤条件

② 单击"确定"按钮，进入发票拷贝订单列表，选择直运订单号，如图 3-5-5 所示。

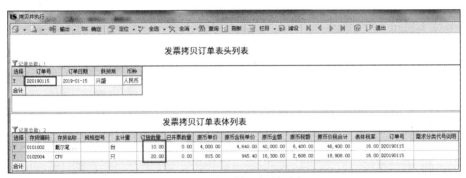

图 3-5-5　发票拷贝订单列表

③ 单击"确定"按钮，生成采购专用发票，修改发票号、修改税率为 16，并统一表体税率，单击"保存"按钮，如图 3-5-6 所示。

图 3-5-6　采购专用发票

（2）在应付款管理系统中进行操作。

直运销售业务需要根据审核后的直运采购发票确认应付账款，根据审核后的直运销售发票生成应付凭证。

① 执行"应付单据处理"/"应付单据的审核"命令，打开"应付单查询条件"对话框，选中"未完全报销"复选框，如图 3-5-7 所示。

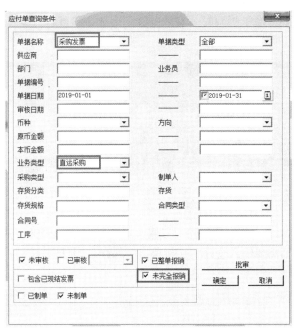

微课：直运销售的应付
与应收的成本凭证

图 3-5-7   应付单查询条件

② 单击"确定"按钮，在"应付单据列表"中选择相应的采购专用发票，如图 3-5-8 所示。

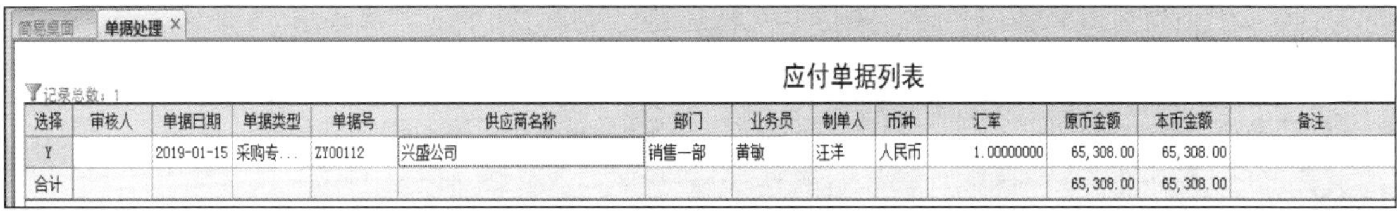

图 3-5-8   应付单据列表

③ 单击"审核"按钮，在弹出的系统审核结果对话框中单击"确定"按钮，退出审核。

④ 执行"应付款管理"/"制单处理"命令，选择"发票制单"，生成应付款凭证，如图 3-5-9 所示。

图 3-5-9   直运采购应付款凭证

4．第 4 笔业务的操作处理

（1）在销售管理系统中进行操作。

① 执行"销售开票"/"销售专用发票"命令，打开"销售专用发票"窗口。单击"增加"按

钮，取消发货单过滤窗口，单击工具栏上的"订单"，在业务类型中选择"直运销售"，在过滤条件窗口中选择相应的单据，如图 3-5-10 所示。

图 3-5-10　选择订单

② 单击"确定"按钮，回到"销售专用发票"窗口。修改发票号为 XS18100，修改开票日期为"2019-01-22"，因是直运销售，不需要输入仓库，直接单击"保存""复核"按钮，完成审核。如图 3-5-11 所示。

图 3-5-11　销售专用发票

（2）在应收款管理系统中进行操作。

① 执行"应收单据处理"/"应收单据审核"命令，打开"单据处理"对话框。单击"确定"按钮，选择需要审核的单据，在记录的"选择"栏里双击，出现"Y"即表示选择成功，如图 3-5-12 所示。

<table>
<tr><td colspan="11">应收单据列表</td></tr>
<tr><td>选择</td><td>审核人</td><td>单据日期</td><td>单据类型</td><td>单据号</td><td>客户名称</td><td>部门</td><td>业务员</td><td>制单人</td><td>币种</td><td>汇率</td><td>原币金额</td><td>本币金额</td></tr>
<tr><td>Y</td><td></td><td>2019-01-22</td><td>销售专...</td><td>XS18100</td><td>光华公司</td><td>销售一部</td><td>黄敏</td><td>黄敏</td><td>人民币</td><td>1.00000000</td><td>80,040.00</td><td>80,040.00</td></tr>
<tr><td>合计</td><td></td><td></td><td></td><td></td><td></td><td></td><td></td><td></td><td></td><td></td><td>80,040.00</td><td>80,040.00</td></tr>
</table>

图 3-5-12　应收单据选择

② 执行"应收款管理"/"制单处理"命令，系统自动打开"制单查询"对话框。设置单据过滤条件，选中"发票制单"复选框。单击"确定"按钮，打开"发票制单"窗口，单击"全选"按钮。

③ 选择"凭证类型"为"转账凭证"，单击"制单"按钮，系统自动生成一张凭证，单击"保存"按钮，如图 3-5-13 所示。再单击"退出"按钮，退出应收款管理系统。

图 3-5-13　直运销售凭证

（3）在存货核算系统中进行操作。

已经审核的直运采购发票和直运销售发票需要在存货核算系统中被记账后，才能结转直运采购成本和直运销售成本。

① 执行"业务核算"/"直运销售记账"命令，打开"直运采购发票核算查询条件"对话框，选择要记账的单据，如图 3-5-14 所示。

② 单击"确定"按钮，打开"直运销售记账"表格，单击"全选"按钮，如图 3-5-15 所示，单击"记账"按钮。

③ 执行"财务核算"/"生成凭证"命令，打开"生成凭证"窗口。单击"选择"按钮，在打开的"查询条件"对话框中选择"直运采购发票"和"直运销售发票"，如图 3-5-16 所示，单击"确定"按钮。

图 3-5-14　"直运采购发票核算查询条件"对话框

选择	日期	单据号	存货编码	存货名称	规格型号	收发类别	单据类型	数量	单价	金额
	2019-01-15	ZY00112	0101002	戴尔笔记本电脑		普通采购	采购发票	10.00	4,000.00	40,000.00
	2019-01-15	ZY00112	0102004	CPU		普通采购	采购发票	20.00	815.00	16,300.00
	2019-01-22	XS18100	0101002	戴尔笔记本电脑		普通销售	专用发票	10.00		
	2019-01-22	XS18100	0102004	CPU		普通销售	专用发票	20.00		
小计								60.00		56,300.00

记录总数：4

图 3-5-15　直运销售记账选择单据

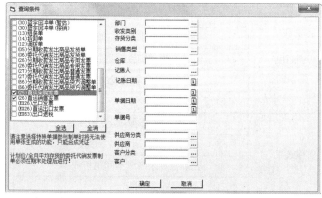

图 3-5-16　"查询条件"对话框

④ 在"直运销售记账"表格中选择要生成凭证的单据，单击"全选"按钮，单击"确定"按钮，返回"生成凭证"窗口，将全部科目补充完整，如图 3-5-17 所示。

图 3-5-17 "生成凭证"窗口

⑤ 单击"合成"按钮，生成直运销售结转成本凭证，如图 3-5-18 所示。

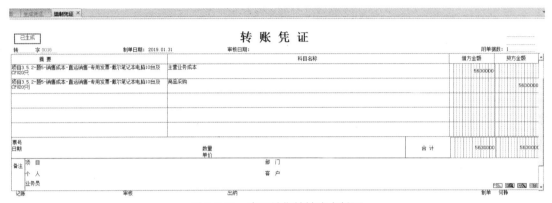

图 3-5-18 直运销售结转成本凭证

5. 数据备份

退出"企业门户"，在系统管理中由系统管理员执行"账套"/"输出"命令，将数据存储在"E：\U8 V10.1 供应链数据 \606-3-5"中。

3.5.4 评价考核

1. 评价标准

根据项目实施的情况，实行过程评价与结果评价相结合的评价方式，评价标准如表 3-5-3 所示。

表 3-5-3 评价标准 单位：分

评价类别	评价属性	评价项目	分数
过程评价（40%）	实训态度	遵章守纪	10
		按要求及时完成	10
		操作细致有耐心	10
		独立完成	10
		小计	40
结果评价（60%）	实施效果	正确生成直运采购专用发票	20
		正确生成直运销售专用发票	20
		正确核算采购成本和销售成本	20
		小计	60

2. 评定等级

根据得分情况评定等级，如表 3-5-4 所示。

表 3-5-4 　　　　　　　　　　　　　　　　评定等级　　　　　　　　　　　　　　　　单位：分

等级标准	优	良	中	及格	不及格
分数区间	≥90	80（含）～90	70（含）～80	60（含）～70	<60
实际得分					

任务 3.6 ｜ 分期收款销售业务

云班课——线上导航

安装"蓝墨云"手机客户端，在手机上运行"蓝墨云"，点击右上角"+"，输入邀请码 121388，活动内容见表 3-6-1；翻转课堂资源用微信扫描二维码获取。

表 3-6-1 　　　　　　　　　　　　分期收款销售业务线上导航

翻转课堂	性质	对象 场景	学生活动		教师活动		互动活动
				项目三　销售管理系统		任务 3.6　分期收款销售业务	
前置 学习	线上 云班课	探索、导学	活动 1	**认知** 学习企业销售业务类型中分期收款销售的背景知识	活动 1	**构建** 分期收款销售业务资源库	活动 1	**教师调查** 知识、技能设计方案的难易程度
前置 学习	线上 云班课	探索、导学	活动 2	**观看** 分期收款销售的操作视频及课件	活动 2	**上传** 演示视频、课件等背景知识资料	活动 2	**学生自评** 初学效果
								教师评估调整 教学方案
课中 学习	线下 机房实训	归纳、内化	活动 3	**模拟** 3.6.1 完成分期收款发货单的填制与审核工作 3.6.2 完成分期收款出库单的生成工作 3.6.3 完成分期收款发票的生成工作 3.6.4 完成应收账款核算工作 3.6.5 完成销货成本核算工作 3.6.6 完成账套备份工作	活动 3	**演示** 分期收款销售业务单据处理及会计核算的过程	活动 3	**教师跟踪** 学生团队、学生个人的学习效果
课中 学习	线下 机房实训	归纳、内化	活动 4	**反映** 知识问题、技能问题	活动 4	**答疑解惑** 纠正操作错误	活动 4	**师生共同解决问题**
								共同调整教学方法
课后 学习	线上 云班课	演绎、拓展	活动 5	**巩固** 复习知识点及单项实训	活动 5	**评价** 学习效果	活动 5	**教师开发** 拓展练习、拓展测验
课后 学习	线上 云班课	演绎、拓展	活动 6	**自我测试** 综合实训	活动 6	**查看** 测试结果	活动 6	**学生学习经验交流**
								教师教学经验交流

空间分布

3.6.1　背景知识

1．基本认知

分期收款销售业务是指将货物提前一次性发给客户，分期收回货款。其特点是一次发货，分次收款。采用递延方式分期收款超一年涉及融资性质时，合同收入按市场公允价值折现时发生的"未实现融资收益"，需冲销财务费用。分期收款销售业务订货、发货、出库、开票等的处理方法与普通销售业务基本相同，业务类型应选择"分期收款"。分期收款时，开具销售发票，结转销售成本。

2．工作过程及岗位要求（见表 3-6-2）

表 3-6-2　　　　　　　　　　分期收款销售业务工作过程及岗位要求

系统	销售管理系统	库存管理系统	存货核算系统	应收款管理系统
部门	销售部	仓储部	财务部	
岗位操作员	销售员（401 黄敏）	仓管员（授权 501 肖健）	会计员（202 何静）	
工作过程	开始 → 接收 分期收款销售合同订单 → 生成 分期收款销售发货单 → 分期开票（专用销售发票或普通销售发票）	生成 → 分期收款销售出库单	生成 → 发出商品记账 → 商品销售成本凭证 借：分期收款发出商品 贷：库存商品 借：主营业务成本 贷：分期收款发出商品	生成 → 应收款会计凭证 分期未收款时： 借：应收账款（或应收票据） 贷：主营业务收入 应交税费——应交增值税——销项税额 分期收现款时： 借：银行存款 贷：应收账款（或应收票据）
admin		结束 ← 账套备份		

3.6.2　任务资料

① 2019 年 1 月 5 日，精利公司向本公司订购华硕笔记本电脑、三星笔记本电脑各 5 台，本公司报价分别为 4 300 元/台和 5 000 元/台。经双方协商，以 4 250 元/台和 5 000 元/台成交，双方签订销售合同。双方约定，一次发货，年内分二期收款。订单号为 F20190105，发货日为 2019 年 1 月 7 日。首期付一半货款，第二期付款条件为：2/10，1/20，n/30。

② 2019 年 1 月 27 日，本公司根据销售合同发出华硕笔记本电脑、三星笔记本电脑各 5 台，开具销售专用发票（XS18101），确认货款。

③ 2019 年 1 月 28 日，收到精利公司电汇（DH0215555678），款项金额为 26 825 元，系支付第一期款项。

④ 2019 年 1 月 25 日，光华公司向本公司订购 LED 显示屏 10 台，本公司报价 1 300 元/台。经双方协商，以 1 200 元/台成交，双方签订销售合同，合同约定年内分 2 次收款，首付一半。2019 年 1 月 28 日，本公司向光华公司发出 LED 显示屏 10 台，本公司开具销售专用发票（XS18102），配件库月末集中结转销售成本。2019 年 1 月 31 日，收到光华公司的转账支票（ZP0216666），是支付第一期分期收款业务的款项。订单号为 F20190125，发货日为 2019 年 1 月 28 日。

3.6.3　任务实施

实施要求如下。

（1）填制分期收款销售订单。

（2）开具分期收款销售发票。

（3）确认收入和应收款项。

实施指导如下。

已经完成任务 3.5 的操作，或者引入 E 盘中"606-3-5"文件夹中的账套备份数据，将系统日期修改为 2019 年 1 月 31 日，涉及的系统参数设置由账套主管 201 江波处理，销售业务单据由 401 黄敏处理，库存业务由 501 肖健处理，会计审核及制单由 202 操作员何静处理。

1. 第 1 笔业务的操作处理

该笔业务为订立分期收款销售订单。

（1）由企业门户进入销售管理系统，执行"设置"/"销售选项"命令，打开"销售选项"对话框，选中"有分期收款业务""分期收款必有订单"和"销售生成出库单"复选框。

（2）执行"销售订货"/"销售订单"命令，单击"增加"按钮，打开"销售订单"窗口。选择业务类型为"分期收款"，按 3.6.2 所给资料输入表头、表体信息，单击"保存"，再单击"审核"按钮，如图 3-6-1 所示。

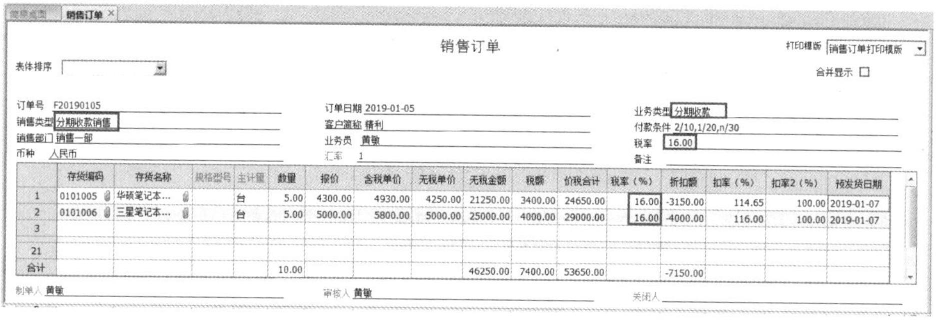

图 3-6-1 销售订单

（3）执行"销售发货"/"发货单"命令，打开"发货单"。单击"增加"按钮，选择业务类型为"分期收款"，单击"订单"，单击"确定"，选择相应的单据，如图 3-6-2 所示。

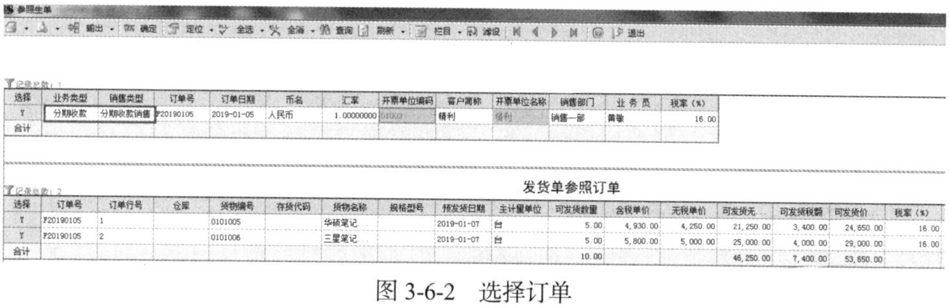

图 3-6-2 选择订单

（4）单击"确定"按钮，生成销售发货单，修改日期，输入仓库，保存并审核，如图 3-6-3 所示。

（5）在库存管理系统中，执行"出库业务"/"销售出库单"命令，单击"生单"按钮，选择业务类型为"分期收款"，选择发货单，生成一张销售出库单，单击"审核"按钮，如图 3-6-4 所示。

2. 第 2 笔业务的操作处理

该笔业务需要在销售管理系统中开具销售专用发票并确定应收账款。

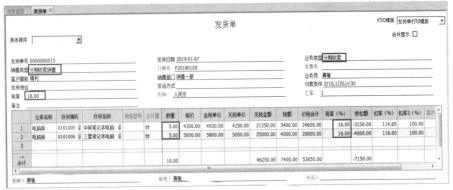

图 3-6-3　销售发货单

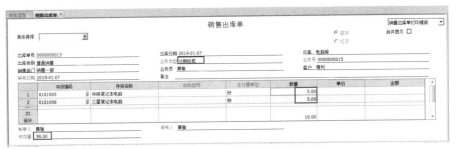

图 3-6-4　销售出库单

（1）执行"销售开票"/"销售专用发票"命令，单击"增加"按钮，业务类型选择"分期收款"，"生单"选择"参照选择发货单"，客户选择"精利公司"，单击"确定"按钮，并选中存货，如图3-6-5 所示。

图 3-6-5　选择发货单

（2）单击"确定"按钮，生成销售专用发票，修改开票日期和发票号，单击"保存""复核"按钮，如图 3-6-6 所示。

图 3-6-6　销售专用发票

（3）在应收款管理系统中进行操作。

① 执行"应收单据处理"/"应收单据审核"命令，审核分期收款生成的专用发票。

② 执行"制单处理"命令，选择"发票制单"，生成分期收款确认收入的凭证，如图3-6-7所示。

图 3-6-7　转账凭证

3. 第3笔业务的操作处理

该笔业务需要在应收款管理系统中录入收款单，确认收到的款项并制单，并结转分期收款发出商品的销售成本。

微课：收款凭证处理

（1）在应收款管理系统中进行操作。

① 执行"收款单据处理"/"收款单据录入"命令，打开"收款单据录入"窗口。单击"增加"按钮，依据 3.6.2 所给资料录入表头、表体信息，金额为 26 825元（53 650÷2），单击"保存"按钮，如图3-6-8所示。

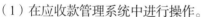

图 3-6-8　收款单

② 单击"审核"按钮，系统弹出"是否立即制单？"信息提示对话框。单击"是"按钮，系统自动生成一张收款凭证，或执行"应收款管理"/"制单"命令，选择"收付款单制单"生成凭证，如图3-6-9所示。

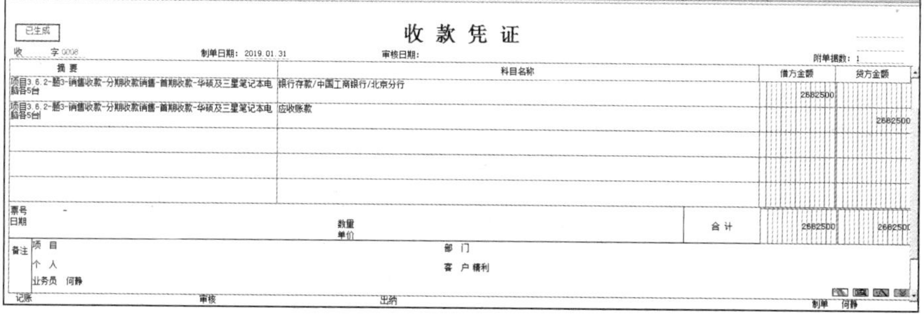

图 3-6-9　收款凭证

> **小提示**
> ◆ 分期收款销售如果采用多次发货、一次收款，则用户在应收款管理系统中输入收款单后还需要进行核销处理，即对同一客户的应收单和收款单进行核销，以冲销应收款项。
> ◆ 核销应收单与收款单时可以采用手工核销的方法，也可以采用自动核销的方法。

（2）在存货核算系统中进行操作。

① 执行"业务核算"/"发出商品记账"命令，系统自动弹出"查询条件选择"窗口。设置仓库为"电脑库"，业务类型为"分期收款"，单据类型为"发货单"，如图3-6-10所示。

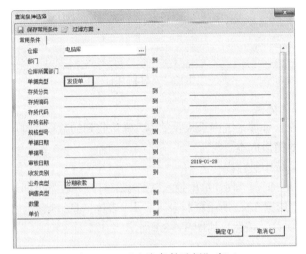

图3-6-10　"查询条件选择"窗口

② 单击"确定"按钮，系统显示符合条件的单据。选择单据类型为"专用发票"的记录，如图3-6-11所示，单击"记账"按钮后退出。

选择	日期	单据号	仓库名称	收发类别	存货编码	存货代码	存货名称	规格型号	单据类型	计量单位	数量	单价	金额
Y	2019-01-07	0000000015	电脑库	普通销售	0101005		华硕笔记本电脑		发货单	台	5.00		
Y	2019-01-07	0000000015	电脑库	普通销售	0101006		三星笔记本电脑		发货单	台	5.00		
Y	2019-01-27	XS18101	电脑库	普通销售	0101005		华硕笔记本电脑		专用发票	台	5.00		
Y	2019-01-27	XS18101	电脑库	普通销售	0101006		三星笔记本电脑		专用发票	台	5.00		
小计										20.00		

图3-6-11　未记账发出商品一览表

③ 执行"财务核算"/"生成凭证"命令，打开"生成凭证"窗口。单击"选择"按钮，打开生成凭证的"查询条件"对话框。选中"分期收款发出商品发货单""分期收款发出商品专用发票"复选框，单击"确定"按钮。在打开的"未生成凭证单据一览表"中，如图3-6-12（1）所示，选择需要生成凭证的2张单据。

选择	记账日期	单据日期	单据类型	单据号	仓库	收发类别	记账人	部门	部门编码	业务单号	业务类型	计价方式	备注	摘要	供应商	客户
1	2019-01-31	2019-01-07	发货单	0000000015	电脑库	普通销售	何静	销售一部	401		分期收款	先进先出法		发货单		精利公司
2	2019-01-31	2019-01-27	专用发票	XS18101	电脑库	普通销售	何静	销售一部	401		分期收款	先进先出法		专用发票		精利公司

图3-6-12（1）　未生成凭证单据一览表

④ 返回"生成凭证"窗口，核对入账科目是否正确。如图3-6-12（2）所示。

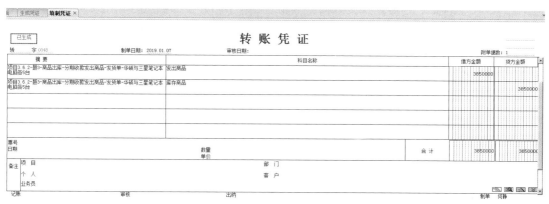

图 3-6-12（2） 发出商品对应科目表

⑤ 单击"生成"按钮，系统分别生成一张发出商品凭证、一张结转销售成本凭证，单击"保存"按钮，如图 3-6-13 和图 3-6-14 所示。单击"退出"按钮后退出。

图 3-6-13　分期收款发出商品凭证

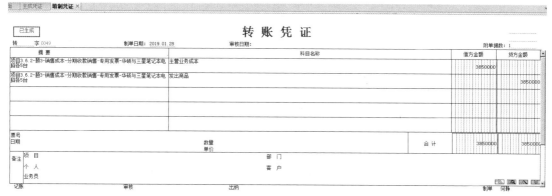

图 3-6-14　结转销售成本凭证

4．第 4 笔业务的操作处理

该笔业务与前面的业务基本相同，但 LED 显示屏采用售价法核算，须等到月末才能核算已售商品的销售成本。

（1）在销售管理系统中进行操作。

① 执行"销售订货" / "销售订单"命令，单击"增加"按钮，打开"销售订单"窗口。选择业务类型为"分期收款"，修改税率为"16"，按 3.6.2 所给资料输入表头、表体信息，单击"保存"按钮，再单击"审核"按钮，如图 3-6-15 所示。

微课：分期收款的业务单据处理

图 3-6-15　销售订单

② 执行"销售发货"/"发货单"命令，打开"参照生单"窗口。单击"增加"按钮，系统显示"选择订单"窗口，选择业务类型为"分期收款"，单击"显示"按钮，选择相应的单据，如图 3-6-16 所示。

图 3-6-16　选择订单

③ 单击"确定"按钮，生成销售发货单，修改日期，输入仓库，进行保存并审核，如图 3-6-17 所示。

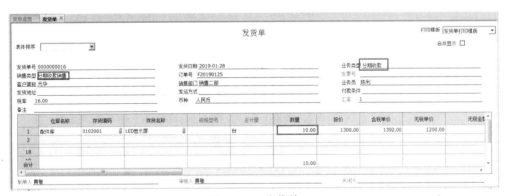

图 3-6-17　发货单

④ 执行"开票"/"销售专用发票"命令，单击"增加"按钮，修改业务类型为"分期收款"，"生单"选择"参照发货单"，客户选择"光华公司"，单击"确定"按钮，并选中存货，如图 3-6-18 所示。

图 3-6-18　选择发货单

⑤ 单击"确定"按钮，生成销售专用发票，修改日期和发票号，单击"保存""复核"按钮，如图 3-6-19 所示。

图 3-6-19　销售专用发票

（2）在库存管理系统中进行操作。

执行"出库业务"/"销售出库单"命令，打开"销售出库单"窗口。选择"生单"依据发货单，业务类型为"分期收款"，生成一张销售出库单，单击"审核"按钮，如图 3-6-20 所示。

图 3-6-20　销售出库单

（3）在应收款管理系统中进行操作。

① 执行"应收单据处理"/"应收单据审核"，审核分期收款生成的专用发票。

② 执行"制单处理"，选择"发票制单"，生成分期收款确认收入的凭证，如图 3-6-21 所示。

③ 执行"应收款管理"/"收款单据处理"/"收款单据录入"命令，打开"收款单据录入"窗口。单击"增加"按钮，依据 3.6.2 所给资料录入表头、表体信息。金额为 6 960（13 920÷2），单击"保存"按钮，如图 3-6-22 所示。

微课：分期收款的
会计凭证

图 3-6-21　转账凭证

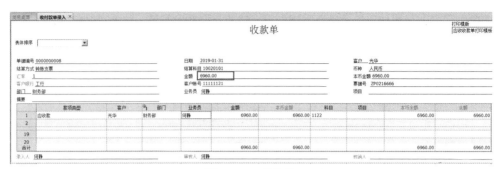

图 3-6-22　收款单

④ 单击"审核"按钮，系统弹出"是否立即制单？"信息提示对话框，单击"是"按钮，系统自动生成一张收款凭证，或执行"应收款管理"/"制单处理"命令完成制单，如图 3-6-23 所示。

图 3-6-23　收款凭证

⑤ 配件库销售成本采用售价法，月末集中结转，此处省略。

5．数据备份

退出"企业门户"，在系统管理中由系统管理员执行"账套"/"输出"命令，将数据存储在"E：\U8-V10.1 供应链数据\606-3-6"中。

3.6.4　评价考核

1．评价标准

根据项目实施的情况，实行过程评价与结果评价相结合的评价方式，评价标准如表 3-6-3 所示。

表 3-6-3　　　　　　　　　　　　　　　评价标准　　　　　　　　　　　　　　　单位：分

评价类别	评价属性	评价项目	分数
过程评价 （40%）	实训态度	遵章守纪	10
		按要求及时完成	10
		操作细致有耐心	10
		独立完成	10
		小计	40
结果评价 （60%）	实施效果	分期收款订单和发票填写正确	20
		确认分期收款销售收入并正确制单	20
		发票正确记账并结转成本	20
		小计	60

2. 评定等级

根据得分情况评定等级，如表 3-6-4 所示。

表 3-6-4 　　　　　　　　　　　　　　　　　 评定等级 　　　　　　　　　　　　　　　　　单位：分

等级标准	优	良	中	及格	不及格
分数区间	≥90	80（含）～90	70（含）～80	60（含）～70	<60
实际得分					

任务 3.7 ｜ 委托代销业务

云班课——线上导航

安装"蓝墨云"手机客户端，在手机上运行"蓝墨云"，点击右上角"+"，输入邀请码 121388，活动内容见表 3-7-1；翻转课堂资源扫描二维码获取。

表 3-7-1 　　　　　　　　　　　　　　　 委托代销业务线上导航

翻转课堂	性质	对象 场景	学生活动		教师活动		互动活动
前置学习	线上云班课	探索、导学	活动1	**认知** 学习企业销售业务类型中委托代销业务的背景知识	活动1	**构建** 委托代销业务资源库	活动1	**教师调查** 知识、技能设计方案的难易程度
			活动2	**观看** 委托代销业务的操作视频及课件	活动2	**上传** 演示视频、课件等背景知识资料	活动2	**学生自评** 初学效果
								教师评估调整 教学方案
空间分布								
	课中学习	线下机房实训	归纳、内化	活动3	**模拟** 3.7.1 完成委托代销订单填制与审核工作 3.7.2 完成发货单填制与审核工作 3.7.3 完成委托清单发票的生成工作 3.7.4 完成应收账款核算工作 3.7.5 完成销货成本核算工作 3.7.6 完成账套备份工作	活动3	**演示** 委托代销业务单据处理及会计核算的过程	活动3	**教师跟踪** 学生团队、学生个人的学习效果
			活动4	**反映** 知识问题、技能问题	活动4	**答疑解惑** 纠正操作错误	活动4	**师生共同** 解决问题
								共同调整 教学方法
	课后学习	线上云班课	演绎、拓展	活动5	**巩固** 复习知识点及单项实训	活动5	**评价** 学习效果	活动5	**教师开发** 拓展练习、拓展测验
			活动6	**自我测试** 综合实训	活动6	**查看** 测试结果	活动6	**学生学习** 经验交流
								教师教学 经验交流

3.7.1 背景知识

1. 基本认知

委托代销业务是企业将商品委托他人销售，但商品所有权仍然归本企业的销售方式。如果企业存在委托代销业务，则需要分别在销售管理系统和库存管理系统中进行参数设置。只有设置了委托代销业务参数后，才能处理委托代销业务，账表查询中才会增加相应的委托代销账表。为了便于系统根据委托代销业务类型自动生成凭证，需要在存货核算系统中进行委托代销相关设置。

当企业发生委托代销业务后，受托方与企业进行结算，企业开具正式的销售发票给受托方，形成企业商品销售收入，并结转销售成本，此时商品所有权转移。

2. 工作过程及岗位要求（见表 3-7-2）

表 3-7-2　　　　　　　　　　委托代销业务工作过程及岗位要求

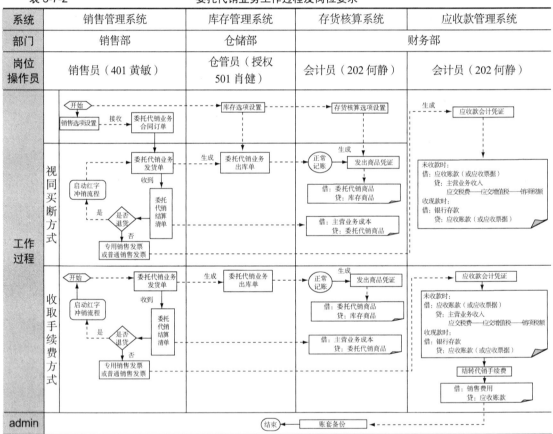

3.7.2 任务资料

① 2019 年 1 月 10 日，销售一部委托客户艾青公司代销 10 台华硕笔记本电脑。双方签订了委托代销协议，协议规定艾青公司的售价为每台 4 500 元，结算时支付代销手续费 10%。合同订单号为 W20190110，货物于 2019 年 1 月 16 日全部发出。

② 2019 年 1 月 25 日，销售一部收到艾青公司开具的已售 10 台华硕笔记本的代销清单，并于当日收到货款，转账支票号为 ZP2145236。销售一部开具已售 10 台华硕笔记本专用销售发票 1 张，发票号为 000000002。2019 年 1 月 31 日，财务部电汇支付了代销手续费（电汇单据号为

DH20190125)。

3.7.3 任务实施

实施要求如下。

① 录入销售订单。

② 参照生成委托代销发货单。

③ 填制委托代销结算清单。

④ 生成委托代销会计分录。

实施指导如下。

已经完成任务 3.6 的操作，或者引入"606-3-6"文件夹中的账套备份数据。将系统日期修改为 2019 年 1 月 31 日，涉及的系统参数设置由账套主管 201 江波处理，销售业务单据由 401 黄敏处理，库存业务由 501 肖健处理，会计审核及制单由 202 操作员何静处理。

1. 第 1 笔业务的操作处理

以系统管理员 admin 的身份登录系统管理，执行"权限"/"权限"命令，单击"修改"，授予操作员"202 何静"在"供应链"/"销售管理"/"业务"/"费用支出"中的权限。

在销售管理系统及存货核算系统中进行如下操作。

（1）执行"设置"/"销售选项"命令，打开"销售选项"对话框。选中"有委托代销业务"和"委托代销必有订单"复选框。

（2）执行"存货核算"/"初始设置"/"选项录入"命令，将"委托代销成本核算方式"由"普通销售核算"改为"按发出商品核算"。

（3）执行"存货核算"/"初始设置"/"科目设置"命令，设置"委托发出商品科目"为"1406 发出商品"，如图 3-7-1 所示。

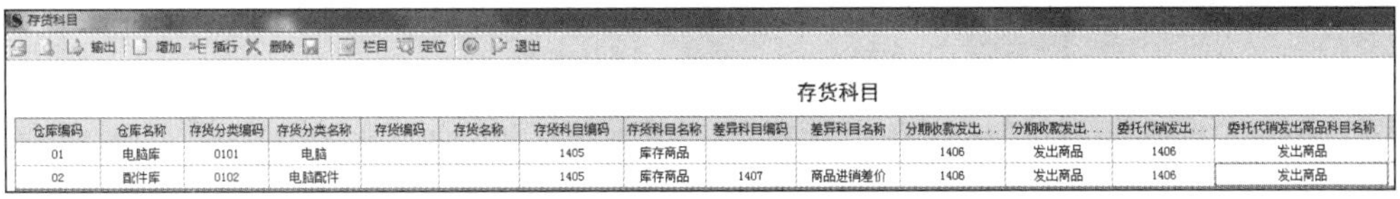

微课：委托代销订单及发货单

图 3-7-1　存货科目设置

（4）执行"销售订货"/"销售订单"命令，单击"增加"按钮，打开"销售订单"窗口。选择业务类型为"委托代销"，按 3.7.2 中的任务资料输入表头、表体信息。单击"保存"按钮，再单击"审核"按钮，如图 3-7-2 所示。

图 3-7-2　委托代销销售订单

（5）执行"销售管理"/"委托代销"/"委托代销发货单"命令，打开"查询条件选择-销售发货单列表"对话框。业务类型选择"委托代销"，单击"确定"后，进入"参照生单"窗口，再选择"委托代销"单据，如图 3-7-3 所示。

图 3-7-3   发货单参照生单

（6）单击"确定"按钮，生成"委托代销发货单"，单击"审核"按钮并保存，如图 3-7-4 所示。

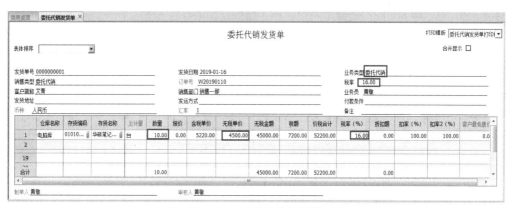

图 3-7-4   委托代销发货单

（7）执行"库存管理"/"销售出库单"命令，打开"查询条件选择-销售发货单列表"对话框。选择"业务类型"为"委托代销"，仓库为"电脑库"，如图 3-7-5 所示。

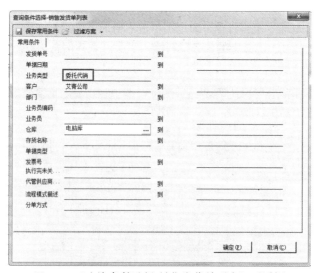

图 3-7-5   "查询条件选择-销售发货单列表"对话框

（8）单击"确定"按钮，选择委托代销单据，单击"确定"按钮，进入"销售出库单"窗口。核对信息后单击"保存"按钮，单击"审核"按钮，生成"销售出库单"，如图 3-7-6 所示。

图 3-7-6　销售出库单

（9）以操作员"202 何静"的身份进入存货核算系统。

① 执行"业务核算"/"发出商品记账"命令，打开"查询条件选择"窗口，单据类型选择"发货单"，仓库选择"电脑库"，单击"确定"按钮进入"发出商品记账"列表，再选择"委托代销"记录，如图 3-7-7 所示。

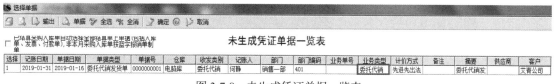

图 3-7-7　"发出商品记账"列表

② 单击"记账"按钮，完成记账。

③ 执行"财务核算"/"生成凭证"命令，选择"委托商品发货单"，并按"确定"按钮，打开"未生成凭证单据一览表"，如图 3-7-8 所示。

图 3-7-8　未生成凭证单据一览表

④ 单击"确定"按钮，打开"生成凭证"预览表。核对"发出商品"华硕笔记本电脑 10 台，成本金额为 35 000 元（10 台×3 500 元/台），如图 3-7-9 所示。

图 3-7-9　"生成凭证"窗口

⑤ 单击"生成"按钮，生成委托代销发出商品的出库会计凭证，如图 3-7-10 所示。

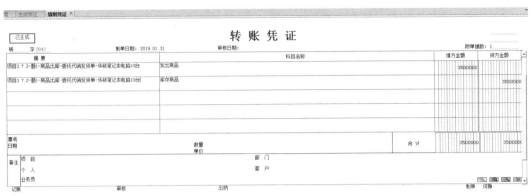

图 3-7-10　委托代销发出商品凭证

2. 第2笔操作业务的处理

（1）执行"委托代销"/"委托代销结算单"命令，打开"查询条件选择-委托结算参照发货单"对话框，业务类型选择"委托代销"，"蓝字记录是…"选择"是"，仓库为"电脑库"，如图 3-7-11 所示。

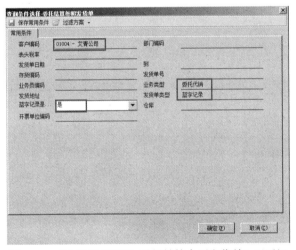

微课：委托代销结算
并生成发票

图 3-7-11　"查询条件选择-委托结算参照发货单"对话框

（2）单击"确定"按钮，进入"参照生单"窗口，如图 3-7-12 所示。

图 3-7-12　"参照生单"窗口

（3）选择华硕笔记本电脑，单击"确定"按钮，生成"委托代销结算单"，修改时间为"2019-01-25"，单击"保存"按钮，再单击"审核"按钮，在出现的"发票类型"对话框中选择"专用发票"，生成"委托代销结算单"，如图 3-7-13 所示

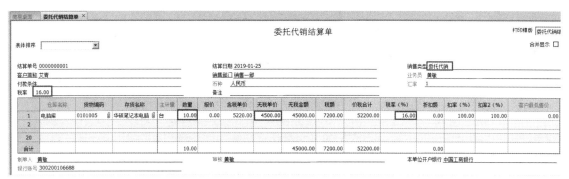

图 3-7-13　委托代销结算单

（4）执行"销售管理"/"销售开票"/"销售专用发票"命令，单击"生单"后，选择"委托代销发货单"或单击最后一页按钮，自动生成委托代销专用发票，单击"现结"按钮，输入 10 台华硕笔记本电脑结算金额 52 200 元及转账支票号，如图 3-7-14 所示。

图 3-7-14　"现结"窗口

（5）单击"确定"，再单击"复核"按钮，生成销售专用发票，如图 3-7-15 所示。

图 3-7-15　销售专用发票

（6）委托代销手续费的处理。

① 在基础设置中，执行"基础档案"/"业务"/"费用项目分类"命令，增加"销售费用"项目类别，再在"销售费用"项目下设置"委托代销费用"明细子目。

② 单击销售发票上面的"支出"按钮，选择"销售费用"项目类别下面的"委托代销费用"，单击"保存""审核"按钮，生成"销售费用支出单"，输入委托代销手续费金额 5 220 元（52 200×10%），如图 3-7-16 所示。

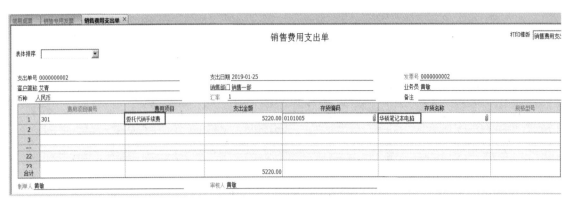

图 3-7-16　销售费用支出单

（7）以操作员"202 何静"的身份进入应收款管理系统。

① 执行"应收款管理"/"应收单据审核"命令，选择"包含现结发票"，输入制单时间信息，单击"确定"按钮，打开"应收单据列表"，再选择发票进行"审核"，然后退出，如图 3-7-17 所示。

② 执行"应收款管理"/"制单处理"命令，选择"发票制单"及"现结制单"，单击"确定"按钮，选择发票单据，单击"制单"按钮，生成委托代销现收款凭证，如图 3-7-18 所示。

微课：委托代销的
会计凭证

图 3-7-17　应收单据列表

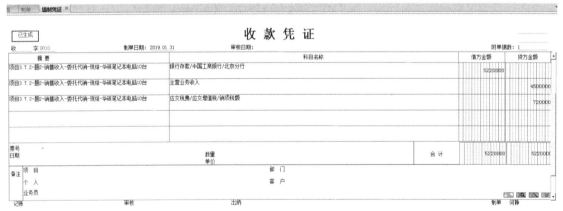

图 3-7-18　委托代销现收款凭证

③ 进入总账系统，单击左上角"+"，新增一张支付委托代销手续费的会计凭证，手续费金额为 5 220 元，如图 3-7-19 所示。

（8）以操作员"202 何静"的身份进入存货核算系统，结转委托代销商品销售成本。

① 执行"存货核算"/"业务核算"/"发出商品记账"命令，打开"查询条件选择"窗口，选择"业务类型"为"委托代销"，选择"仓库"为"电脑库"，如图 3-7-20 所示。

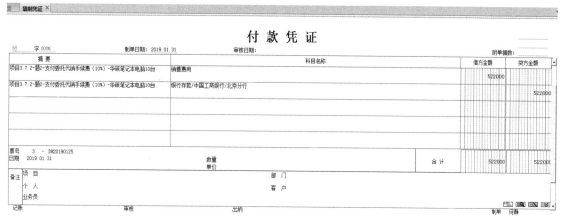

图 3-7-19　支付委托代销手续费的凭证

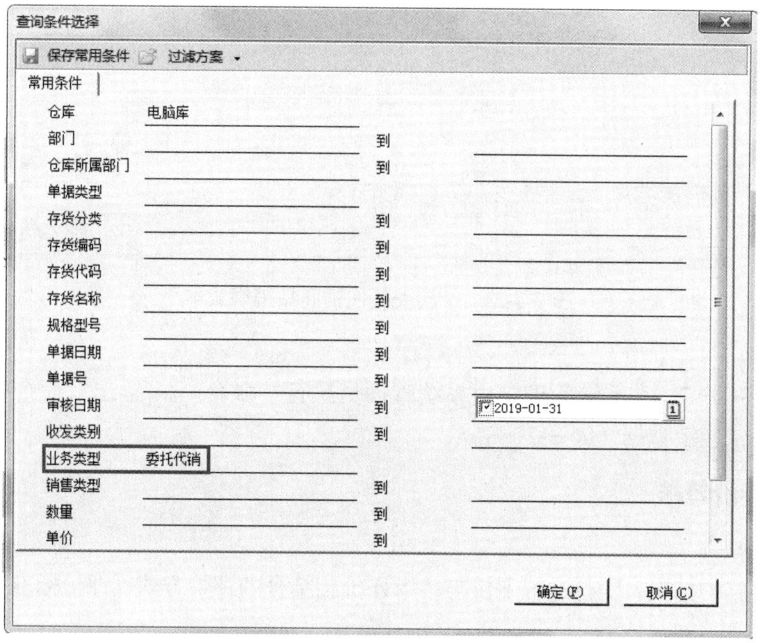

图 3-7-20　"查询条件选择"窗口

② 单击"确定"按钮，打开"发出商品记账"列表，选择单据，单击"记账"按钮，完成记账，如图 3-7-21 所示。

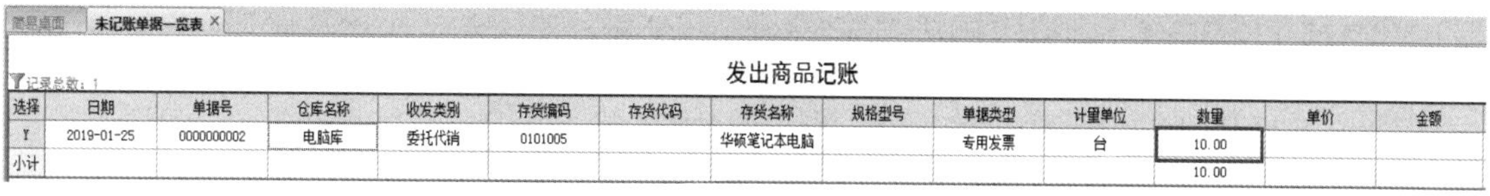

图 3-7-21　委托代销发出商品记账

③ 执行"存货核算"/"财务核算"/"生成凭证"命令，选择"委托代销发出商品专用发票"，在打开的"未生成凭证单据一览表"中选择"委托代销"单据，单击"确定"按钮，核对销售成本为 35 000 元（10 台×3 500 元/台），如图 3-7-22 所示。

图 3-7-22 "生成凭证"窗口

④ 单击"生成"按钮，修改凭证类别为"转账凭证"，单击"保存"按钮，生成委托代销商品
销售成本凭证，如图 3-7-23 所示。

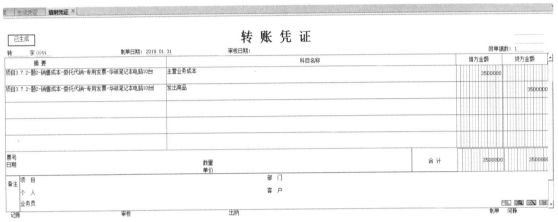

图 3-7-23 结转委托代销商品销售成本

3. 数据备份

退出"企业门户"，在系统管理中由系统管理员执行"账套"/"输出"命令，将数据存储在
"E：\U8-V10.1 供应链数据\606-3-7"中。

3.7.4 评价考核

1. 评价标准

根据项目实施的情况，实行过程评价与结果评价相结合的评价方式，评价标准如表 3-7-3 所示。

表 3-7-3 评价标准 单位：分

评价类别	评价属性	评价项目	分数
过程评价（40%）	实训态度	遵章守纪	10
		按要求及时完成	10
		操作细致有耐心	10
		独立完成	10
		小计	40
结果评价（60%）	实施效果	委托代销发货订单和发货单填写正确	20
		委托代销结算单和销售发票填写正确	20
		发出商品记账并结转销售成本，生成凭证	20
		小计	60

2．评定等级

根据得分情况评定等级，如表 3-7-4 所示。

表 3-7-4 　　　　　　　　　　　　　　　　　　　评定等级　　　　　　　　　　　　　　　　　　单位：分

等级标准	优	良	中	及格	不及格
分数区间	≥90	80（含）～90	70（含）～80	60（含）～70	<60
实际得分					

任务 3.8 ｜ 零售日报业务

云班课——线上导航

安装"蓝墨云"手机客户端，在手机上运行"蓝墨云"，点击右上角"+"，输入邀请码 121388，活动内容见表 3-8-1；翻转课堂资源用微信扫描二维码获取。

表 3-8-1 　　　　　　　　　　　　　　　　零售日报业务线上导航

翻转课堂	性质	对象场景	学生活动		教师活动		互动活动	
空间分布	前置学习	线上云班课	探索、导学	活动1	认知 学习企业零售业务的背景知识	活动1	构建 零售日报业务资源库	活动1	教师调查 知识、技能设计方案的难易程度
				活动2	观看 零售业务核算的操作视频及课件	活动2	上传 演示视频、课件等背景知识资料	活动2	学生自评 初学效果
									教师评估调整 教学方案
	课中学习	线下机房实训	归纳、内化	活动3	模拟 3.8.1 完成销售零售日报的录入工作 3.8.2 生成销售发货单和出库单 3.8.3 完成收现的核算工作 3.8.4 完成销售成本的核算工作 3.8.5 完成账套备份工作	活动3	演示 零售日报业务单据处理及会计核算的过程	活动3	教师跟踪 学生团队、学生个人的学习效果
				活动4	反映 知识问题、技能问题	活动4	答疑解惑 纠正操作错误	活动4	师生共同解决问题
									共同调整教学方法
	课后学习	线上云班课	演绎、拓展	活动5	巩固 复习知识点及单项实训	活动5	评价 学习效果	活动5	教师开发 拓展练习、拓展测验
				活动6	自我测试 综合实训	活动6	查看 测试结果	活动6	学生学习经验交流
									教师教学经验交流

3.8.1 背景知识

1. 基本认知

零售日报业务也称零售业务，是指商业企业将商品销售给零散客户的销售方式。本系统通过零售日报的方式接收用户的零售业务原始数据。

当发生零售业务时，应将相应的销售票据作为零售日报输入到销售管理系统中。零售日报不是原始的销售单据，是零售业务数据的日汇总。这种业务常见于商场、超市等零售企业。

2. 工作过程及岗位要求（见表 3-8-2）

表 3-8-2   零售日报业务工作过程及岗位要求

系统	销售管理系统	库存管理系统	存货核算系统	应收款管理系统
部门	销售部	仓储部	财务部	
岗位操作员	销售员（401 黄敏）	仓管员（授权 401 黄敏）	会计员（202 何静）	会计员（202 何静）
工作过程				
admin		结束 ← 账套备份		

3.8.2 任务资料

① 2019 年 1 月 15 日，销售二部累计向零散客户销售主板 10 块，单价 880 元；销售散热器 50 个，单价 40 元。全部为赊销。

② 2019 年 1 月 31 日，销售二部累计向零散客户销售电脑库中的华硕笔记本电脑 5 台，单价 4 400 元；销售神舟笔记本电脑 3 台，单价 4 000 元。全部为现销（现金支票 XJ112255），款项全额收讫。

3.8.3 任务实施

实施要求如下。

① 填制销售日报。

② 生成销售发货单和销售出库单。

③ 确认收取销售款项。

④ 确认销售成本。

实训指导如下。

已经完成任务 3.7 的操作，或者引入 E 盘中 "606-3-7" 文件夹中的账套备份数据，将系统日期修改为 2019 年 1 月 31 日，涉及的系统参数设置由账套主管 201 江波处理，销售业务单据由 401 黄敏处理，会计审核及制单由 202 操作员何静处理。

1. 第 1 笔业务的操作处理

该笔业务需要在销售管理系统中填制、复核零售日报，生成销售发货单；在库存管理系统中审核销售出库单；在存货核算系统中对零售日报进行记账并确认销售成本；在应收款管理系统中复核零售日报并确认收入和应收款项。

（1）在销售管理系统中进行操作。

① 进入企业门户，选择"设置"选项卡，勾选"有零售日报业务"。改换账套主管执行"基础档案"/"客商信息"/"客户档案"命令，选择"零售"分类，单击"增加"按钮，增加"零散客户"档案，如图 3-8-1 所示。

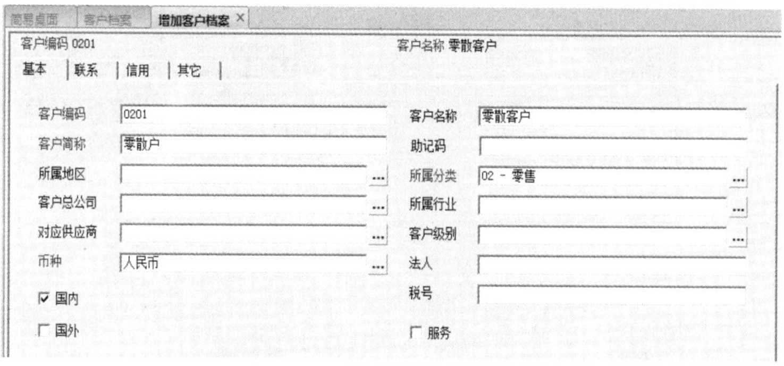

微课：零售业务单据

图 3-8-1 增加零散客户档案

② 执行"零售日报"/"零售日报"命令，打开"零售日报"窗口。单击"增加"按钮，进入新增零售日报状态。依据 3.8.2 所给资料，修改税率为"16"，输入表头、表体内容，单击"保存"按钮，再单击"复核"按钮，如图 3-8-2 所示。

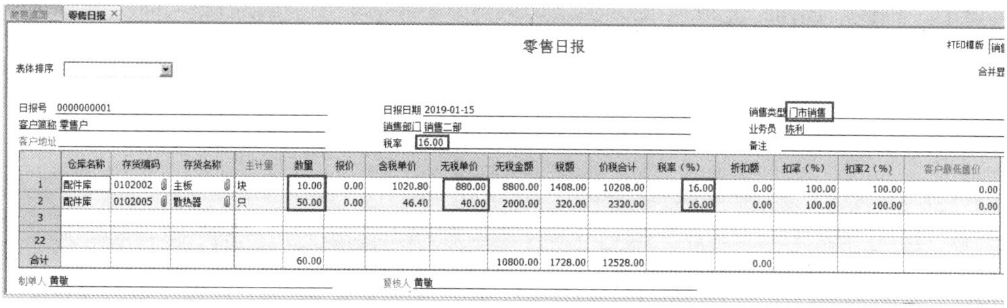

图 3-8-2 "零售日报"窗口

③ 执行"销售发货"/"发货单"命令，打开"发货单"窗口，单击末张按钮"→"，系统根据复核后的零售日报自动生成了发货单，如图 3-8-3 所示。

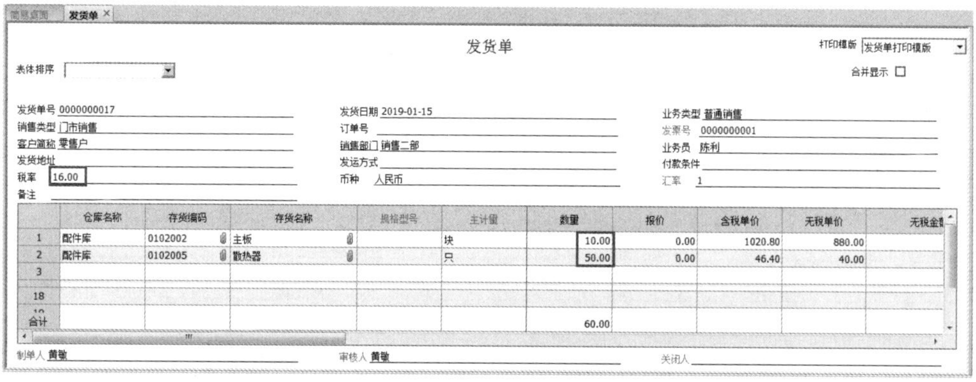

图 3-8-3 发货单

（2）在库存管理系统中进行操作。

执行"出库业务"/"销售出库单"命令，单击"生单"/"销售生单"，打开"单据过滤条件"对话框。选择单据类型为"零售日报"，单击"确定"按钮，则系统自动根据发货单生成一张销售出库单，单击"保存""审核"按钮，如图 3-8-4 所示。

图 3-8-4　销售出库单

（3）在应收款管理系统中进行操作。

① 在企业门户中，选择"业务工作"/"财务会计"/"应收款管理"，进入应收款管理系统。

② 执行"应收款管理"/"应收单据处理"/"应收单据审核"命令，打开"单据处理"对话框，单击"确定"按钮，如图 3-8-5 所示。

③ 单击"审核"按钮，完成审核。

微课：审核零售单据
生成收入凭证

④ 执行"应收款管理"/"制单处理"，系统自动打开"制单查询"对话框。设置单据过滤条件，选择"发票制单"复选框。单击"确定"按钮，打开"发票制单"窗口，单击"全选"按钮。

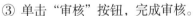

图 3-8-5　应收单据列表

⑤ "凭证类型"选择"转账凭证"，单击"制单"按钮，系统自动生成一张凭证，单击"保存"按钮，如图 3-8-6 所示。再单击"退出"按钮，退出应收款管理系统。

图 3-8-6　转账凭证

（4）在存货核算系统中进行操作。

① 执行"业务核算"/"正常单据记账"命令，系统自动弹出"查询条件选择"窗口。设置仓库为"配件库"，单据类型为"销售日报"，如图3-8-7所示。

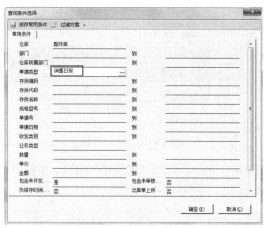

图3-8-7 查询条件选择

② 单击"确定"按钮，系统显示符合条件的单据。单击"全选"按钮，选择需要记账的单据，如图3-8-8所示，单击"记账"按钮后退出。

图3-8-8 正常单据记账列表

  配件库采用售价法，期末统一结转销售成本。

2. 第2笔业务的操作处理

该笔业务需要在销售管理系统中填制、复核零售日报，生成销售发货单；在库存管理系统中审核销售出库单；在存货核算系统中对零售日报进行记账并确认销售成本；在应收款管理系统中复核零售日报并确认收入和应收款项。

（1）在销售管理系统中进行操作。

① 执行"零售日报"/"零售日报"命令，打开"零售日报"窗口。单击"增加"按钮，进入新增零售日报状态。依据3.8.2所给资料，修改税率为"16"，输入表头、表体内容，单击"保存"按钮，再单击"现结"按钮，弹出"现结"窗口，如图3-8-9所示。

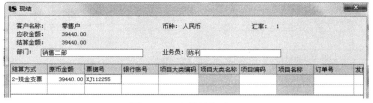

图3-8-9 "现结"窗口

② 单击“复核”按钮，生成有“现结”字样的零售日报，如图 3-8-10 所示。

简易桌面 零售日报

现结

零售日报

打印模版 销

表体排序

合并显

日报号 0000000002 日报日期 2019-01-31 销售类型 门市销售

客户简称 零售户 销售部门 销售二部 业务员 陈利

客户地址 税率 16.00 备注

	仓库名称	存货编码	存货名称	主计量	数量	报价	含税单价	无税单价	无税金额	税额	价税合计	税率（%）	折扣额	扣率（%）	扣率2（%）	客户最低售价
1	电脑库	0101005	华硕笔记本电脑	台	5.00	0.00	5104.00	4400.00	22000.00	3520.00	25520.00	16.00	0.00	100.00	100.00	0.00
2	电脑库	0101004	神舟笔记本电脑	台	3.00	0.00	4640.00	4000.00	12000.00	1920.00	13920.00	16.00	0.00	100.00	100.00	0.00
3																
22																
合计					8.00				34000.00	5440.00	39440.00		0.00			

制单人 黄敏 复核人 黄敏

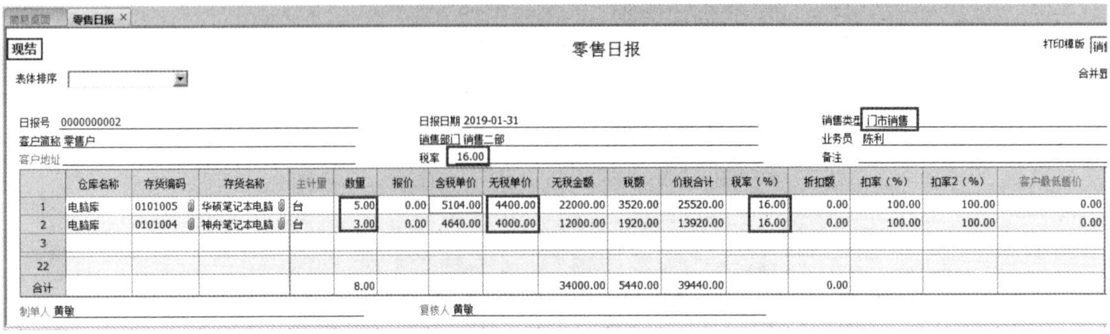

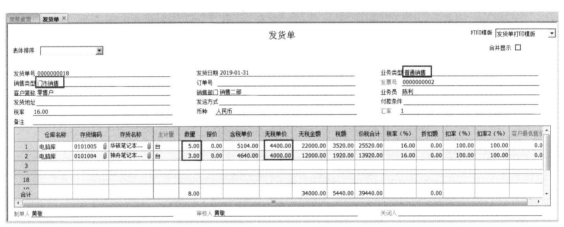

图 3-8-10 零售日报

③ 执行“发货”/“发货单”命令，打开“发货单”窗口，系统根据复核后的零售日报自动生成了发货单，如图 3-8-11 所示。

简易桌面 发货单

发货单

打印模版 发货单打印模版

表体排序

合并显示 □

发货单号 0000000018 发货日期 2019-01-31 业务类型 普通销售

销售类型 门市销售 订单号 发票号 0000000002

客户简称 零售户 销售部门 销售二部 业务员 陈利

发货地址 发运方式 付款条件

税率 16.00 币种 人民币 汇率 1

备注

	仓库名称	存货编码	存货名称	主计量	数量	报价	含税单价	无税单价	无税金额	税额	价税合计	税率（%）	折扣额	扣率（%）	扣率2（%）	客户最低售价
1	电脑库	0101005	华硕笔记本…	台	5.00	0.00	5104.00	4400.00	22000.00	3520.00	25520.00	16.00	0.00	100.00	100.00	0.0
2	电脑库	0101004	神舟笔记本…	台	3.00	0.00	4640.00	4000.00	12000.00	1920.00	13920.00	16.00	0.00	100.00	100.00	0.0
3																
18																
合计					8.00				34000.00	5440.00	39440.00		0.00			

制单人 黄敏 审核人 黄敏 关闭人

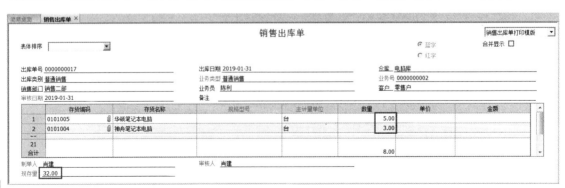

图 3-8-11 发货单

（2）在库存管理系统中进行操作。

执行“出库业务”/“销售出库单”命令，选择“生单”，单据类型选择“销售日报”，单击“确定”按钮，出现“销售发货单生单表头”窗口。选中“零散客户”单据，单击“确定”按钮，系统自动进入“销售出库单”窗口，核对单据数据信息，单击“保存“按钮，如图 3-8-12 所示。

简易桌面 销售出库单

销售出库单

销售出库单打印模版

表体排序

蓝字 红字 合并显示 □

出库单号 0000000017 出库日期 2019-01-31 仓库 电脑库

出库类别 普通销售 业务类型 普通销售 业务号 0000000002

销售部门 销售二部 业务员 陈利 客户 零售户

审核日期 2019-01-31 备注

	存货编码	存货名称	规格型号	主计量单位	数量	单价	金额
1	0101005	华硕笔记本电脑		台	5.00		
2	0101004	神舟笔记本电脑		台	3.00		
21							
合计					8.00		

制单人 肖建 审核人 肖建

现存量 32.00

图 3-8-12 销售出库单

（3）在应收款管理系统中进行操作。

① 在企业门户中，选择"业务"/"财务会计"/"应收款管理"，进入应收款管理系统。

② 执行"应收款管理"/"应收单据处理"/"应收单据审核"命令，打开"单据处理"对话框。选择"包含已现结发票"，单击"确定"按钮，如图 3-8-13 所示。

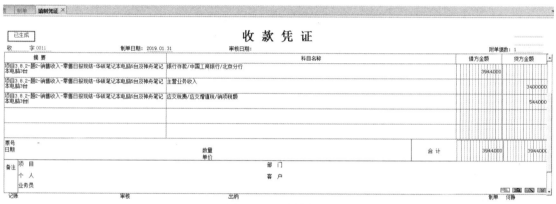

图 3-8-13　应收单据列表

③ 单击"审核"按钮，完成审核。

④ 执行"应收款管理"/"制单处理"命令，系统自动打开"制单查询"对话框。设置单据过滤条件，选中"现结制单"复选框。单击"确定"按钮，打开"现结制单"窗口，单击"全选"按钮。

⑤ 选择"凭证类型"为"收款凭证"，单击"制单"按钮，系统自动生成一张凭证，单击"保存"按钮，如图 3-8-14 所示。再单击"退出"按钮，退出应收款管理系统。

收　款　凭　证

图 3-8-14　收款凭证

（5）在存货核算系统中进行操作。

① 执行"业务核算"/"正常单据记账"命令，系统自动弹出"正常单据记账列表"。设置仓库为"电脑库"，设置单据类型为"销售日报"，如图 3-8-15 所示。

② 单击"确定"按钮，系统显示符合条件的单据；单击"全选"按钮，选择需要记账的单据；单击"记账"按钮后退出。

微课：现收凭证及结转零售成本

图 3-8-15　正常单据记账列表

③ 执行"财务核算"/"生成凭证"命令，打开"生成凭证"窗口。单击"选择"按钮，打开生成凭证的"查询条件"对话框。选中"销售日报"复选框，单击"确定"按钮。在打开的"未生成凭证单据一览表"中，选择"电脑库"及需要生成凭证的单据。

④ 返回“生成凭证”窗口，核对入账科目是否正确，如图 3-8-16 所示。

选择	单据类型	单据号	摘要	科目类型	科目编码	科目名称	借方金额	贷方金额	借方数量	贷方数量	科目方向	存货编码	存货名称	部门名称	业务员名称	供应商名称	客户名称	单据日期
1	销售日报	0000000002	销售日报	对方	6401	主营业务成本	17,500.00		5.00		1	0101005	华硕笔记本电脑	销售一部	黄敏		零散客户	2019-01-31
				存货	1405	库存商品		17,500.00		5.00	2	0101005	华硕笔记本电脑	销售一部	黄敏		零散客户	2019-01-31
				对方	6401	主营业务成本	10,666.68		3.00		1	0101004	神舟笔记本电脑	销售一部	黄敏		零散客户	2019-01-31
				存货	1405	库存商品		10,666.68		3.00	2	0101004	神舟笔记本电脑	销售一部	黄敏		零散客户	2019-01-31
合计							28,166.68	28,166.68										

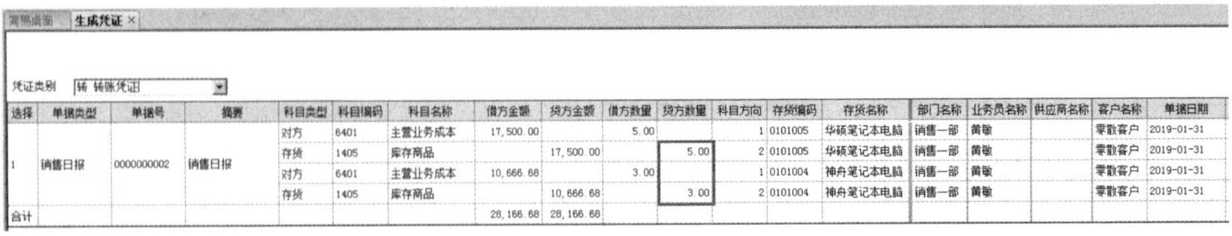

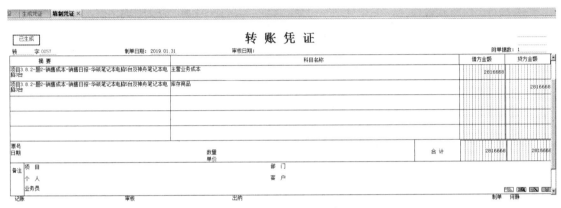

图 3-8-16 “生成凭证”窗口

⑤ 单击“合成”按钮，系统生成一张结转销售成本的凭证，单击“保存”按钮，如图 3-8-17 所示。单击“退出”按钮后退出。

图 3-8-17 结转销售成本凭证

3. 数据备份

退出“企业门户”，在系统管理中由系统管理员执行“账套”/“输出”命令，将数据存储在“E：U8 V10.1\供应链数据\606-3-8”中。

3.8.4 评价考核

1. 评价标准

根据项目实施的情况，实行过程评价与结果评价相结合的评价方式，评价标准如表 3-8-3 所示。

表 3-8-3　　评价标准　　单位：分

评价类别	评价属性	评价项目	分数
过程评价（40%）	实训态度	遵章守纪	10
		按要求及时完成	10
		操作细致有耐心	10
		独立完成	10
		小计	40
结果评价（60%）	实施效果	零售日报填写正确	20
		结转销售成本正确	20
		确认应收款项并正确制单	20
		小计	60

2．评定等级

根据得分情况评定等级，如表 3-8-4 所示。

表 3-8-4 评定等级 单位：分

等级标准	优	良	中	及格	不及格
分数区间	≥90	80（含）～90	70（含）～80	60（含）～70	<60
实际得分					

任务 3.9 | 销售账表统计分析

云班课——线上导航

安装"蓝墨云"手机客户端，在手机上运行"蓝墨云"，点击右上角"+"，输入邀请码 121388，活动内容见表 3-9-1；翻转课堂资源列用微信扫描二维码获取。

表 3-9-1 销售账表统计分析线上导航

翻转课堂	性质 场景	对象		学生活动		教师活动		互动活动
				项目三 销售管理系统			**任务 3.9 销售账表统计分析**	
空间分布	前置学习	线上云班课	探索、导学	活动1	**认知** 学习企业销售账表统计分析的背景知识	活动1	**构建** 销售账表统计分析资源库	活动1	**教师调查** 知识、技能设计方案的难易程度
				活动2	**观看** 销售账表统计分析的操作视频及课件	活动2	**上传** 演示视频、课件等背景知识资料	活动2	**学生自评** 初学效果
									教师评估调整 教学方案
	课中学习	线下机房实训	归纳、内化	活动3	**模拟** 3.9.1 分析销售收入明细表 3.9.2 分析销售成本明细表 3.9.3 分析销售毛利 3.9.4 分析商品周转率 3.9.5 分析商品销售市场 3.9.6 完成账套备份工作	活动3	**演示** 查询各类销售账表明细表及财务分析过程	活动3	**教师跟踪** 学生团队、学生个人的学习效果
				活动4	**反映** 知识问题、技能问题	活动4	**答疑解惑** 纠正操作错误	活动4	**师生共同解决问题**
									共同调整教学方法
	课后学习	线上云班课	演绎、拓展	活动5	**巩固** 复习知识点及单项实训	活动5	**评价** 学习效果	活动5	**教师开发** 拓展练习、拓展测验
				活动6	**自我测试** 综合实训	活动6	**查看** 测试结果	活动6	**学生学习经验交流**
									教师教学经验交流

3.9.1 背景知识

1. 基本认知

销售管理系统通过"账表"菜单的各种账表提供多角度、多方位的综合查询和分析服务。利用销售管理系统可以查询统计表、明细账，进行销售分析和综合分析。

2. 工作过程及岗位要求（见表 3-9-2）

表 3-9-2 销售账表统计分析工作过程及岗位要求

系统	销售管理系统
部门	销售部
岗位 操作员	账套主管（201 汪洋）
工作 过程	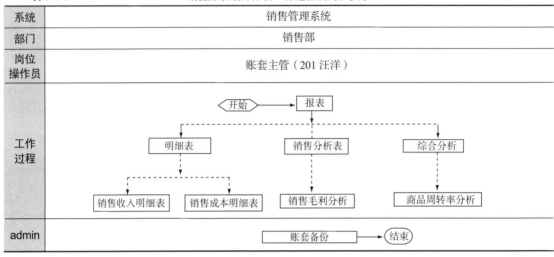
admin	账套备份 → 结束

3.9.2 任务资料

① 查询本月销售统计表。

② 查询本月发货统计表。

③ 查询本月销售综合统计表。

④ 查询本月销售收入明细账。

⑤ 查询本月销售成本明细账。

⑥ 对本月销售结构进行分析。

⑦ 进行销售毛利分析。

⑧ 进行商品销售市场分析。

⑨ 对本月销售情况进行综合分析。

3.9.3 任务实施

实施要求如下。

（1）能够查询各类账表。

（2）利用报表进行数据分析。

实训指导如下。

已经完成实训项目 3.8 的操作，或者引入"606-3-8"文件夹中的账套备份数据，将系统日期修改为 2019 年 1 月 31 日，以账套主管"201 江波"（密码 111）的身份登录 606 账套的"企业门户"。

微课：销售情况统计
分析

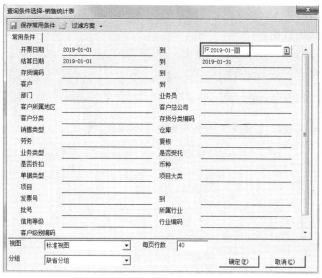

图 3-9-1 "查询条件选择-销售统计表"窗口

1. 查询本月销售统计表

销售统计表能够显示销售金额、折扣、成本、毛利等数据。其中，存货成本数据来源于存货核算系统，销售金额、折扣数据来源于销售管理系统的各种销售发票。

（1）进入销售管理系统，执行"报表"/"统计表"/"销售统计表"命令，弹出"查询条件选择-销售统计表"窗口，如图 3-9-1 所示。

（2）可以按查询要求进行设置。设置完毕后单击"过滤"按钮，系统显示查询结果，如图 3-9-2 所示。

销售统计表

开票日期：2019-01-01　2019-01-31　　结算日期　2019-01-01　2019-01-31

部门名称	业务员名称	存货名称	数量	单价	金额	税额	价税合计	折扣	成本	毛利	毛利率
销售二部	陈利	CPU	10.00	1,200.00	12,000.00	1,920.00	13,920.00	-920.00	13,000.00	-1,000.00	-8.33%
销售二部	陈利	LED显示屏	10.00	1,300.00	13,000.00	2,080.00	15,080.00		13,000.00		
销售二部	陈利	LED显示屏	10.00	1,200.00	12,000.00	1,920.00	13,920.00	-920.00	13,000.00	-1,000.00	-8.33%
销售二部	陈利	散热器	50.00	40.00	2,000.00	320.00	2,320.00		2,000.00		
销售二部	陈利	主板	10.00	880.00	8,800.00	1,408.00	10,208.00		8,800.00		
销售一部	黄敏	华硕笔记本电脑	10.00	4,500.00	45,000.00	7,200.00	52,200.00		35,000.00	10,000.00	22.22%
销售一部	黄敏	CPU	20.00	1,200.00	24,000.00	3,840.00	27,840.00	-3,840.00	16,300.00	7,700.00	32.08%
销售一部	黄敏	戴尔笔记本电脑	10.00	4,500.00	45,000.00	7,200.00	52,200.00	-7,200.00	40,000.00	5,000.00	11.11%
销售一部	黄敏	神舟笔记本电脑	20.00	4,000.00	80,000.00	12,800.00	92,800.00		64,000.00	16,000.00	20.00%
销售一部	黄敏	华硕笔记本电脑	17.00	4,285.29	72,850.00	11,656.00	84,506.00	-11,406.00	59,500.00	13,350.00	18.33%
销售一部	黄敏	三星笔记本电脑	5.00	5,000.00	25,000.00	4,000.00	29,000.00	-4,000.00	21,000.00	4,000.00	16.00%
销售一部	黄敏	散热器	120.00	40.00	4,800.00	768.00	5,568.00	-768.00	4,800.00		
销售一部	黄敏	华硕笔记本电脑	5.00	4,400.00	22,000.00	3,520.00	25,520.00		17,500.00	4,500.00	20.45%
销售一部	黄敏	神舟笔记本电脑	3.00	4,000.00	12,000.00	1,920.00	13,920.00		10,666.68	1,333.32	11.11%
销售一部	黄敏	戴尔笔记本电脑									
销售一部	黄敏	联想笔记本电脑	13.00	5,000.00	65,000.00	10,400.00	75,400.00	-10,400.00	54,600.00	10,400.00	16.00%
销售一部	黄敏	三星笔记本电脑	9.00	5,000.00	45,000.00	7,200.00	52,200.00	-5,400.00	38,700.00	6,300.00	14.00%
销售一部	黄敏	神舟笔记本电脑	8.00	4,000.00	32,000.00	5,120.00	37,120.00	-3,520.00	27,377.80	4,622.20	14.44%
总计			330.00	1,577.12	520,450.00	83,272.00	603,722.00	-48,374.00	439,244.48	81,205.52	15.60%

图 3-9-2 查询结果

小提示　在查询结果窗口中，还可以进行小计、合计等操作。

2. 查询本月发货统计表

发货统计表可以统计存货的期初、发货、开票和结存等各项业务数据。其中，根据发货单和退货单统计发货数量，根据销售发票、零售日报及对应的红字发票统计结算数据。

（1）执行"报表"/"统计表"/"发货统计表"命令，进入"条件过滤"窗口。

（2）输入开票的起始日期。

（3）单击"过滤"按钮，显示发货统计表。单击"小计"按钮，可以按部门或不同的客户进行小计，如图 3-9-3 所示。

发货统计表

日期：2019-01-01 2019-01-31

部门	客户	业务员	存货名称	期初数量	期初金额	期初税额	期初价税合计	期初折扣	发货数量	发货金额	发货税额	发货价税合计
销售二部	艾青公司	陈利	CPU						10.00	12,000.00	1,920.00	13,920.00
销售二部	艾青公司	陈利	LED显示屏	10.00	13,000.00	2,080.00	15,080.00					
	(小计)艾青公司			10.00	13,000.00	2,080.00	15,080.00		10.00	12,000.00	1,920.00	13,920.00
销售二部	光华公司	陈利	LED显示屏						10.00	12,000.00	1,920.00	13,920.00
	(小计)光华公司								10.00	12,000.00	1,920.00	13,920.00
销售二部	零散客户	陈利	华硕笔记本电脑						5.00	22,000.00	3,520.00	25,520.00
销售二部	零散客户	陈利	散热器						50.00	2,000.00	320.00	2,320.00
销售二部	零散客户	陈利	神舟笔记本电脑						3.00	12,000.00	1,920.00	13,920.00
销售二部	零散客户	陈利	主板						10.00	8,800.00	1,408.00	10,208.00
	(小计)零散客户								68.00	44,800.00	7,168.00	51,968.00
(小计)…				10.00	13,000.00	2,080.00	15,080.00		88.00	68,800.00	11,008.00	79,808.00
销售一部	艾青公司	黄敏	华硕笔记本电脑						10.00	45,000.00	7,200.00	52,200.00
	(小计)艾青公司								10.00	45,000.00	7,200.00	52,200.00
销售一部	光华公司	黄敏	神舟笔记本电脑	20.00	80,000.00	12,800.00	92,800.00					
	(小计)光华公司			20.00	80,000.00	12,800.00	92,800.00					
销售一部	锦利公司	黄敏	华硕笔记本电脑						17.00	72,850.00	11,656.00	84,506.00
销售一部	锦利公司	黄敏	三星笔记本电脑						5.00	25,000.00	4,000.00	29,000.00
销售一部	锦利公司	黄敏	散热器						120.00	4,800.00	768.00	5,568.00
	(小计)锦利公司								142.00	102,650.00	16,424.00	119,074.00
销售一部	新月公司	黄敏	惠普笔记本电脑	10.00	53,000.00	8,480.00	61,480.00					
销售一部	新月公司	黄敏	联想笔记本电脑						13.00	65,000.00	10,400.00	75,400.00
销售一部	新月公司	黄敏	三星笔记本电脑						9.00	45,000.00	7,200.00	52,200.00
销售一部	新月公司	黄敏	神舟笔记本电脑						8.00	32,000.00	5,120.00	37,120.00
	(小计)新月公司			10.00	53,000.00	8,480.00	61,480.00		30.00	142,000.00	22,720.00	164,720.00
(小计)…				30.00	133,000.00	21,280.00	154,280.00		182.00	289,650.00	46,344.00	335,994.00
总计				40.00	146,000.00	23,360.00	169,360.00		270.00	358,450.00	57,352.00	415,802.00

图 3-9-3　发货统计表

3. 查询本月销售综合统计表

本月销售综合统计表可以显示企业的订货、发货、开票、出库和汇款等数据。它综合了销售订单、销售发货单、销售发票和销售出库单的相关信息。

执行"报表"/"统计表"/"销售综合统计表"命令，进入"条件过滤"窗口。输入开票的起始日期。单击"过滤"按钮，显示销售综合统计表，如图 3-9-4 所示。

销售综合统计表

日期：2019-01-01 2019-01-31

日期	部门	客户	业务员	单据类型	订单号	订货数量	订货金额	订货价税合计	订货折扣	发货单号	发货数量	发货金额	发货价税合计原市	发货折扣	发票号	开票数量	开票金额	开票价税合计
2019/1/4	销售一部	光华公司	黄敏	现结														
2019/1/4	销售一部	光华公司	黄敏	销售专…											XS18010	20.00	80,000.00	92,800.00
(小计)2019…																20.00	80,000.00	92,800.00
2019/1/5	销售一部	锦利公司	黄敏	销售订单	F20190105	10.00	46,250.00	53,650.00	-7,150.00									
(小计)2019…						10.00	46,250.00	53,650.00	-7,150.00									
2019/1/7	销售一部	锦利公司	黄敏	发货单						0000000024	10.00	46,25…	53,650.00	-7,150…				
(小计)2019…											10.00	46,25…	53,650.00	-7,150…				
2019/1/10	销售二部	艾青公司	陈利	销售专…											XS19020	10.00	13,000.00	15,080.00
2019/1/10	销售一部	艾青公司	黄敏	销售订单	W20190110	10.00	45,000.00	52,200.00										
2019/1/10	销售一部	新月公司	黄敏	销售订单	D20190110	8.00	40,000.00	46,400.00	-6,400.00									
(小计)2019…						18.00	85,000.00	98,600.00	-6,400.00							10.00	13,000.00	15,080.00
2019/1/13	销售一部	新月公司	黄敏	销售出…														
2019/1/13	销售一部	新月公司	黄敏	发货单						0000000009	8.00	40,00…	46,400.00	-6,400…				
(小计)2019…											8.00	40,00…	46,400.00	-6,400…				
2019/1/14	销售二部	新月公司	黄敏	销售专…											XS19030	8.00	40,000.00	46,400.00
(小计)2019…																8.00	40,000.00	46,400.00
2019/1/15	销售二部	零散客户	陈利	销售出…														
2019/1/15	销售二部	零散客户	陈利	销售专…											0000000001	60.00	10,800.00	12,528.00
2019/1/15	销售二部	零散客户	陈利	发货单						0000000026	60.00	10,80…	12,528.00					
2019/1/15	销售一部	光华公司	黄敏	销售订单	T20190115	30.00	69,000.00	80,040.00	-11,040.00									
2019/1/15	销售一部	新月公司	黄敏	现结														
2019/1/15	销售一部	新月公司	黄敏	销售专…											XS19060	10.00	50,000.00	58,000.00
2019/1/15	销售一部	新月公司	黄敏	发货单						0000000012	10.00	50,00…	58,000.00	-6,000…				
2019/1/15	销售一部	新月公司	黄敏	销售订单	D20190115	10.00	50,000.00	58,000.00	-6,000.00									
						40.00	119,000.00	138,040.00	-17,040.00		70.00	60,80…	70,528.00	-6,000…		70.00	60,800.00	70,528.00
2019/1/16	销售一部	艾青公司	黄敏	销售出…														
2019/1/16	销售一部	艾青公司	黄敏	委托代…						0000000001	10.00	45,00…	52,200.00					
2019/1/16	销售一部	锦利公司	黄敏	发货单						0000000010	12.00	51,60…	59,856.00	-8,256…				
2019/1/16	销售一部	锦利公司	黄敏	销售订单	D20190116	132.00	56,400.00	65,424.00	-9,024.00									
(小计)2019…						132.00	56,400.00	65,424.00	-9,024.00		22.00	96,60…	112,056.00	-8,256…				

图 3-9-4　销售综合统计表

4．查询本月销售收入明细账

本月销售收入明细账可以显示各类销售发票（包括销售调拨单、零售日报、红字发票）的明细数据。与销售收入统计表相比，销售收入明细账提供的销售发票的查询信息更为详尽，包括票号、日期、数量、单价、对应的凭证号等，可以兼顾会计和业务的不同需要。

执行"报表"/"明细表"/"销售收入明细表"命令，进入"条件过滤"窗口，输入开票的起始日期。单击"过滤"按钮，显示销售收入明细账，如图 3-9-5 所示。

销售收入明细账

日期：	2019-01-01	2019-01-31	部门：			客户：			到			

业务员：

年	月	日	销售类型	单据类型	发票号	存货名称	数量	无税单价	含税单价	金额	税额	价税合计	折扣
2019	1	4	普通销售	销售专用发票	XS18010	神舟笔记本电脑	20.00	4,000.00	4,640.00	80,000.00	12,800.00	92,800.00	
2019	1	10	普通销售	销售专用发票	XS18020	LED显示屏	10.00	1,300.00	1,508.00	13,000.00	2,080.00	15,080.00	
2019	1	14	普通销售	销售专用发票	XS18030	联想笔记本电脑	8.00	5,000.00	5,800.00	40,000.00	6,400.00	46,400.00	-6,400.00
2019	1	15	门市销售	销售零售日报	0000000001	散热器	50.00	40.00	46.40	2,000.00	320.00	2,320.00	
2019	1	15	门市销售	销售零售日报	0000000001	主板	10.00	880.00	1,020.80	8,800.00	1,408.00	10,208.00	
2019	1	15	普通销售	销售专用发票	XS18060	三星笔记本电脑	10.00	5,000.00	5,800.00	50,000.00	8,000.00	58,000.00	-6,000.00
2019	1	18	普通销售	销售专用发票	XS18040	华硕笔记本电脑	12.00	4,300.00	4,988.00	51,600.00	8,256.00	59,856.00	-8,256.00
2019	1	18	普通销售	销售专用发票	XS18050	散热器	120.00	40.00	46.40	4,800.00	768.00	5,568.00	-768.00
2019	1	22	普通销售	销售专用发票	XS18070	CPU	10.00	1,200.00	1,392.00	12,000.00	1,920.00	13,920.00	-920.00
2019	1	22	直运销售	销售专用发票	XS18100	CPU	20.00	1,200.00	1,392.00	24,000.00	3,840.00	27,840.00	-3,840.00
2019	1	22	直运销售	销售专用发票	XS18100	戴尔笔记本电脑	10.00	4,500.00	5,220.00	45,000.00	7,200.00	52,200.00	-7,200.00
2019	1	25	普通销售	销售专用发票	XS18080	神舟笔记本电脑	10.00	4,000.00	4,640.00	40,000.00	6,400.00	46,400.00	-4,400.00
2019	1	25	委托代销	销售专用发票	0000000002	华硕笔记本电脑	10.00	4,500.00	5,220.00	45,000.00	7,200.00	52,200.00	
2019	1	27	分期收款销售	销售专用发票	XS18101	华硕笔记本电脑	5.00	4,250.00	4,930.00	21,250.00	3,400.00	24,650.00	-3,150.00
2019	1	27	分期收款销售	销售专用发票	XS18101	三星笔记本电脑	5.00	5,000.00	5,800.00	25,000.00	4,000.00	29,000.00	-4,000.00
2019	1	28	分期收款销售	销售专用发票	XS18102	LED显示屏	10.00	1,200.00	1,392.00	12,000.00	1,920.00	13,920.00	-920.00
2019	1	28	普通销售	销售专用发票	XS18090	戴尔笔记本电脑	5.00	4,600.00	5,336.00	23,000.00	3,680.00	26,680.00	-3,430.00
2019	1	28	普通销售	销售专用发票	XS18090	联想笔记本电脑	5.00	5,000.00	5,800.00	25,000.00	4,000.00	29,000.00	-4,000.00
2019	1	30	销售退回	销售专用发票	XS18080-	神舟笔记本电脑	-2.00	4,000.00	4,640.00	-8,000.00	-1,280.00	-9,280.00	880.00
2019	1	30	销售退回	销售专用发票	XS18090-	戴尔笔记本电脑	-5.00	4,600.00	5,336.00	-23,000.00	-3,680.00	-26,680.00	3,430.00
2019	1	31	门市销售	销售零售日报	0000000002	华硕笔记本电脑	5.00	4,400.00	5,104.00	22,000.00	3,520.00	25,520.00	
2019	1	31	门市销售	销售零售日报	0000000002	神舟笔记本电脑	3.00	4,000.00	4,640.00	12,000.00	1,920.00	13,920.00	
2019	1	31	销售退回	销售专用发票	XS18060-	三星笔记本电脑	-1.00	5,000.00	5,800.00	-5,000.00	-800.00	-5,800.00	600.00
2019	(小计)1						330.00	1,577.12	1,829.46	520,450.00	83,272.00	603,722.00	-48,374.00
(…)							330.00	1,577.12	1,829.46	520,450.00	83,272.00	603,722.00	-48,374.00
总计							330.00	1,577.12	1,829.46	520,450.00	83,272.00	603,722.00	-48,374.00

图 3-9-5　销售收入明细账

5．查询本月销售成本明细账

销售成本明细账可以显示各种销售存货的销售成本情况。销售出库单、出库调整单、销售发票是销售成本明细账的数据来源。销售成本明细账比销售收入统计表提供的存货销售成本的信息更为详尽，可以兼顾会计和业务的不同需要。如果没有启用总账系统和存货核算系统，则无法查询销售成本明细账。

执行"报表"/"明细表"/"销售成本明细表"命令，进入"条件过滤"窗口，输入开票的起始日期。单击"过滤"按钮，显示销售成本明细账，如图 3-9-6 所示。

6．对本月销售结构进行分析

销售结构分析可以按照不同的分组条件，如客户、业务员、存货等，对任意时间段的销售构成情况进行分析。按照存货，可以分别统计发出的货物数量占整个发货数量的百分比、各类发出货物的销售收入占全部销售收入的百分比、发出货物的销售额占销售总金额的百分比等数据。在这种情况下，用户还可以分析货物是否滞销。

执行“报表”/“销售分析”/“销售结构分析”命令，进入“条件过滤”窗口，输入开票的起始日期。单击“过滤”按钮，显示销售结构分析表，如图3-9-7所示。

简易桌面　销售成本明细账 ×

销售成本明细账

记账日期：

单据日期：　2019-01-01　　2019-01-31

会计月	部门	客户	业务员	单据号	数量	单价	成本
1	销售二部	艾青公司	陈利	XS19020	10.00	1,300.00	13,000.00
1	销售二部	艾青公司	陈利	XS19070	10.00	1,300.00	13,000.00
1	销售二部	光华公司	陈利	XS19102	10.00	1,300.00	13,000.00
1	销售二部	零散客户	陈利	0000000001	60.00	180.00	10,800.00
1	(小计)销售二部				90.00	553.33	49,800.00
1	销售一部	艾青公司	黄敏	0000000003	10.00	3,500.00	35,000.00
1	销售一部	光华公司	黄敏	0000000002	30.00	1,876.67	56,300.00
1	销售一部	光华公司	黄敏	XS18010	20.00	3,200.00	64,000.00
1	销售一部	精利公司	黄敏	XS19040	12.00	3,500.00	42,000.00
1	销售一部	精利公司	黄敏	XS19050	120.00	40.00	4,800.00
1	销售一部	精利公司	黄敏	XS19101	10.00	3,850.00	38,500.00
1	销售一部	零散客户	黄敏	0000000002	8.00	3,520.84	28,166.68
1	销售一部	新月公司	黄敏	XS09060-	-1.00	4,300.00	-4,300.00
1	销售一部	新月公司	黄敏	XS1901090-	-5.00	4,000.00	-20,000.00
1	销售一部	新月公司	黄敏	XS19030	8.00	4,200.00	33,600.00
1	销售一部	新月公司	黄敏	XS19060	10.00	4,300.00	43,000.00
1	销售一部	新月公司	黄敏	XS19080	10.00	3,377.78	33,777.80
1	销售一部	新月公司	黄敏	XS19080-	-2.00	3,200.00	-6,400.00
1	销售一部	新月公司	黄敏	XS19090	10.00	4,100.00	41,000.00
1	(小计)销售一部				240.00	1,622.69	389,444.48
(小计)1					330.00	1,331.04	439,244.48
总计					330.00	1,331.04	439,244.48

图3-9-6　销售成本明细账

简易桌面　销售结构分析 ×

销售结构分析

日期：　2019-01-01　　2019-01-31

客户	存货名称	发货数量	发货数量%	发货金额	发货金额%	退货数量	退货数量%	退货金额	退货金额%	销售数量	销售数量%	销售金额	销售金额%	销售收入	销售收入%	销售成本	销售成本%	销售毛利	销售毛利%
艾青公司	CPU	10.00	3.33%	13,920.00	2.66%					10.00	3.03%	13,920.00	2.31%	12,000.00	2.31%	13,000.00	2.96%	-1,000.00	-1.23%
艾青公司	LED显示屏	10.00	3.33%	15,080.00	2.88%					10.00	3.03%	15,080.00	2.50%	13,000.00	2.50%	13,000.00	2.96%		
艾青公司	华硕笔记…	10.00	3.33%	52,200.00	9.97%					10.00	3.03%	52,200.00	8.65%	45,000.00	8.65%	35,000.00	7.97%	10,000.00	12.31%
光华公司	CPU									20.00	6.06%	27,840.00	4.61%	24,000.00	4.61%	16,300.00	3.71%	7,700.00	9.48%
光华公司	LED显示屏	10.00	3.33%	13,920.00	2.66%					10.00	3.03%	13,920.00	2.31%	12,000.00	2.31%	13,000.00	2.96%	-1,000.00	-1.23%
光华公司	戴尔笔记…									10.00	3.03%	52,200.00	8.65%	45,000.00	8.65%	40,000.00	9.11%	5,000.00	6.16%
光华公司	华硕笔记…					-10.00	55.56%	-49,880.00	54.43%										
光华公司	神舟笔记…	20.00	6.67%	92,800.00	17.72%					20.00	6.06%	92,800.00	15.37%	80,000.00	15.37%	64,000.00	14.57%	16,000.00	19.70%
精利公司	华硕笔记…	17.00	5.67%	84,506.00	16.14%					17.00	5.15%	84,506.00	14.00%	72,850.00	14.00%	59,500.00	13.55%	13,350.00	16.44%
精利公司	三星笔记…	5.00	1.67%	29,000.00	5.54%					5.00	1.52%	29,000.00	4.80%	25,000.00	4.80%	21,000.00	4.78%	4,000.00	4.93%
精利公司	散热器	120.00	40.00%	5,568.00	1.06%					120.00	36.36%	5,568.00	0.92%	4,800.00	0.92%	4,800.00	1.09%		
零散客户	华硕笔记…	5.00	1.67%	25,520.00	4.87%					5.00	1.52%	25,520.00	4.23%	22,000.00	4.23%	17,500.00	3.98%	4,500.00	5.54%
零散客户	散热器	50.00	16.67%	2,320.00	0.44%					50.00	15.15%	2,320.00	0.38%	2,000.00	0.38%	2,000.00	0.46%		
零散客户	神舟笔记…	3.00	1.00%	13,920.00	2.66%					3.00	0.91%	13,920.00	2.31%	12,000.00	2.31%	10,666.68	2.43%	1,333.32	1.64%
零散客户	主板	10.00	3.33%	10,208.00	1.95%					10.00	3.03%	10,208.00	1.69%	8,800.00	1.69%	8,800.00	2.00%		
新月公司	戴尔笔记…					-5.00	27.78%	-26,680.00	29.11%										
新月公司	联想笔记…	13.00	4.33%	75,400.00	14.40%					13.00	3.94%	75,400.00	12.49%	65,000.00	12.49%	54,600.00	12.43%	10,400.00	12.81%
新月公司	三星笔记…	9.00	3.00%	52,200.00	9.97%	-1.00	5.56%	-5,800.00	6.33%	9.00	2.73%	52,200.00	8.65%	45,000.00	8.65%	38,700.00	8.81%	6,300.00	7.76%
新月公司	神舟笔记…	8.00	2.67%	37,120.00	7.09%	-2.00	11.11%	-9,280.00	10.13%	8.00	2.42%	37,120.00	6.15%	32,000.00	6.15%	27,377.80	6.23%	4,622.20	5.69%
总计		300.00	100.00%	523,682.00	100.00%	-18.00	100.00%	-91,640.00	100.00%	330.00	100.00%	603,722.00	100.00%	520,450.00	100.00%	439,244.48	100.00%	81,205.52	100.00%

图3-9-7　销售结构分析表

7. 销售毛利分析

销售毛利分析可以分析货物在不同期间的毛利变动及影响毛利变动的原因。

执行“账表”/“销售分析”/“销售毛利分析”命令，进入“条件过滤”窗口，输入开票的起始日期。单击“过滤”按钮，显示销售毛利分析表，如图3-9-8所示。

8. 商品销售市场分析

商品销售市场分析可以分析某一时间段内部门或业务员所负责的客户或地区的销售及其回款情况，还可以分析已发货未开票的比例情况等。

执行“报表”/“销售分析”/“市场分析”命令，进入“条件过滤”窗口，输入开票的起始日期。单击“过滤”按钮，显示销售市场分析表，如图3-9-9所示。

销售毛利分析

前期： 本期：

部门	存货名称	前期				本期				数量增减及成本影响		
		前期数量	前期售价	前期成本	前期毛利	本期数量	本期售价	本期成本	本期毛利	毛利	前期金额	前期成本额
销售二部	CPU					10.00	1,200.00	1,300.00	-1,000.00	-1,000.00		
销售二部	LED显示屏					20.00	1,250.00	1,300.00	-1,000.00	-1,000.00		
销售二部	散热器					50.00	40.00	40.00				
销售二部	主板					10.00	880.00	880.00				
(小计)销…						90.00	531.11	3,520.00	-2,000.00	-2,000.00		
销售一部	CPU					20.00	1,200.00	815.00	7,700.00	7,700.00		
销售一部	戴尔笔记本电脑					10.00	4,500.00	4,000.00	5,000.00	5,000.00		
销售一部	华硕笔记本电脑					32.00	4,370.31	3,500.00	27,850.00	27,850.00		
销售一部	联想笔记本电脑					13.00	5,000.00	4,200.00	10,400.00	10,400.00		
销售一部	三星笔记本电脑					14.00	5,000.00	4,264.29	10,300.00	10,300.00		
销售一部	散热器					120.00	40.00	40.00				
销售一部	神舟笔记本电脑					31.00	4,000.00	3,291.76	21,955.52	21,955.52		
(小计)销…						240.00	1,969.38	20,111.05	83,205.52	83,205.52		
总计						330.00	1,577.12	23,631.05	81,205.52	81,205.52		

图 3-9-8　销售毛利分析表

市场分析

时间：　2019-01-01　　2019-01-31

客户	发货金额	发货金额%	发货价税合计	发货价税合计%	开票金额	开票金额%	开票价税合计	开票价税合计%	应收余额	应收金额%
艾青公司	57,000.00	15.90%	66,120.00	15.90%	70,000.00	13.45%	81,200.00	13.45%	13,920.00	6.23%
光华公司	12,000.00	3.35%	13,920.00	3.35%	161,000.00	30.93%	186,760.00	30.93%	87,000.00	38.91%
精利公司	102,650.00	28.64%	119,074.00	28.64%	102,650.00	19.72%	119,074.00	19.72%	26,825.00	12.00%
零散客户	44,800.00	12.50%	51,968.00	12.50%	44,800.00	8.61%	51,968.00	8.61%	12,528.00	5.60%
新月公司	142,000.00	39.62%	164,720.00	39.62%	142,000.00	27.28%	164,720.00	27.28%	75,900.00	33.94%
运输部门									7,424.00	3.32%
总计	358,450.00	100.00%	415,802.00	100.00%	520,450.00	100.00%	603,722.00	100.00%	223,597.00	100.00%

图 3-9-9　销售市场分析表

9．对本月销售情况进行综合分析

销售情况综合分析分为动销分析、商品周转率分析、畅适滞分析和经营状况分析等。

动销分析可以按存货/部门分析任意时间内销售货物中的动销率及未动销货物的时间构成。

商品周转率分析可以分析某时间范围内某部门所经营商品的周转速度。使用此功能时，一定要选择分析时间。如果选择周转率类别为发货周转率，则周转指发货；如果选择周转率类别为销售周转率，则周转指销售周转。

10．数据备份

退出“企业门户”，在系统管理中由系统管理员执行“账套”/“输出”命令，将数据存储在“E：\ U8-V10.1 供应链数据 \606-3-9”中。

3.9.4　评价考核

1．评价标准

根据项目实施的情况，实行过程评价与结果评价相结合的评价方式，评价标准如表 3-9-3 所示。

表 3-9-3　　评价标准　　单位：分

评价类别	评价属性	评价项目	分数
过程评价（40%）	实训态度	遵章守纪	10
		按要求及时完成	10
		操作细致有耐心	10
		独立完成	10
		小计	40

续表

评价类别	评价属性	评价项目	分数
结果评价 （60%）	实施效果	能够正确查询各类账表	20
		能够正确理解报表数据	20
		能够正确分析相关账表数据	20
		小计	60

2．评定等级

根据得分情况评定等级，如表 3-9-4 所示。

表 3-9-4　　　　　　　　　　　　　评定等级　　　　　　　　　　　　　单位：分

等级标准	优	良	中	及格	不及格
分数区间	≥90	80（含）～90	70（含）～80	60（含）～70	<60
实际得分					

项目四
库存管理系统

- **项目目标**

能够运用库存管理系统完成系统初始化设置中的必要选项操作；能够对企业库存环节中发生的一般商品出入库业务进行单据处理；能够对特殊业务中内部转库的调拨业务及仓库月末盘点中出现的盘盈盘亏情况进行及时处理。

- **知识概要**

库存管理系统是用友 ERP—U8 供应链管理系统的重要模块，它具有以下功能：能满足采购入库、销售出库、产成品入库、材料出库、其他出入库、盘点管理和形态转换等业务需要，可提供仓库货位管理、批次管理、保质期管理、出库跟踪入库管理和可用量管理等全面的业务管理服务。

库存管理系统既可以和采购管理系统、销售管理系统、存货核算系统集成使用，又可以单独使用。

库存管理系统可以参照采购管理系统的采购订单、采购到货单生成采购入库单，可以将入库情况反馈到采购管理系统。采购管理系统向库存管理系统提供预计入库量。

根据选项设置，销售出库单可以在库存管理系统中填制、生成，也可以在销售管理系统中被生成后传递到库存管理系统，库存管理系统再进行审核。如果在库存管理系统中生成，则需要参照销售管理系统的发货单、销售发票。销售管理系统为库存管理系统提供预计出库量，库存管理系统为销售管理系统提供可用于销售的存货量。

库存管理系统为存货核算系统提供各种出入库单据。所有出入库单据均在库存管理系统中填制；存货核算系统只能填写出入库单据的单价、金额，并可对出入库单据进行记账操作，核算出入库的成本。

- **重点、难点**

重点：及时处理仓库各类出入库单据，掌握内部转库业务调拨单据的处理及盘点单据的处理。

难点：掌握盘盈及盘亏业务单据的处理。

- **实训内容**

任务名称	工作要求
任务 4.1　调拨业务	填制移库单据、记账
任务 4.2　盘点业务	填制盘盈、盘亏单据，记账，生成凭证

任务 4.1 | 调拨业务

云班课——线上导航

安装"蓝墨云"手机客户端，在手机上运行"蓝墨云"，点击右上角"+"，输入邀请码 121388，可进入云班课堂，活动内容见表 4-1-1；翻转课堂资源用微信扫描二维码获取。

表 4-1-1 调拨业务线上导航

项目四 库存管理系统						任务 4.1 调拨业务	
翻转课堂	性质	对象 场景	学生活动		教师活动		互动活动
前置学习	线上 云班课	探索、导学	活动 1	认知 学习企业库存管理中调拨业务的知识背景	活动 1	构建 库存调拨业务资源库	活动 1	教师调查 知识、技能设计方案的难易程度
			活动 2	观看 调拨业务的操作视频及课件	活动 2	上传 演示视频、课件等背景知识资料	活动 2	学生自评 初学效果
								教师评估调整 教学方案
空间分布	课中学习	线下机房实训	归纳、内化	活动 3	模拟 4.1.1 完成库存调拨单的填制与审核工作 4.1.2 完成发货单的填制与审核工作 4.1.3 完成调拨业务的核算工作 4.1.4 完成账套备份工作	活动 3	演示 库存调拨业务单据处理及会计核算的过程	活动 3	教师跟踪 学生团队、学生个人的学习效果
			活动 4	反映 知识问题、技能问题	活动 4	答疑解惑 纠正操作错误	活动 4	师生共同解决问题
								共同调整教学方法
课后学习	线上 云班课	演绎、拓展	活动 5	巩固 复习知识点及单项实训	活动 5	评价 学习效果	活动 5	教师开发 拓展练习、拓展测验
			活动 6	自我测试 综合实训	活动 6	查看 测试结果	活动 6	学生学习经验交流
								教师教学经验交流

4.1.1 背景知识

1. 基本认知

库存管理系统中提供了调拨单功能用于修理仓库之间存货的转库业务或部门之间的存货调拨业务。如果调拨单上的转出部门和转入部门不同，表示是部门之间的调拨业务；如果调拨单上的转出部门和转入部门相同，但转出仓库和转入仓库不同，表示是仓库之间的转库业务。

商品内部调拨业务在性质上不属于商品销售行为，不做销售处理，也不进行结算。发生商品调拨时，在进行会计核算时只做明细账的改动，库存商品账户总额保持不变。

2. 工作过程及岗位要求（见表 4-1-2）

表 4-1-2　　　　　　　　　　　　存货调拨业务工作过程及岗位要求

系统	库存管理	存货核算
部门	仓储部	财务部
岗位操作员	账套主管（201 江波做初始设置）、库管员（501 肖健做出库、入库调拨单）	会计员（202 何静）
工作过程	调拨业务　开始 → 进行选项设置中专用设置 → 允许修改调拨单生成的其他出入库单据 → 调拨业务 → 填制调拨单 → 审核	业务核算 → 特殊单据记账 → 是否恢复记账（是/否）→ 勾选调拨单 → 生成凭证 借：库存商品——×明细 贷：库存商品——×明细
admin	结束 ← 账套备份	

4.1.2　任务资料

① 2019 年 1 月 8 日，由于配件库要进行部分养护维修，故将该库中的 LED 显示屏 110 台和 CPU 25 只全部移至电脑库，由仓储部肖建负责。

② 2019 年 1 月 15 日，配件库的维修完毕，将暂时转入电脑库的 LED 显示屏 110 台和 CPU 25 只全部移回配件库，由仓储部肖建负责。

4.1.3　任务实施

实施要求如下。

（1）掌握调拨单的填写方法。

（2）理解调拨业务的流程。

微课：配件库转电脑库的调拨单据处理

实施指导如下。

已经完成任务 3.9 的操作，或者引入 E 盘中 "606-3-9" 文件夹中的账套备份数据，将系统日期修改为 2019 年 1 月 31 日，以操作员 "501 肖建"（无密码）的身份登录 606 账套的 "企业门户"。

1. 第 1 笔业务的操作处理

该笔业务是将存货从一个仓库转移至另一个仓库，需要在库存管理系统中填制调拨单，并保存和审核该调拨单。

（1）以操作员 "401 黄敏" 的身份进入库存管理系统。

① 执行"调拨业务"/"调拨单"命令，打开"调拨单"窗口。单击"增加"按钮，进入新增调拨单业务操作窗口，输入业务日期、转出仓库和转入仓库、出入库类别、经手人、存货等信息，如图 4-1-1 所示。

图 4-1-1　调拨单

② 单击"保存"按钮，并进行审核。

③ 执行"出库业务"/"其他出库单"命令，单击末页右箭头按钮"→|"，系统自动根据调拨单生成一张其他出库单，单击"审核"按钮，如图 4-1-2 所示。

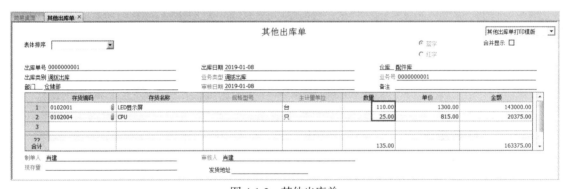

图 4-1-2　其他出库单

④ 执行"入库业务"/"其他入库单"命令，单击末页右箭头按钮"→|"，系统自动根据调拨单生成一张其他入库单，选中 LED 显示屏或 CPU 的数量栏，可显示单据底部现存量，单击"审核"按钮，如图 4-1-3 所示。

图 4-1-3　其他入库单

（2）更换操作员，以"202何静"的身份进入存货核算系统。

① 执行"业务核算"/"特殊单据记账"命令，系统弹出"特殊单据记账条件"对话框。选择"单据类型"为"调拨单"，选中"出库单上系统已填写的金额记账时重新计算"复选框，如图4-1-4所示。单击"确定"按钮，进入"未记账单据一览表"窗口，查看"特殊单据记账"列表，如图4-1-5所示。

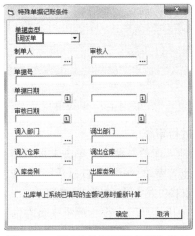

图 4-1-4 "特殊单据记账条件"窗口

② 单击"全选"按钮，再单击"记账"按钮，完成对调拨单的记账。

选择	单据号	单据日期	转入仓库	转出仓库	转入部门	转出部门	经手人	审核人	制单人
Y	0000000001	2019-01-08	电脑库	配件库	仓储部	仓储部	肖建	肖建	肖建
小计									

图 4-1-5 特殊单据记账

◇ 如果在期初存货核算系统中设置了"存货核算"按仓库核算，那么此时转出仓库和转入仓库必须输入。

◇ 为了便于进行账表统计，应选择出库类别和入库类别。

◇ 调拨单审核后，系统自动生成其他出库单和其他入库单，系统自动生成的单据不允许修改。如果上游单据被删除，如调拨单被删除，则下游单据，如其他出库单和其他入库单，会自动被删除。

◇ 在"特殊单据记账条件"窗口中，如果没有选中"出库单上系统已填写的金额记账时重新计算"复选框，则单击"记账"按钮后，系统弹出要求输入对应存货单价的窗口，此时用户应填入存货的成本价。

2. 第2笔业务的操作处理

该笔业务与第一笔业务类似，将存货从一个仓库转到另一个仓库，填写调拨单，审核其他出库单和其他入库单，并进行特殊单据的记账。

（1）行"调拨业务"/"调拨单"命令，打开"调拨单"窗口。单击"增加"按钮，进入新增调拨单业务操作窗口。输入业务日期、转出仓库和转入仓库、出入库类别、经手人、存货等信息，如图4-1-6所示。

图 4-1-6　调拨单

（2）单击"保存"按钮，并进行审核。

（3）执行"入库业务"/"其他入库单"命令，单击末页右箭头按钮"→|"，系统自动根据调拨单生成一张其他入库单，选中 LED 显示屏或 CPU 的数量栏目，可显示单据底部现存量，单击"审核"按钮，如图 4-1-7 所示。

（4）执行"出库业务"/"其他出库单"命令，单击末页右箭头按钮"→|"，系统自动根据调拨单生成一张其他出库单。单击"审核"按钮，如果出现超库存情况，可进入"库存管理"/"初始设置"/"选项"中，在专业设置中补充"允许超调拨单出库"选项，然后重新"审核"，生成其他出库单，如图 4-1-8 所示。

微课：电脑库转配件库的调拨单据处理

图 4-1-7　其他入库单

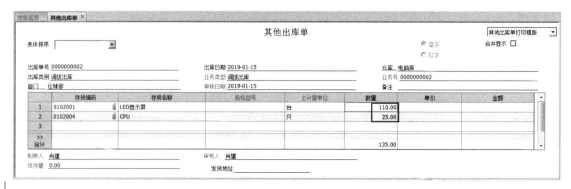

图 4-1-8　其他出库单

（5）执行"业务核算"/"特殊单据记账"命令，对维修完成入电脑库的显示屏及 CPU 单据进行记账处理，如图 4-1-9 所示。

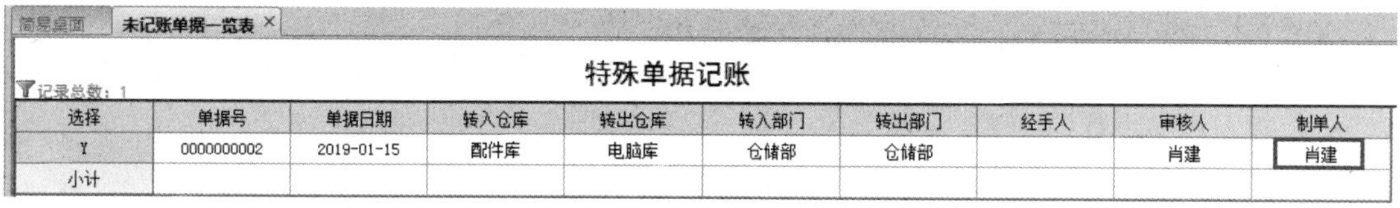
简易桌面
未记账单据一览表
特殊单据记账
记录总数：1
选择
单据号
单据日期
转入仓库
转出仓库
转入部门
转出部门
经手人
审核人
制单人
Y
0000000002
2019-01-15
配件库
电脑库
仓储部
仓储部
肖建
肖建
小计

图 4-1-9　特殊单据记账

3．数据备份

退出“企业门户”，在系统管理中由系统管理员执行“账套”/“输出”命令，将数据存储在“E：\U8-V10.1 供应链数据 \606-4-1”中。

4.1.4　评价考核

1．评价标准

根据项目实施的情况，实行过程评价与结果评价相结合的评价方式，评价标准如表 4-1-3 所示。

表 4-1-3　评价标准　单位：分

评价类别	评价属性	评价项目	分数
过程评价（40%）	实训态度	遵章守纪	10
		按要求及时完成	10
		操作细致有耐心	10
		独立完成	10
		小计	40
结果评价（60%）	实施效果	调拨流程处理正确	20
		调拨单录入正确	20
		下游单据生成正确	20
		小计	60

2．评定等级

根据得分情况评定等级，如表 4-1-4 所示。

表 4-1-4　评定等级　单位：分

等级标准	优	良	中	及格	不及格
分数区间	≥90	80（含）~90	70（含）~80	60（含）~70	<60
实际得分					

任务 4.2　盘点业务

云班课——线上导航

安装“蓝墨云”手机客户端，在手机上运行“蓝墨云”，点击右上角“+”，输入邀请码 121388，可进入云班课堂，活动内容见表 4-2-1 所示；翻转课堂资源用微信扫描二维码获取。

表 4-2-1　　　　　　　　　　　　　　　　盘点业务线上导航

项目四　库存管理系统						任务 4.2　盘点业务			
翻转课堂	性质	对象 场景	学生活动		教师活动		互动活动		
前置 学习	线上 云班课	探索、导学	活动 1	认知 学习企业库存环节盘点 业务的背景知识	活动 1	构建 库存盘点业务 资源库	活动 1	教师调查 知识、技能设计 方案的难易程度	
			活动 2	观看 库存盘点业务的操作 视频及课件	活动 2	上传 演示视频、课件等 背景知识资料	活动 2	学生自评 初学效果	
								教师评估调整 教学方案	
空间 分布	课中 学习	归纳、内化	活动 3	模拟 4.2.1　完成库存盘点单的填制 　　　与审核工作 4.2.2　生成盘盈或盘亏的其他 　　　入库单或其他出库单 4.2.3　完成盘点业务的凭证生 　　　成工作 4.2.4　完成账套备份工作	活动 3	演示 盘点业务单据处 理及会计核算的 过程	活动 3	教师跟踪 学生团队、学生 个人的学习效果	
			活动 4	反映 知识问题、技能问题	活动 4	答疑解惑 纠正操作错误	活动 4	师生共同 解决问题	
								共同调整 教学方法	
	课后 学习	演绎、拓展	活动 5	巩固 复习知识点及单项实训	活动 5	评价 学习效果	活动 5	教师开发 拓展练习、拓展 测验	
	线上 云班课		活动 6	自我测试 综合实训	活动 6	查看 测试结果	活动 6	学生学习 经验交流	
								教师教学 经验交流	

4.2.1　背景知识

1．基本认知

库存管理系统中提供了用盘点单定期对仓库中的存货进行盘点的功能。存货盘点报告表是证明企业存货盘盈、盘亏和毁损，据以调整存货实存数的书面凭证，经企业领导批准后，可作为原始凭证入账。

本项目提供两种主要盘点方法：按仓库盘点和按批次盘点，还可对各仓库或年批次中的全部或部分存货进行盘点，盘盈、盘亏的结果可自动生成入库单和出库单。

2. 工作过程及岗位要求（见表 4.2.2）

表 4-2-2 盘点业务工作过程及岗位要求

系统	库存管理		存货核算
部门	仓储部	财务部	
岗位操作员	库管员（501 肖建）	账套主管（201 江波）	会计员（202 何静）
工作过程			
admin	结束 ← 账套备份		

4.2.2 任务资料

① 2019 年 1 月 31 日，仓储部肖建对电脑库中的所有存货进行了盘点，电脑库中的实际存货数量如表 4-2-3 所示。

表 4-2-3 电脑库中的实际存货数量

仓库名称	存货编码和名称	主计量单位	账面数量	盘点数量
电脑库	001 联想笔记本电脑	台	17	16
电脑库	002 戴尔笔记本电脑	台	15	15
电脑库	003 惠普笔记本电脑	台	20	20
电脑库	004 神舟笔记本电脑	台	32	32
电脑库	005 华硕笔记本电脑	台	23	23
电脑库	006 三星笔记本电脑	台	21	22

② 2019 年 1 月 31 日，仓储部肖建对配件库进行了盘点，盘点结果显示 CPU 的实存数为 20 只。

③ 对盘盈、盘亏商品进行会计处理。盘盈商品三星笔记本电脑按成本价 4 300 元计入"待处理财产损溢"贷方；盘亏商品联想笔记本电脑按成本价 4 200 元计入"待处理财产损溢"借方，盘亏商品 CPU 计入"待处理财产损溢"借方。

4.2.3 任务实施

实施要求如下。

（1）掌握盘点的业务流程。

（2）掌握盘点单的填写及盘点业务的处理。

（3）掌握盘亏、盘盈的处理方法。

实施指导如下。

已经完成任务 4.1 的操作，或者引入 E 盘中"606-4-1"文件夹中的账套备份数据，将系统日期修改为 2019 年 1 月 31 日。以肖建的身份登录 606 账套的"企业门户"。

1. 第 1 笔业务的操作处理

（1）在库存管理系统中，对电脑库进行盘点，执行"库存管理"/"盘点业务"命令，打开"盘点单"窗口。单击"增加"按钮，新增一张盘点单，输入盘点的日期、盘点的仓库，出入库类型设置为盘亏出库和盘盈入库，填写表头部分。

（2）单击"盘库"按钮，弹出系统提示对话框，如图 4-2-1 所示。

（3）单击"是"按钮，系统弹出"盘点处理"对话框。选中"按存货大类盘点"，选择"电脑库"及"账面为零时是否盘点"选项，如图 4-2-2 所示。

微课：盘点单据 1

图 4-2-1　系统提示对话框

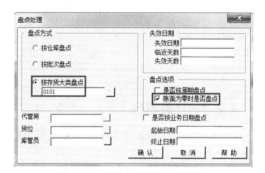

图 4-2-2　"盘点处理"对话框

（4）系统自动对电脑库中的所有存货进行盘点，并将存货名称和存货的账面数量逐一列出。将盘点库存中的实际存货存储数量逐一填列在"盘点数量"或"盘点件数"栏，如图 4-2-3 所示。单击"保存"按钮，并审核该盘点单。

图 4-2-3　盘点单

（5）在盘点单上如果有盘亏的存货，如"联想笔记本电脑"盘亏 1 台，则以操作员"501 肖建"的身份执行"出库业务"/"其他出库单"命令，系统自动生成一张其他出库单。单击"审核"按钮，完成对该单的审核，如图 4-2-4 所示。

图 4-2-4　其他出库单

（6）在盘点单上如果有盘盈的存货，如"三星笔记本电脑"盘盈 1 台，则以操作员"501 肖建"的身份进入库存管理系统，执行"入库业务"/"其他入库单"命令，系统自动生成一张其他入库单，单击"审核"按钮，完成对该单的审核，如图 4-2-5 所示。

图 4-2-5　其他入库单

小提示　　盘点时在日常业务中允许零出库，盘库时选择"账面为零时是否盘点"项，或者在表体内容中找出是结存的存货记录，先将其删除，待后期账面为正数时再对其进行盘点。

2. 第 2 笔业务的操作处理

（1）执行"库存管理"/"盘点业务"命令，打开"盘点单"窗口。单击"增加"按钮，新增一张盘点单，输入月末盘点日期，盘点仓库选择"配件库"，出入库类型设置为盘亏出库和盘盈入库，填写完表头部分。

（2）在表体中选择"CPU"，系统自动显示该存货的账面数量，录入该存货的实存数量到"盘点数量"栏，如图 4-2-6 所示。单击"保存"按钮，再单击"审核"按钮。

微课：盘点单据 2

（3）执行"出库业务"/"其他出库单"命令，在系统自动生成的"其他出库单"中单击"审核"按钮，完成对出库单的审核，如图 4-2-7 所示。

图 4-2-6　盘点单

图 4-2-7　其他出库单

3．对盘盈盘亏商品进行会计处理

（1）重新注册，更换操作员为"202 何静"，在存货核算系统中，执行"业务核算"/"正常单据记账"命令。打开"正常单据记账列表"，选中盘盈盘亏单据，单击"记账"，如图 4-2-8 所示。

微课：生成会计凭证

（2）执行"财务核算"/"生成凭证"命令，在打开的过滤条件窗口中选择"其他入库单"，收发类别"选择"盘盈入库"，如图 4-2-9 所示。

选择	日期	单据号	存货编码	存货名称	规格型号	存货代码	单据类型	仓库名称	收发类别	数量	单价	金额	计划单价	计划金额	供应商简称	计量单位
Y	2019-01-31	0000000003	0101006	三星笔记本电脑			其他入库单	电脑库	盘盈入库	1.00	4,300.00	4,300.00				台
Y	2019-01-31	0000000003	0101001	联想笔记本电脑			其他出库单	电脑库	盘亏出库	1.00						台
Y	2019-01-31	0000000006	0102004	CPU			其他出库单	配件库	盘亏出库	5.00			1,300.00	6,500.00		只
小计										7.00		4,300.00				

图 4-2-8　正常单据记账列表

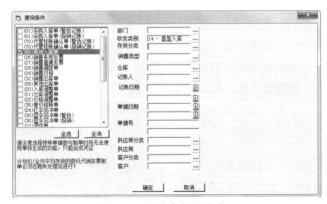

图 4-2-9　查询条件过滤窗口

（3）单击"确定"按钮，选择盘盈单据，如图 4-2-10 所示

图 4-2-10　未生成凭证单据一览表

（4）单击"确定"按钮，输入对应科目"待处理财产损溢"，如图 4-2-11 所示

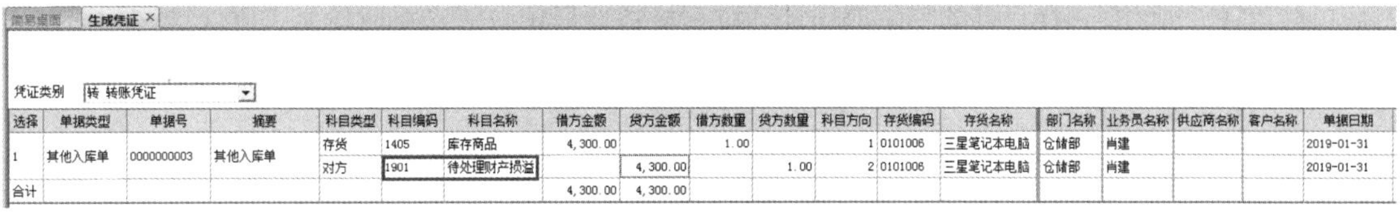

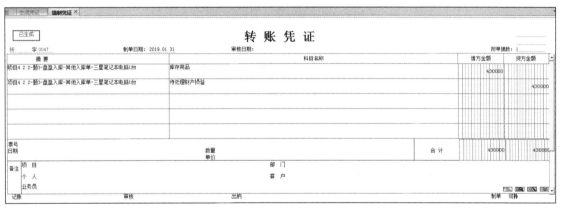

图 4-2-11　生成凭证对应科目窗口

（5）单击"生成"按钮，生成盘盈凭证，如图 4-2-12 所示。

图 4-2-12　三星笔记本电脑盘盈凭证

（6）再次执行"财务核算"/"生成凭证"命令，选择"其他出库单"，收发类别选择"盘亏出库"，如图 4-2-13 所示。

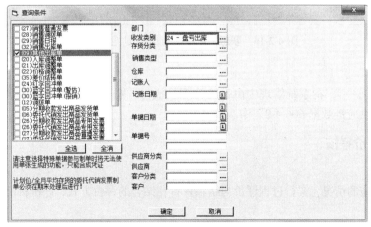

图 4-2-13　查询条件过滤窗口

（7）单击"确定"，在打开的"未生成凭证一览表"中，选择盘亏单据，如图4-2-14所示。

图4-2-14　未生成凭证单据一览表

（8）单击"确定"，在打开的"生成凭证"对应科目窗口中，输入对应科目"待处理财产损溢"，如图4-2-15所示。

图4-2-15　生成凭证对应科目窗口

（9）单击"合成"按钮，生成盘亏凭证，如图4-2-16所示。

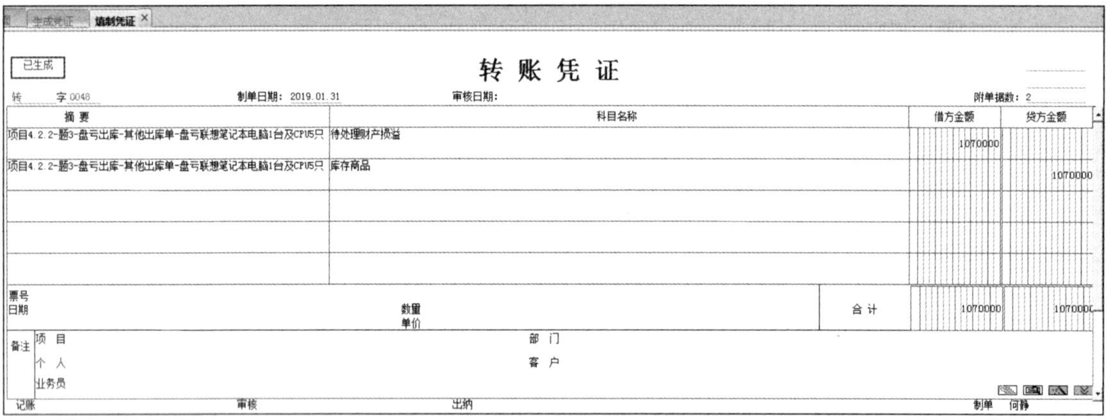

图4-2-16　联想笔记本电脑及CPU盘亏凭证

4．数据备份

退出"企业门户"，在系统管理中由系统管理员执行"账套"/"输出"命令，将数据存储在"E：\U8-V10.1供应链数据\606-4-2"中。

4.2.4　评价考核

1．评价标准

根据项目实施的情况，实行过程评价与结果评价相结合的评价方式，评价标准如表4-2-4所示。

表 4-2-4　　　　　　　　　　　　　　　　　　　　评价标准　　　　　　　　　　　　　　　　单位：分

评价类别	评价属性	评价项目	分数
过程评价 （40%）	实训态度	遵章守纪	10
		按要求及时完成	10
		操作细致有耐心	10
		独立完成	10
		小计	40
结果评价 （60%）	实施效果	盘点业务流程无误	20
		盘点单填制正确	20
		盘盈、盘亏的处理正确	20
		小计	60

2．评定等级

根据得分情况评定等级，如表 4-2-5 所示。

表 4-2-5　　　　　　　　　　　　　　　　　　　　评定等级　　　　　　　　　　　　　　　　单位：分

等级标准	优	良	中	及格	不及格
分数区间	≥90	80（含）～90	70（含）～80	60（含）～70	<60
实际得分					

项目五
存货核算系统

- **项目目标**

能够运用存货核算系统的初始化设置功能为不同类型的业务进行必要的选项设置；能够对企业存货环节发生的一般商品出入库业务进行会计成本核算处理；能够对暂估入库商品、商品退货、特殊业务中内部仓库的调拨业务、结算成本调整、存货跌价准备及仓库月末盘点中出现的盘盈、盘亏情况进行及时处理。

- **知识概要**

存货核算系统主要对企业存货的收发存业务进行核算，从而掌握存货的耗用情况，及时准确地把各类存货成本归集到各成本项目和成本对象上，为企业的成本核算提供基础数据。

存货核算系统的主要功能包括存货出入库成本的核算、暂估入库业务处理、出入库成本的调整、存货跌价准备的处理等。

存货核算系统可以和采购管理系统、销售管理系统、库存管理系统等集中使用，也可以只与库存管理系统联合使用，还可以单独使用。

存货的一般业务处理在项目二、项目三中已被关联到，本项目着重介绍期末业务中存货价格调整及结算成本处理、存货盘点单据的记账工作。

- **重点、难点**

重点：掌握月末存货价值正常调整的单据填制、记账方法，对符合成本核算要求的业务单据进行记账并生成凭证。

难点：正确理解月末存货价值调整的制度规定，其区别于存货价值的市场评估。

- **实训内容**

任务名称	工作要求
任务 5.1 存货价格及结算成本处理	月末填制存货价格调整单、记账
任务 5.2 月末单据记账	对符合记账条件的所有未记账单据进行记账、生成凭证

任务 5.1 | 存货价格及结算成本处理

云班课——线上导航

安装"蓝墨云"手机客户端，在手机上运行"蓝墨云"，点击右上角"+"，输入邀请码 121388，可进入云班课堂，活动内容见表 5-1-1；翻转课堂资源用微信扫描二维码获取。

表 5-1-1   存货价格及结算成本处理线上导航

翻转课堂	性质	对象 场景	学生活动		教师活动		互动活动
		项目五　存货核算系统			任务 5.1　存货价格及结算成本处理		
空间分布	前置学习	线上云班课 探索、导学	活动 1	认知 学习存货价格调整及结算成本处理的背景知识	活动 1	构建 存货价格及结算成本处理的资源库	活动 1　教师调查 知识、技能设计方案的难易程度
			活动 2	观看 存货价格调整及结算成本处理的操作视频及课件	活动 2	上传 演示视频、课件等背景知识资料	活动 2　学生自评 初学效果
							教师评估调整 教学方案
	课中学习	线下机房实训 归纳、内化	活动 3	模拟 5.1.1　完成入库调整单的填制与审核工作 5.1.2　完成出库调整单的填制与审核工作 5.1.3　完成调整单据的凭证生成工作 5.1.4　完成账套备份工作	活动 3	演示 存货价格调整及结算成本处理的过程	活动 3　教师跟踪 学生团队、学生个人的学习效果
			活动 4	反映 知识问题、技能问题	活动 4	答疑解惑 纠正操作错误	活动 4　师生共同解决问题
							共同调整 教学方法
	课后学习	线上云班课 演绎、拓展	活动 5	巩固 复习知识点及单项实训	活动 5	评价 学习效果	活动 5　教师开发 拓展练习、拓展测验
			活动 6	自我测试 综合实训	活动 6	查看 测试结果	活动 6　学生学习经验交流
							教师教学经验交流

5.1.1　背景知识

1. **基本认知**

存货核算的出入库业务及暂估业务在采购管理系统及销售管理系统中都有所阐述，在本任务中只讲述调整业务及部分单据的记账操作。

用户若完成出入库单据记账后发现单据金额错误，如果是录入错误，则通常采用修改方式进行调整；如果是由于暂估入库后发生零出库业务等造成的出库成本不准确，或库存数量为零而仍有库存金额，就需要利用调整单据的方式进行调整。

检查所有采购入库单或部分其他入库单的存货是否有价格，录入暂估价格可以在存货核算模块的暂估成本录入窗口中完成，并且系统提供上次出入库成本、售价成本、参考成本、结存成本作为暂估成本的录入参照。

对于账面上存货的成本，如果偏离市场价格太多，用户可以适时地调整，系统为其提供出入库调整单进行调整。

2．工作过程及岗位要求（见表5-1-2）

表5-1-2　　　　　　　　存货价格及结算成本处理工作过程及岗位要求

系统	存货核算系统
部门	财务部
岗位操作员	账套主管（201 江波，修改选项设置）、会计员（202 何静，对入库单进行审核记账）
工作过程	存货价格及结算成本调整业务
admin	

开始 → 选项设置中专用设置 → 日常业务

是否调高或调低价格？
调高 → 入库调整单 → 记账
调低 → 出库调整单 → 记账

结束 ← 账套备份

5.1.2　任务资料

① 2019年1月31日，发现电脑库中的惠普笔记本电脑价格偏低，经过调研和批准，将其由4 500元调整为4 600元。由于该存货在该仓库中的存储数量为20台，故将总金额从现在的90 000元调整为92 000元。

② 2019年1月31日，将2019年1月27日出售给新月公司的神舟笔记本电脑的出库成本增加200元。

5.1.3　任务实施

实施要求如下。

（1）掌握存货价格的调整方法。

（2）独立完成对存货成本的调整。

实施指导如下。

已经完成任务4.2的操作，或者引入E盘中"606-4-2"文件夹中的账套备份数据，将系统日期修改为2019年1月31日，以操作员"202 何静"（无密码）的身份登录606账套的"企业门户"。

微课：入库调整单

1．第1笔业务的操作处理

（1）在存货核算系统中，执行"日常业务"/"入库调整单"命令，打开"入库调整单"窗口。单击"增加"按钮，进入新增入库单调整状态。

（2）选择仓库为"电脑库"，收发类别为"其他入库"，存货名称为"惠普笔记本电脑"，金额为 2 000 元，单击"保存"按钮，如图 5-1-1 所示。

（3）单击"记账"。

图 5-1-1　入库调整单

◇　入库调整单是对存货的入库成本进行调整的单据，可针对单据进行调整，也可针对存货进行调整。

◇　在入库调整单中，如果不输入被调整单据号，则视作调整该仓库中的所有存货，金额记入仓库下存货的总金额。

◇　如果是要调整某一张采购入库单，则先记下该采购入库单的单据号，然后填列到入库调整单中的"被调整单据号"中，此时金额栏中的金额对应入库单上该存货的金额。

◇　要调整的采购入库单必须是在采购管理系统中做了采购结算的采购入库单。

2. 第 2 笔业务的操作处理

（1）在存货核算系统中，执行"日常处理"/"出库调整单"命令，打开"出库调整单"窗口。单击"增加"按钮，进入新增出库单调整状态。

（2）选择仓库为"电脑库"，收发类别为"其他出库"，存货名称为"神舟笔记本电脑"，调整金额为 200 元，之后单击"保存"按钮，再单击"记账"按钮，如图 5-1-2 所示。

微课：出库调整单

图 5-1-2　出库调整单

> 出库调整单是对存货的出库成本进行调整的单据，只针对存货进行调整。

3. 数据备份

退出"企业门户"，在系统管理中由系统管理员执行"账套"/"输出"命令，将数据存储在 "E：\U8-V10.1 供应链数据 \606-5-1"中。

5.1.4 评价考核

1. 评价标准

根据项目实施的情况，实行过程评价与结果评价相结合的评价方式，评价标准如表 5-1-3 所示。

表 5-1-3 　　　　　　　　　　　　　评价标准　　　　　　　　　　　　　单位：分

评价类别	评价属性	评价项目	分数
过程评价（40%）	实训态度	遵章守纪	10
		按要求及时完成	10
		操作细致有耐心	10
		独立完成	10
		小计	40
结果评价（60%）	实施效果	理解单据调整的作用	20
		存货价格调整的方法正确	20
		能独立完成存货成本的调整	20
		小计	60

2. 评定等级

根据得分情况评定等级，如表 5-1-4 所示。

表 5-1-4 　　　　　　　　　　　　　评定等级　　　　　　　　　　　　　单位：分

等级标准	优	良	中	及格	不及格
分数区间	≥90	80（含）～90	70（含）～80	60（含）～70	<60
实际得分					

任务 5.2 ｜ 月末单据记账

云班课——线上导航

安装"蓝墨云"手机客户端，在手机上运行"蓝墨云"，点击右上角"+"，输入邀请码 121388，可进入云班课堂，活动内容见表 5-2-1；翻转课堂资源用微信扫描二维码获取。

表 5-2-1 月末单据记账线上导航

项目五　存货核算系统				任务 5.2　月末单据记账			
翻转课堂	性质 场景	对象	学生活动		教师活动		互动活动
空间分布	前置学习	线上云班课	探索、导学	活动 1 **认知** 学习正常单据记账及特殊单据记账的背景知识	活动 1 **构建** 正常单据记账及特殊单据记账的资源库	活动 1 **教师调查** 知识、技能设计方案的难易程度
				活动 2 **观看** 正常单据记账及特殊单据记账的操作视频及课件	活动 2 **上传** 演示视频、课件等背景知识资料	活动 2 **学生自评** 初学效果
						教师评估调整 教学方案
	课中学习	线下机房实训	归纳、内化	活动 3 **模拟** 5.2.1　完成正常单据记账工作 5.2.2　完成调拨单等特殊单据记账工作 5.2.3　检查所有单据记账工作 5.2.4　完成账套备份工作	活动 3 **演示** 正常单据记账及特殊单据记账的过程	活动 3 **教师跟踪** 学生团队、学生个人的学习效果
				活动 4 **反映** 知识问题、技能问题	活动 4 **答疑解惑** 纠正操作错误	活动 4 **师生共同解决问题**
						共同调整教学方法
	课后学习	线上云班课	演绎、拓展	活动 5 **巩固** 复习知识点及单项实训	活动 5 **评价** 学习效果	活动 5 **教师开发** 拓展练习、拓展测验
				活动 6 **自我测试** 综合实训	活动 6 **查看** 测试结果	活动 6 **学生学习经验交流**
						教师教学经验交流

5.2.1 背景知识

1. 基本认知

月末单据记账是指在月末将用户符合条件的所有输入单据登记入账，包括正常单据计入存货明细账、差异明细账/差价明细账、受托代销商品明细账、受托代销商品差价账，以及特殊单据（调拨单）中涉及价值变动需要记账的情况。

利用先进先出、后进先出、移动平均、个别计价这 4 种计价方式的存货在单据记账时进行出库成本核算，利用全月平均、计划价/售价法计价的存货在期末处理时进行出库成本核算。

单据记账时应注意以下几点。

① 无单价的入库单据不能记账。

② 各个仓库的单据应该按照时间顺序记账。

③ 已记账单据不能被修改和删除。如果发现已记账单据有错误，则在本月未结账状态下可以取消记账。如果已记账单据已生成凭证，则不能取消记账，除非先删除相关凭证。

2．工作过程及岗位要求（见表 5-2-2）

表 5-2-2 月末单据记账工作过程及岗位要求

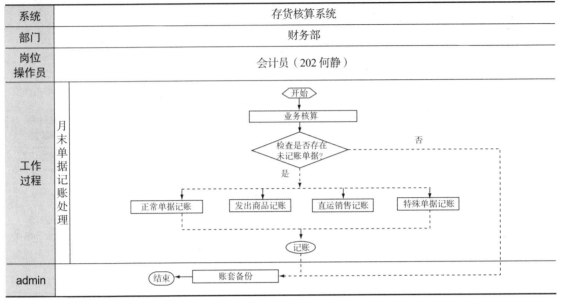

系统	存货核算系统
部门	财务部
岗位 操作员	会计员（202 何静）
工作 过程	月末单据记账处理 [流程图：开始 → 业务核算 → 检查是否存在未记账单据？ → 是：正常单据记账 / 发出商品记账 / 直运销售记账 / 特殊单据记账（否） → 记账]
admin	结束 ← 账套备份

5.2.2 任务资料

① 2019 年 1 月 31 日，进行特殊单据记账，将所有的特殊业务单据记账。
② 2019 年 1 月 31 日，进行正常单据记账，将所有的正常业务单据记账。

5.2.3 任务实施

实施要求如下。
（1）完成特殊单据记账。
（2）完成正常单据记账。
实施指导如下。
已经完成任务 5.1 的操作，或者引入 E 盘中"606-5-1"文件夹中的账套备份数据，将系统日期修改为 2019 年 1 月 31 日，以操作员"202 何静"（无密码）的身份登录 606 账套的"企业门户"。

1．第 1 笔业务的操作处理

微课：月末单据
记账处理

（1）执行"业务核算"/"特殊单据记账"命令，系统弹出"特殊单据记账条件"对话框。选择"单据类型"为"调拨单"，选中"出库单上系统已填写的金额记账时重新计算"复选框，如图 5-2-1 所示。单击"确定"按钮，进入"特殊单据记账"列表。

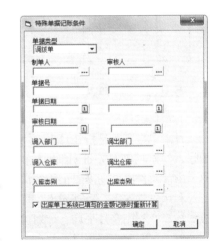
图 5-2-1 "特殊单据记账条件"窗口

（2）选择记账的单据，如图 5-2-2 所示，单击"记账"按钮，完成对调拨单的记账。

图 5-2-2 特殊单据记账

（3）在弹出的"手工输入单价列表"中的 LED 显示屏单价栏目中输入"800.00"，在 CPU 单价栏目中输入"815.00"，单击"确定"按钮，完成记账，如图 5-2-3 所示。

选择	存货编码	存货名称	存货代码	规格型号	部门编码	仓库编码	仓库名称	部门名称	单价	存货自由项1
Y	0102001	LED显示屏				01	电脑库		800.00	
Y	0102004	CPU				01	电脑库		815.00	
小计										

图 5-2-3 手工输入单价列表

2. 第 2 笔业务的操作处理

（1）执行"业务核算"/"正常单据记账"命令，系统弹出"查询条件选择"对话框。选择电脑库及配件库默认的单据类型，以及"包含未审核单据"和"出库单上系统已填写金额记账时重新计算"按钮，如图 5-2-4 所示。

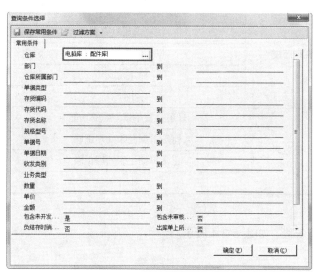

图 5-2-4 "查询条件选择"对话框

（2）单击"确定"按钮，系统弹出"正常单据记账列表"，如图 5-2-5 所示。

选择	日期	单据号	存货编码	存货名称	规格型号	存货代码	单据类型	仓库名称	收发类别	数量	单价	金额	计划单价	计划金额	供应商简称
Y	2019-01-10	XS18020	0102001	LED显示屏			专用发票	配件库	普通销售	10.00			1,300.00	13,000.00	
Y	2019-01-18	XS18050	0102005	散热器			专用发票	配件库	普通销售	120.00			40.00	4,800.00	
Y	2019-01-22	XS18070	0102004	CPU			专用发票	配件库	普通销售	10.00			1,300.00	13,000.00	
Y	2019-01-25	0000000010	0101003	惠普电脑			采购入库单	电脑库	普通采购	20.00	4,500.00	90,000.00			昌达
Y	2019-01-26	0000000014	0101003	惠普电脑			采购入库单	电脑库	采购退货	-20.00	4,500.00	-90,000.00			昌达
Y	2019-01-31	0000000001	0101003	惠普电脑			入库调整单	电脑库	其他入库			2,000.00			
Y	2019-01-31	0000000002	0101004	神舟笔记本电脑			出库调整单	电脑库	其他出库			200.00			
小计										140.00		2,200.00			

图 5-2-5 正常单据记账列表

（3）单击"全选"按钮，再单击"记账"按钮。

（4）执行"业务核算"/"发出商品单据记账"命令，单击"全选"按钮，单击"记账"按钮，如图 5-2-6 所示。

选择	日期	单据号	仓库名称	收发类别	存货编码	存货代码	存货名称	规格型号	单据类型	计量单位	数量	单价	金额	计划单价	计划金额
Y	2019-01-28	0000000016	配件库	普通销售	0102001		LED显示屏		发货单	台	10.00			1,300.00	13,000.00
Y	2019-01-28	XS18102	配件库	普通销售	0102001		LED显示屏		专用发票	台	10.00			1,300.00	13,000.00
小计											20.00				

图 5-2-6 发出商品单据记账

3. 数据备份

退出"企业门户"，在系统管理中由系统管理员执行"账套"/"输出"命令，将数据存储在"E：\U8-V10.1 供应链数据\606-5-2"中。

5.2.4 评价考核

1. 评价标准

根据项目实施的情况，实行过程评价与结果评价相结合的评价方式，评价标准如表 5-2-3 所示。

表 5-2-3　　　　　　　　　　　　　　评价标准　　　　　　　　　　　单位：分

评价类别	评价属性	评价项目	分数
过程评价（40%）	实训态度	遵章守纪	10
		按要求及时完成	10
		操作细致有耐心	10
		独立完成	10
		小计	40
结果评价（60%）	实施效果	理解存货单据记账的功能	20
		特殊单据记账处理正确	20
		正常单据记账处理正确	20
		小计	60

2. 评定等级

根据得分情况评定等级，如表 5-2-4 所示。

表 5-2-4　　　　　　　　　　　　　　评定等级　　　　　　　　　　　单位：分

等级标准	优	良	中	及格	不及格
分数区间	≥90	80（含）～90	70（含）～80	60（含）～70	<60
实际得分					

项目六
期末结账

- 项目目标

能够运用各子系统期末处理功能依序对业务系统中的采购管理系统、销售管理系统、库存管理系统及财务系统中的存货核算系统进行期末对账、结账、反结账处理。

- 知识概要

期末结账只有在本月末完成了所有单据输入及审核后才能进行，是对业务系统、财务系统所有业务单据核实无误后所实施的关闭操作、封存记账。结账只能逐期进行，不允许跨期结账。结账后本期不能再填制单据。如要修正单据错误，可实施反结账。只有恢复到结账前状态，系统才允许按规定修改单据。

在供应链管理系统中，各子系统结账有着一定的顺序：采购管理系统、销售管理系统先结账，然后在库存管理系统和存货核算系统中进行结账。

- 重点、难点

重点：掌握期末各业务子系统对账、结账、反结账功能。

难点：反结账过程中涉及流程反转的各项反审核后的纠错、重新审核、重新记账、重新结账。

- 实训内容

任务名称	工作要求
任务 6.1　采购、销售、库存管理系统月末结账	依序完成本月采购、销售、库存管理系统的结账
任务 6.2　存货核算系统月末结账	完成所有本月存货记账凭证及结账工作

任务 6.1 | 采购、销售、库存管理系统月末结账

云班课——线上导航

安装"蓝墨云"手机客户端，在手机上运行"蓝墨云"，点击右上角"+"，输入邀请码 121388，可进入云班课堂，活动内容见表 6-1-1；翻转课堂资源用微信扫描二维码获取。

6.1.1　背景知识

1. 基本认知

采购管理系统月末处理的主要内容是月末结账和结转上年业务。月末结账是逐月将当月的单据数据封存，并将当月的采购数据记入有关账表中。结账后不允许再对该会计期的采购单据进行增加、修改和删除处理。

表 6-1-1　　　　　　　　　采购、销售、库存管理系统月末结账线上导航

		项目六　期末处理					任务 6.1　采购、销售、库存管理系统月末结账		
翻转课堂	性质	对象 场景	学生活动			教师活动		互动活动	
空间分布	前置学习	线上云班课	探索、导学	活动1	认知 学习采购、销售及库存管理系统月末结账流程等相关背景知识	活动1	构建 采购、销售及库存管理系统月末结账的资源库	活动1	教师调查 知识、技能设计方案的难易程度
				活动2	观看 采购、销售及库存管理系统月末结账的操作视频及课件	活动2	上传 演示视频、课件等背景知识资料	活动2	学生自评 初学效果
									教师评估调整 教学方案
	课中学习	线下机房实训	归纳、内化	活动3	模拟 6.1.1　完成采购管理系统月末结账工作 6.1.2　完成销售管理系统月末结账工作 6.1.3　完成库存管理系统月末结账工作 6.1.4　完成存货核算系统月末结账工作 6.1.5　完成账套备份工作	活动3	演示 采购、销售及库存管理系统月末结账过程	活动3	教师跟踪 学生团队、学生个人的学习效果
				活动4	反映 知识问题、技能问题	活动4	答疑解惑 纠正操作错误	活动4	师生共同解决问题
									共同调整教学方法
	课后学习	线上云班课	演绎、拓展	活动5	巩固 复习知识点及单项实训	活动5	评价 学习效果	活动5	教师开发 拓展练习、拓展测验
				活动6	自我测试 综合实训	活动6	查看 测试结果	活动6	学生学习经验交流
									教师教学经验交流

销售管理系统月末结账是逐月将当月的单据数据封存，并将当月的销售数据记入有关账表中。结账后不允许再对该会计期的销售单据进行增加、修改和删除处理。

库存管理系统月末处理包括月末结账和结转上年工作。月末结账是将每月的出入库单据逐月封存，并将当月的出入库数据记入有关账表中。结转上年是指每到年初启用新年度账时，需要将上年度相关账户的余额及其他信息结转到新年度账中。如果系统中没有上年度的数据，将不能结转。

存货核算系统的月末处理内容包括期末处理和月末结账。当存货核算系统日常业务全部完成后，进行期末处理，系统自动计算全月平均单价及本会计月出库成本，自动计算差异率以及本会计

月的分摊差异，并对已完成日常业务的仓库、部门、存货做处理标志。

2. **工作过程及岗位要求**（见表 6-1-2）

表 6-1-2　　　　　采购、销售、库存管理系统月末结账工作过程及岗位要求

系统	采购管理系统	销售管理系统	库存管理系统
部门	采购部	销售部	储运部
岗位操作员	账套主管（201 江波）		
工作过程	采购、销售、库存管理系统结账处理		
	开始 → 月末结账 → 选择结账月份 → 是否存在问题? 是 / 否 → 结账	月末结账 → 选择结账月份 → 是否存在问题? 是 / 否 → 结账	月末结账 → 选择结账月份 → 是否存在问题? 是 / 否 → 结账
admin	结束 ← 账套备份		

6.1.2　任务资料

① 2019 年 1 月 31 日，对采购管理系统、销售管理系统、库存管理系统进行月末结账。
② 2019 年 1 月 31 日，在存货核算系统中对所有的仓库进行期末处理。

6.1.3　任务实施

实施要求如下。

（1）理解供应链模块期末处理的顺序。

（2）掌握各模块期末处理的方法。

实施指导如下。

已经完成实训项目 5.2 的操作，或者引入 E 盘中 "606-5-2" 文件夹中的账套备份数据，将系统日期修改为 2019 年 1 月 31 日，以操作员 "201 江波"（密码为 111）的身份登录 606 账套的 "企业门户"。

微课：采购管理
系统结账

1. 第 1 笔业务的操作处理

（1）进入采购管理系统，执行 "业务" / "月末结账" 命令，选中 1 月份，如图 6-1-1 所示。

（2）单击 "结账" 按钮，系统弹出 "采购管理" 对话框，如提示 "有未关闭订单，是否关闭？" 则选 "否"，提示 "月末结账完毕！"，如图 6-1-2 所示，则单击 "确定" 按钮后退出。

（3）进入销售管理系统，执行 "业务" / "销售月末结账" 命令，打开 "销售月末结账" 对话框。单击 "月末结账" 按钮，此时 1 月份是否结账栏显示 "是"，如图 6-1-3 所示。单击 "退出" 按钮，退出结账界面。

（4）进入库存管理系统，执行"业务处理"/"月末结账"命令，打开"结账"对话框。单击"结账"按钮，此时1月份是否结账栏显示"是"，如图6-1-4所示。单击"退出"按钮，退出结账界面。

图6-1-1　月末结账

微课：销售管理系统结账

图6-1-2　"采购管理"对话框

图6-1-3　销售月末结账

2. 第2笔业务的操作处理

（1）进入存货核算系统，执行"业务核算"/"期末处理"命令，打开"期末处理"对话框，选择所有仓库，单击"确定"按钮，如图6-1-5所示。

（2）单击"确定"按钮，系统弹出"差异率计算"窗口，如图6-1-6所示。

（3）单击"计算"按钮，系统弹出"差价结转单列表"，如图6-1-7所示。

微课：库存管理系统结账

图6-1-4　库存月末结账

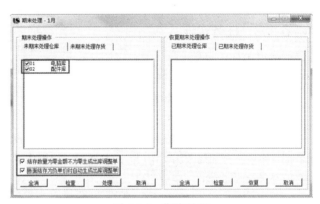

图6-1-5　期末处理

图6-1-6　差异率计算

图 6-1-7　差价结转单列表

（4）选中结存单据数量为零而金额不为零的单据，单击"确定"按钮。

（5）单击"确定"按钮后，系统提示"期末处理完毕!"，如图 6-1-8 所示。

（6）如果想要回到期末前状态，则选择"已期末处理仓库"，单击"全选"按钮，再单击"恢复"按钮，系统弹出恢复期末处理对话框，如图 6-1-9 所示。单击"确定"按钮，恢复期末处理。

图 6-1-8　系统提示期末处理完毕

图 6-1-9　恢复期末处理

3. 数据备份

退出"企业门户"，在系统管理中由系统管理员执行"账套"/"输出"命令，将数据存储在"E:\U8-V10.1 供应链数据\606-6-1"中。

6.1.4　评价考核

1. 评价标准

根据项目实施的情况，实行过程评价与结果评价相结合的评价方式，评价标准如表 6-1-3 所示。

表 6-1-3　　　　　　　　　　　　　　　　评价标准　　　　　　　　　　　　　　　　单位：分

评价类别	评价属性	评价项目	分数
过程评价 （40%）	实训态度	遵章守纪	10
		按要求及时完成	10
		操作细致有耐心	10
		独立完成	10
		小计	40
结果评价 （60%）	实施效果	采购管理系统期末结账正确	15
		销售管理系统期末结账正确	15
		库存管理系统期末结账正确	15
		存货核算系统各仓库期末处理正确	15
		小计	60

2．评定等级

根据得分情况评定等级，如表 6-1-4 所示。

表 6-1-4　　　　　　　　　　　　　　　　评定等级　　　　　　　　　　　　　　　　单位：分

等级标准	优	良	中	及格	不及格
分数区间	≥90	80（含）～90	70（含）～80	60（含）～70	<60
实际得分					

任务 6.2 ｜ 存货核算系统月末结账

云班课——线上导航

先安装"蓝墨云"手机客户端，在手机上运行"蓝墨云"，点击右上角"+"，输入邀请码 121388，可进入云班课堂，活动内容见表 6-2-1；翻转课堂资源用微信扫描二维码获取。

表 6-2-1　　　　　　　　　　　　存货核算系统月末结账线上导航

项目六　期末处理						任务 6.2　存货核算系统月末结账			
翻转课堂	性质场景	对象	学生活动			教师活动		互动活动	
空间分布	前置学习	线上云班课	探索、导学	活动1	认知 学习存货核算系统的月末结账流程等相关背景知识	活动1	构建 存货核算系统月末结账的资源库	活动1	教师调查 知识、技能设计方案的难易程度
				活动2	观看 存货核算系统月末结账的操作视频及课件	活动2	上传 演示视频、课件等背景知识资料	活动2	学生自评 初学效果
									教师评估调整 教学方案
	课中学习	线下机房实训	归纳、内化	活动3	模拟 6.2.1　完成期末处理工作 6.2.2　完成月末对账工作 6.2.3　完成月末结账工作 6.2.4　完成账套备份工作	活动3	演示 存货核算等会计系统的月末结账过程	活动3	教师跟踪 学生团队、学生个人的学习效果
				活动4	反映 知识问题、技能问题	活动4	答疑解惑 纠正操作错误	活动4	师生共同解决问题
									共同调整教学方法
	课后学习	线上云班课	演绎、拓展	活动5	巩固 复习知识点及单项实训	活动5	评价 学习效果	活动5	教师开发 拓展练习、拓展测验
				活动6	自我测试 综合实训	活动6	查看 测试结果	活动6	学生学习经验交流
									教师教学经验交流

6.2.1 背景知识

1. 基本认知

存货核算系统期末处理完成后，就可以进行月末结账。存货核算系统的结账必须在采购管理系统、销售管理系统和库存管理系统全部结完账后，才能结账。

2. 工作过程及岗位要求（见表 6-2-2）

表 6-2-2 　　　　　　　存货核算系统月末结账工作过程及岗位要求

系统	存货核算系统
部门	财务部
岗位操作员	账套主管（201 江波）
工作过程	存货核算系统月末结账

（工作过程流程图：开始 → 月末结账 → 选择结账月份 → 是否存在问题？（是 → 返回开始）（否）→ 结账）

admin	结束 ← 账套备份

6.2.2 任务资料

① 2019 年 1 月 31 日，将所有未生成凭证的单据生成凭证。

② 2019 年 1 月 31 日，将存货核算系统进行月末结账。

6.2.3 任务实施

实施要求如下。

（1）将所有未生成凭证的单据生成凭证。

（2）存货核算系统月末结账。

实施指导如下。

微课：月末处理

已经完成任务 6.1 的操作，或者引入 E 盘中 "606-6-1" 文件夹中的账套备份数据，将系统日期修改为 2019 年 1 月 31 日，以操作员 "202 何静"（无密码）的身份登录 606 账套的 "企业门户"。

1. 第 1 笔业务的操作处理

（1）检查存货核算系统中 "业务核算" 项目下 "正常单据记账" "发出商品记账" "直运销售记账" "特殊单据记账" 是否存在未记账单据。

（2）执行 "财务核算" / "生成凭证" 命令，打开 "生成凭证" 窗口。选择 "凭证类别" 为 "转账凭证"，单击 "选择" 按钮，系统弹出生成凭证 "查询条件" 对话框，如图 6-2-1 所示。

图 6-2-1 "查询条件"对话框

（3）单击"取消"按钮，选择"零售日报"单据。单击"确定"按钮，系统弹出"未生成凭证单据一览表"，如图 6-2-2 所示。

图 6-2-2 未生成凭证单据一览表

（4）单击"确定"按钮，打开对应科目窗口，如图 6-2-3 所示。

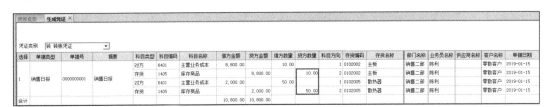

图 6-2-3 对应科目窗口

（5）单击"合成"按钮，生成月末配件库零售业务结转销售成本的一张凭证，如图 6-2-4 所示。

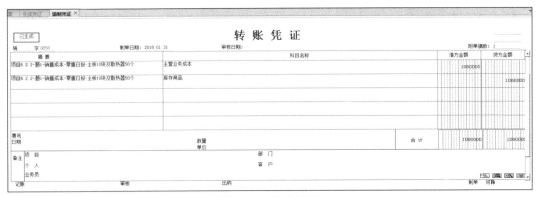

图 6-2-4 转账凭证

（6）执行"财务核算"/"生成凭证"命令，在打开的生成凭证"查询条件"对话框中先单击"取消"按钮，然后选中"（26）销售专用发票"复选框，单击"确定"按钮，如图 6-2-5 所示。

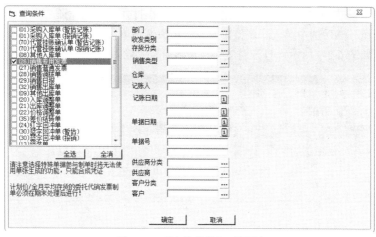

图 6-2-5 "查询条件"对话框

（7）打开"未生成凭证单据一览表"，单击"全选"按钮，单击"确定"按钮，如图 6-2-6 所示。

选择	记账日期	单据日期	单据类型	单据号	仓库	收发类别	记账人	部门	部门编码	业务单号	业务类型	计价方式	备注	摘要	供应商	客户
1	2018-01-31	2018-01-10	专用发票	ZT18020	配件库	普通销售	何静	销售二部	402		普通销售	售价法		专用发票		艾青公司
1	2018-01-31	2018-01-18	专用发票	ZT18050	配件库	普通销售	何静	销售一部	401		普通销售	售价法		专用发票		精利公司
1	2018-01-31	2018-01-22	专用发票	ZT18070	配件库	普通销售	何静	销售二部	402		普通销售	售价法		专用发票		艾青公司

图 6-2-6 未生成凭证单据一览表

（8）打开"生成凭证"窗口，核对对应科目，如图 6-2-7 所示。

凭证类别 转 转账凭证

选择	单据类型	单据号	摘要	科目类型	科目编码	科目名称	借方金额	贷方金额	借方数量	贷方数量	科目方向	存货编码	存货名称	部门编码	部门名称	供应商编码	供应商名称	单据日期
1	专用发票	ZT18020		对方	6401	主营业务成本	13,000.00		10.00		1	0102001	LED显示屏	402	销售二部			2018-01-10
				存货	1405	库存商品		13,000.00		10.00	2	0102001	LED显示屏	402	销售二部			2018-01-10
		ZT18050	专用发票	对方	6401	主营业务成本	4,800.00		120.00		1	0102005	散热器	401	销售一部			2018-01-18
				存货	1405	库存商品		4,800.00		120.00	2	0102005	散热器	401	销售一部			2018-01-18
		ZT18070		对方	6401	主营业务成本	13,000.00		10.00		1	0102004	CPU	402	销售二部			2018-01-22
				存货	1405	库存商品		13,000.00		10.00	2	0102004	CPU	402	销售二部			2018-01-22
合计							30,800.00	30,800.00									

图 6-2-7 "生成凭证"窗口

（9）单击"合成"按钮，生成配件库销售业务结转成本凭证，如图 6-2-8 所示。

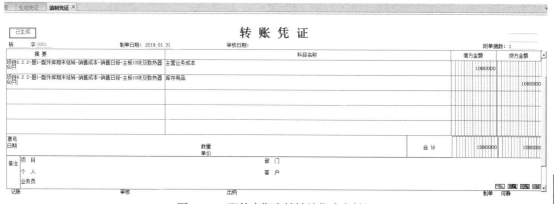

图 6-2-8 配件库期末结转销售成本凭证

（10）再次执行"财务核算"/"生成凭证"命令，在打开的生成凭证"查询条件"对话框中先单击"取消"按钮，然后选中"入库调整单"及"出库调整单"复选框，单击"确定"按钮，分别选择三张单据，如图6-2-9所示。打开对应科目输入窗口，输入对应科目，如图6-2-10所示。

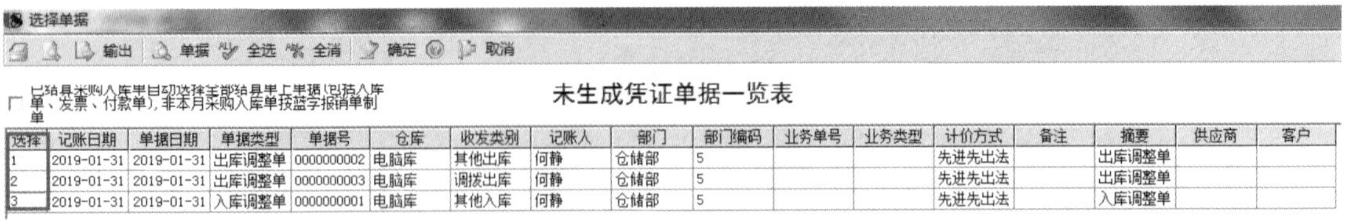

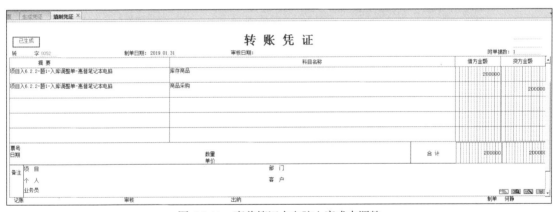

图 6-2-9　未生成凭证单据一览表

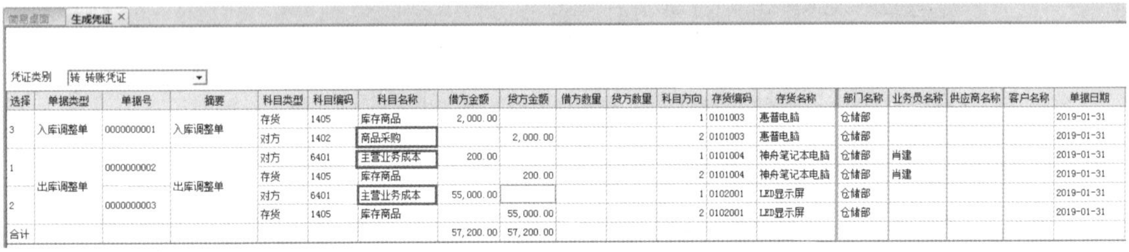

图 6-2-10　输入对应科目

（11）单击"生成"按钮，生成出入库单成本调整分录，如图6-2-11～图6-2-13所示。

图 6-2-11　惠普笔记本电脑入库成本调整

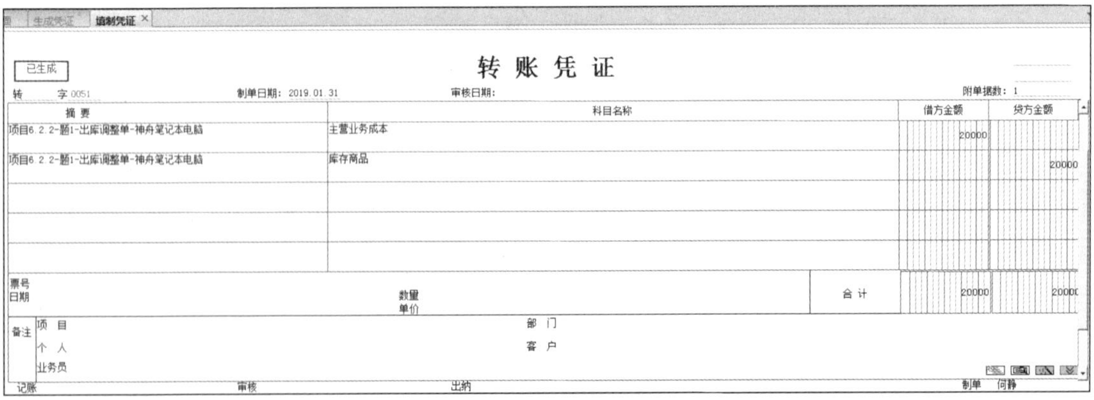

图 6-2-12　神舟笔记本电脑出库成本调整

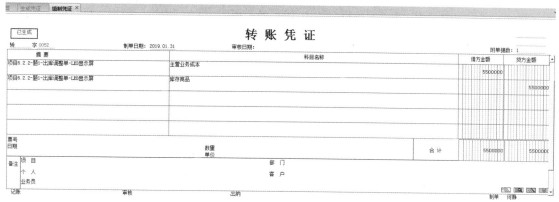

图 6-2-13　配件 LED 显示屏出库成本调整

（12）再次执行"财务核算"/"生成凭证"命令，在打开的"生成凭证"对话框中先单击"取消"按钮，然后选中"差价结转单"复选框，单击"确定"按钮，单击"全选"按钮，打开对应科目输入窗口，输入对应科目，如图 6-2-14 所示。

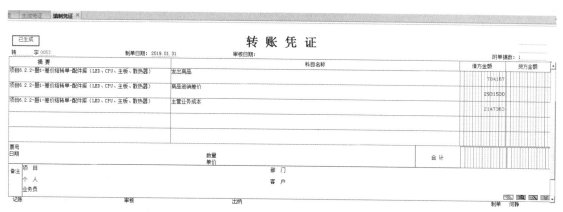

图 6-2-14　配件库差价对应科目

（13）修改凭证类型为"转账凭证"，单击"合成"按钮，生成配件库差价凭证，如图 6-2-15 所示。

图 6-2-15　配件库差价凭证

（14）再次执行"财务核算"/"生成凭证"命令，在打开的"生成凭证"对话框中先单击"取消”按钮，然后选中“调拨单“复选框，单击“确定”按钮，单击“全选”按钮，打开对应科目输入窗口，输入对应科目，如图 6-2-16 所示。

凭证类别 转 转账凭证

选择	单据类型	单据号	摘要	科目类型	科目编码	科目名称	借方金额	贷方金额	借方数量	贷方数量	科目方向	存货编码	存货名称	部门名称	业务员名称	供应商名称	客户名称	单据日期
1	调拨单	0000000001	调拨单	存货	1405	库存商品		143,000.00		110.00	2	0102001	LED显示屏	仓储部	肖建			2019-01-08
				差价	1407	商品进销差价	12,125.00				2	0102004	CPU	仓储部	肖建			2019-01-08
				存货	1405	库存商品		32,500.00		25.00	2	0102004	CPU	仓储部	肖建			2019-01-08
				存货	1405	库存商品	143,000.00		110.00		1	0102001	LED显示屏	仓储部	肖建			2019-01-08
				存货	1405	库存商品	20,375.00		25.00		1	0102004	CPU	仓储部	肖建			2019-01-08
		0000000002		存货	1405	库存商品		88,000.00		110.00	2	0102001	LED显示屏	仓储部				2019-01-15
				存货	1405	库存商品		20,375.00		25.00	2	0102004	CPU	仓储部				2019-01-15
				差价	1407	商品进销差价		55,000.00			1	0102001	LED显示屏	仓储部				2019-01-15
				存货	1405	库存商品	143,000.00		110.00		1	0102001	LED显示屏	仓储部				2019-01-15
				差价	1407	商品进销差价		12,125.00			1	0102004	CPU	仓储部				2019-01-15
				存货	1405	库存商品	32,500.00		25.00		1	0102004	CPU	仓储部				2019-01-15
合计							351,000.00	351,000.00										

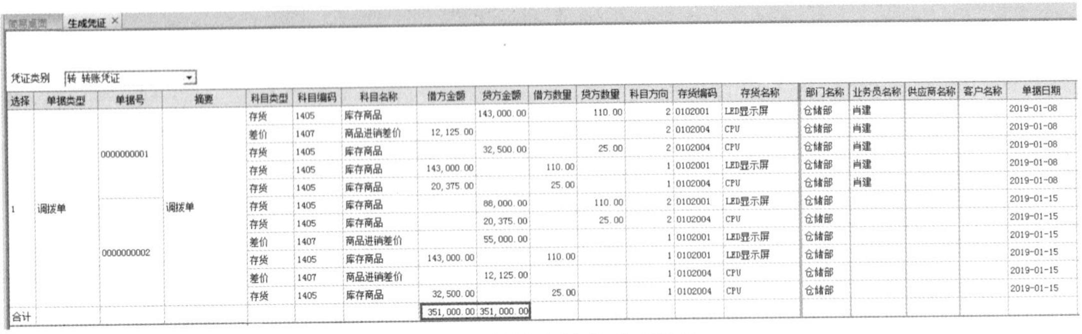

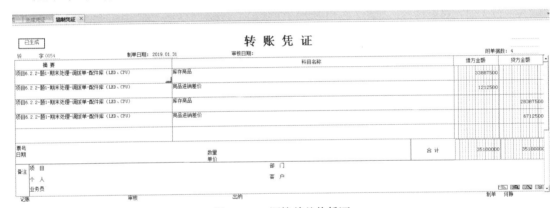

图 6-2-16　调拨单差价对应科目

（15）单击“合成”按钮，生成调拨单差价凭证，如图 6-2-17 所示。

已生成

转账凭证

转 字 0054　制单日期：2019.01.31　审核日期：　附单据数：4

摘要	科目名称	借方金额	贷方金额
项目6.2.2-题1-期末处理-调拨单-配件库（LED、CPU）	库存商品	33887500	
项目6.2.2-题1-期末处理-调拨单-配件库（LED、CPU）	商品进销差价	1212500	
项目6.2.2-题1-期末处理-调拨单-配件库（LED、CPU）	库存商品		28387500
项目6.2.2-题1-期末处理-调拨单-配件库（LED、CPU）	商品进销差价		6712500
票号 日期　数量 单价	合计	35100000	35100000

备注　项目　部门　个人　客户　业务员

记账　审核　出纳　制单　何静

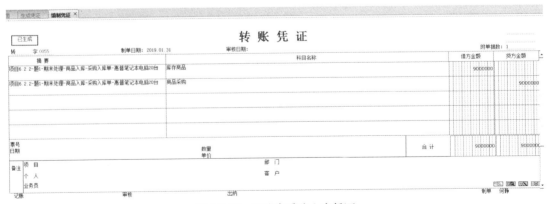

图 6-2-17　调拨单差价凭证

（16）再次执行“财务核算”/“生成凭证”命令，在打开的“生成凭证”对话框中，仓库选择“电脑库”，单击“确定”按钮，打开对应科目输入窗口，输入对应科目，单击“生成”按钮，生成 2 张凭证，如图 6-2-18 和图 6-2-19 所示。

已生成

转账凭证

转 字 0055　制单日期：2019.01.31　审核日期：　附单据数：1

摘要	科目名称	借方金额	贷方金额
项目6.2.2-题1-期末处理-商品入库-采购入库单-惠普笔记本电脑20台	库存商品	9000000	
项目6.2.2-题1-期末处理-商品入库-采购入库单-惠普笔记本电脑20台	商品采购		9000000
票号 日期　数量 单价	合计	9000000	9000000

备注　项目　部门　个人　客户　业务员

记账　审核　出纳　制单　何静

图 6-2-18　电脑库采购入库凭证

（17）执行“财务核算”/“生成凭证”命令，在打开的“生成凭证”对话框中单击“确定”按钮，打开“未生成凭证单据一览表”，如图 6-2-20 所示。

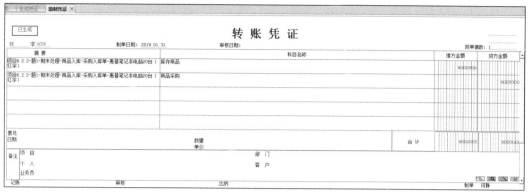

图 6-2-19　电脑库采购退货凭证

选择	记账日期	单据日期	单据类型	单据号	仓库	收发类别	记账人	部门	部门编码	业务单号	业务类型	计价方式	备注	摘要	供应商	客户
1	2019-01-31	2019-01-10	专用发票	XS18020	配件库	普通销售	何静	销售二部	402		普通销售	售价法		专用发票		艾青公司
1	2019-01-31	2019-01-18	专用发票	XS18050	配件库	普通销售	何静	销售一部	401		普通销售	售价法		专用发票		精利公司
1	2019-01-31	2019-01-22	专用发票	XS18070	配件库	普通销售	何静	销售二部	402		普通销售	售价法		专用发票		艾青公司
1	2019-01-31	2019-01-28	发货单	0000000016	配件库	普通销售	何静	销售二部	402		分期收款	售价法		发货单		光华公司
1	2019-01-31	2019-01-28	专用发票	XS18102	配件库	普通销售	何静	销售二部	402		分期收款	售价法		专用发票		光华公司

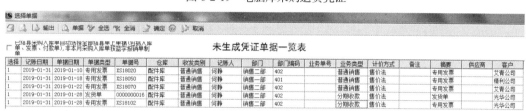

图 6-2-20　未生成凭证单据一览表

（18）单击“确定”按钮，打开对应科目输入窗口，如图 6-2-21 所示。

选择	单据类型	单据号	摘要	科目类型	科目编码	科目名称	借方金额	贷方金额	借方数量	贷方数量	科目方向	存货编码	存货名称	部门名称	业务员名称	供应商名称	客户名称	单据日期
1	发货单	0000000016	发货单	发出商品	1406	发出商品	13,000.00		10.00		1	0102001	LED显示屏	销售二部	陈利		光华公司	2019-01-28
				存货	1405	库存商品		13,000.00		10.00	2	0102001	LED显示屏	销售二部	陈利		光华公司	2019-01-28
	专用发票	XS18020	专用发票	对方	6401	主营业务成本	13,000.00		10.00		1	0102001	LED显示屏	销售二部	陈利		艾青公司	2019-01-10
				存货	1405	库存商品		13,000.00		10.00	2	0102001	LED显示屏	销售二部	陈利		艾青公司	2019-01-10
		XS18050		对方	6401	主营业务成本	4,800.00		120.00		1	0102005	散热器	销售一部	黄敏		精利公司	2019-01-18
				存货	1405	库存商品		4,800.00		120.00	2	0102005	散热器	销售一部	黄敏		精利公司	2019-01-18
		XS18070		对方	6401	主营业务成本	13,000.00		10.00		1	0102004	CPU	销售二部	陈利		艾青公司	2019-01-22
				存货	1405	库存商品		13,000.00		10.00	2	0102004	CPU	销售二部	陈利		艾青公司	2019-01-22
		XS18102		对方	6401	主营业务成本	5,158.33		10.00		1	0102001	LED显示屏	销售二部	陈利		光华公司	2019-01-28
				发出商品	1406	发出商品		5,158.33		10.00	2	0102001	LED显示屏	销售二部	陈利		光华公司	2019-01-28
合计							48,958.33	48,958.33										

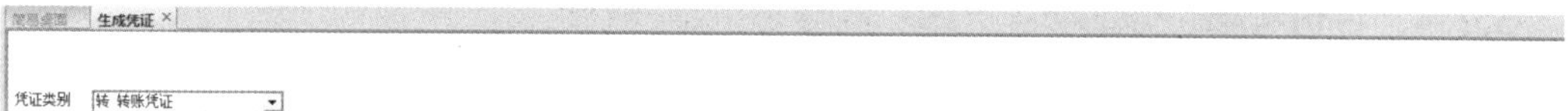

图 6-2-21　对应科目输入窗口

（19）输入对应科目，单击“合成”按钮，生成凭证，如图 6-2-22 所示。

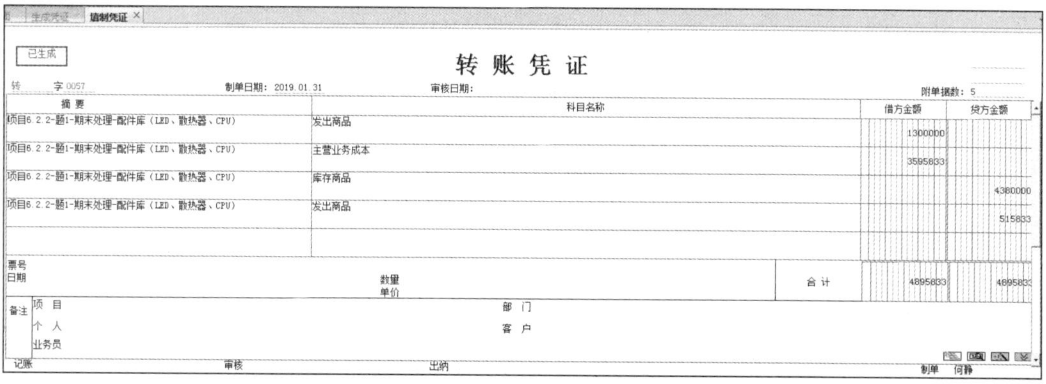

图 6-2-22　发出商品期末结转凭证

2. 第 2 笔业务的操作处理

其他出入库单可能涉及很多特殊单据，一般建议设置收发类别时尽量详细，以便包含所有经济业务，使得在预设会计科目时能包含这些科目。对于有些非常特殊的业务，建议设置在"待处理流动资产损溢"科目下，待处理意见确定后，在总账中进行统一的调整。

（1）执行"业务核算"/"月末结账"命令，系统弹出"结账"对话框，如图6-2-23所示。

（2）单击"确定"按钮，即可完成存货系统的结账工作，如图6-2-24所示。

图 6-2-23 "结账"对话框

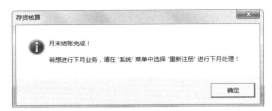

图 6-2-24 完成月末结账

（3）若要取消结账，则执行"业务核算"/"月末结账"命令，在弹出的"月末结账"对话框中选择"取消结账"。

3. 数据备份

退出"企业门户"，在系统管理中由系统管理员执行"账套"/"输出"命令，将数据存储在"E:\U8-V10.1供应链数据\606-6-2"中。

微课：月末结账

6.2.4 评价考核

1. 评价标准

根据项目实施的情况，实行过程评价与结果评价相结合的评价方式，评价标准如表6-2-3所示。

表 6-2-3　　　　　　　　　　　　　　评价标准　　　　　　　　　　　　单位：分

评价类别	评价属性	评价项目	分数
过程评价（40%）	实训态度	遵章守纪	10
		按要求及时完成	10
		操作细致有耐心	10
		独立完成	10
		小计	40
结果评价（60%）	实施效果	未生成凭证的科目设置正确	20
		凭证生成的方式正确	20
		在存货核算系统中能期末正确结账	20
		小计	60

2. 评定等级

根据得分情况评定等级，如表6-2-4所示。

表 6-2-4　　　　　　　　　　　　　　评定等级　　　　　　　　　　　　单位：分

等级标准	优	良	中	及格	不及格
分数区间	≥90	80（含）～90	70（含）～80	60（含）～70	<60
实际得分					

附录

附录 A | 会计业务信息化处理环节样题

 ### 比赛须知

1. 比赛时间为 180 分钟，满分 100 分。答题开始后系统开始倒计时，结束前 5 分钟给出提示，比赛时间一到系统自动交卷。

2. 本赛题使用用友—U8 V10.1 新道版的系统管理、总账管理、UFO 报表、应收款管理、应付款管理、薪资管理、固定资产、采购管理、销售管理、库存管理、存货核算、成本管理、物料清单模块，完成制造业企业一个月的会计工作。

3. 本赛题分为系统初始化、业务处理与会计核算、会计报表编制与主要财务指标分析三阶段，请依次作答。

4. 请认真阅读企业背景资料，操作时严格按照权限分工及操作要求进行业务处理。

5. 会计信息系统启用时间为 2015 年 4 月 1 日，业务处理时间为 2015 年 4 月。

企业背景资料

一、企业基本情况

浙江天通食品有限公司（简称天通公司）是一家专门从事巧克力及饼干生产的食品制造企业，设有第一、第二两个基本生产车间，第一车间生产巧克力，第二车间生产饼干。公司法人代表为高雄辉。

公司开户银行：中国建设银行杭州市江干支行

基本存款账户：6227 0028 2679 0947 378

证券资金专户：6227 0028 2679 0947 298

公司纳税登记号：440300584063792

公司地址：浙江省杭州市江干区天台山路 16 号

电话：0571—86962998

邮箱：zjtiantong@163.com

二、操作员及权限

操作员及权限见表1。

表1 软件应用操作员及操作权限分工表

编码	姓名	隶属部门	职务	操作分工
A01	高雄辉	总经理办公室	总经理	账套初始化设置权限
W01	覃朗	财务部	财务经理	记账凭证的审核、查询、对账、总账结账、编制 UFO 报表
W02	汪海波	财务部	会计	总账（填制、查询凭证、账表、期末处理、记账）、应收款和应付款管理（不含收付款单填制、选择收款和选择付款权限）、固定资产、薪资管理、存货核算的所有权限
W03	李青青	财务部	出纳	收付款单的填制、选择收款和选择付款权限、票据的登记、出纳签字、银行对账
W04	王昭君	财务部	成本	成本管理、物料清单的所有权限
X01	谭晓	销售部	销售员	销售管理的所有权限
G01	张浩明	采购部	采购员	采购管理的所有权限
C01	赵凯	仓管部	库管员	库存管理的所有权限

注：操作员无密码。

三、操作要求

1. 科目设置要求

应付账款科目下设暂估应付账款和一般应付账款两个二级科目。其中，一般应付账款科目设置为受控于应付款管理系统，暂估应付账款科目设置为不受控于应付款管理系统。

2. 辅助核算要求

日记账：库存现金、银行存款/基本存款账户、其他货币资金/存出投资款。

银行账：银行存款/基本存款账户、其他货币资金/存出投资款。

客户往来：应收票据/银行承兑汇票、应收票据/商业承兑汇票、应收账款、预收账款。

供应商往来：在途物资、应付票据/商业承兑汇票、应付票据/银行承兑汇票、应付账款/一般应付账款、应付账款/暂估应付账款、预付账款。

个人往来：其他应收款/其他个人往来。

项目核算：持有至到期投资/成本、持有至到期投资/应计利息、交易性金融资产/公允价值变动。

项目（数量）核算：交易性金融资产/成本。

部门核算：在用低值易耗品、制造费用子科目。

部门、项目核算：生产成本子科目。

数量核算：发出商品、库存商品。

3. 会计凭证的基本规定

录入或生成"记账凭证"均由指定的会计人员操作，含有库存现金和银行存款科目的记账凭证均需出纳签字。采用复式记账凭证，采用单一凭证格式。对已记账凭证的修改，只采用红字冲销法。为保证财务与业务数据的一致性，能在业务系统中生成的记账凭证不得在总账系统中直接录入，在总账中填制的凭证参照常用摘要。根据原始单据生成记账凭证时，除特殊规定外不采用合并制单。

出库单与入库单原始凭证以软件系统生成的为准；除指定业务外，在业务发生当日，收到发票并支付款项的业务使用现付功能处理，开出发票并收到款项的业务使用现结功能处理。

4. 货币资金业务的处理

公司采用的结算方式包括现金结算、支票、托收承付、委托收款、银行汇票、商业汇票、电汇等。收、付款业务由财务部门根据有关凭证进行处理。

5. 薪酬业务的处理

由公司承担并缴纳的医疗保险、工伤保险、生育保险、住房公积金分别按 10%、1%、0.8%、12%的比例计算，养老保险、失业保险分别按20%、1%的比例计算；职工个人承担的养老保险、医疗保险、失业保险、住房公积金分别按 8%、2%、0.2%、12%的比例计算。按工资总额的 2%计提工会经费，按工资总额的 2.5%计提职工教育经费。各类社会保险费当月计提，次月缴纳。按照国家有关规定，公司代扣代缴个人所得税，其费用扣除标准为 3 500 元，附加费用 1 300 元；工资分摊制单合并科目相同、辅助项相同的分录。

6. 固定资产业务的处理

公司固定资产包括房屋及建筑物、机器设备和运输工具，均为在用状态；采用平均年限法（二）按月计提折旧；同期增加多个固定资产时，不采用合并制单。

7. 存货业务的处理

公司存货主要包括原材料、周转材料、产成品和应税劳务四大类，按存货分类进行存放及项目核算。各类存货按照实际成本核算，采用永续盘存制；发出存货的成本采用"先进先出法"，按仓库进行核算，采购入库存货的对方科目全部使用"在途物资"科目，委托代销成本核算方式按发出商品核算。低值易耗品单位价格超过 100 元的五五摊销；采购、销售必有订单，订单号为合同号，到货必有到货单，发货必有发货单，存货按业务发生日期逐笔记账并制单，暂估业务除外。（存货核算制单时不允许勾选"已结算采购入库单自动选择全部结算单上单据，包括入库单、发票、付款单，非本月采购入库按蓝字报销单制单"选项。）

8. 税费的处理

公司为增值税一般纳税人，增值税税率为 17%，按月缴纳，按当期应交增值税 7%计算城市维护建设税、3%计算教育费附加和 2%计算地方教育费附加；企业所得税采用资产负债表债务法，除应收账款外，假设资产、负债的账面价值与其计税基础一致，未产生暂时性差异，企业所得税的计税依据为应纳税所得额，税率为 25%，按月预计，按季预缴，全年汇算清缴。交纳税费后按银行开具的原始凭证编制记账凭证。

9. 财产清查的处理

公司每年年末对存货及固定资产进行清查，根据盘点结果编制"盘点表"，并与账面数据进行比较，由库存管理员审核后进行处理。

10. 坏账损失的处理

公司除应收账款外，其他预付及应收款项不计提坏账准备。每年年末，按应收账款余额百分比法计提坏账准备，提取比例为 0.5%。

11. 成本的计算

采用实际成本核算方法，公司产品生产耗用的原材料和包装物可以直接计入各种产品的成本；直接人工采用"实际工时-人工"，制造费用采用"实际工时-机器"在各种产品之间分配（分车间）；由于产品生产周期短，月末在产品比较少，故采用不计算在产品成本法处理月末在产品。

12. 利润分配

根据公司章程，公司税后利润按以下顺序及规定分配：A. 弥补亏损；B. 按10%提取法定盈余公积；C. 按 30% 向投资者分配利润。

13. 损益类账户的结转

每月月末将各损益类账户余额转入本年利润账户，结转时按收入和支出分别生成记账凭证。

14. 关于利率

本期购买的国债实际利率与名义利率相同。

第一部分　系统初始化

1. 总体要求

使用 001 账套的总账、薪资管理、固定资产、采购管理、销售管理、库存管理、存货核算、应收款管理、应付款管理系统完成以下初始化任务。（满分 10 分）

2. 工作任务

【任务 1.1】 根据表 1-1 增加供应商档案 *（缺省请默认）*。

表 1-1　　　　　　　　　　　　供应商档案

编号	供应商名称	供应商简称	所属分类	开户行及账号	地址及电话	纳税人登记号
0106	浙江顺德超市	顺德超市	01	中国建设银行杭州市西湖支行 6227002636790840287	杭州市西湖区百家园路 78 号 0571—86455153	430123657890012
0104	广东跃锐有限公司	跃锐公司	01	中国建设银行中山市西区南头镇支行 6227001727833029097	中山市西区南头镇光明路 28 号 0760—23110333	444098767142356

【任务 1.2】 根据表 1-2，进行付款条件设置。

表 1-2　　　　　　　　　　　　付款条件

付款条件编码	付款条件名称
1	3/10，2/20，n/30

【任务 1.3】 在采购管理中设置单据进入方式为"空白单据"。

【任务 1.4】 在固定资产选项中设置"自动连续增加卡片"。

【任务 1.5】 在应收款管理中设置税金科目和销售收入科目。

【任务 1.6】 将采购运费发票单据编号设置为"手工改动，重号时自动重取"。

【任务 1.7】 在总账中设置"银行科目结算方式必录"。

【任务 1.8】 在总账中设置"出纳凭证必须经由出纳签字"。

【任务 1.9】 在库存管理的选项中设置浮动换算率的计算规则为"以数量为主"。

第二部分　业务处理与会计核算

1. 总体要求

使用 002 账套的总账管理、应收款管理、应付款管理、薪资管理、固定资产、采购管理、销售管理、库存管理、存货核算、成本管理、物料清单完成以下工作任务（满分 70 分）。

2. 工作任务

对浙江天通食品有限公司 2015 年 4 月的业务进行处理。

【任务 2.1】 1 日，收到预收款。

中国建设银行进账单（回单或收账通知）

2015 年 4 月 1 日

<table>
<tr><td rowspan="3">付款人</td><td>全称</td><td>江苏群星连锁超市</td><td rowspan="3">收款人</td><td>全称</td><td colspan="9">浙江天通食品有限公司</td></tr>
<tr><td>账号</td><td>6290878609568909453</td><td>账号</td><td colspan="9">6227002826790947378</td></tr>
<tr><td>开户银行</td><td>中国建设银行南京市汤泉支行</td><td>开户银行</td><td colspan="9">中国建设银行杭州市江干支行</td></tr>
<tr><td colspan="3" rowspan="2">人民币（大写）：壹万元整</td><td>千</td><td>百</td><td>十</td><td>万</td><td>千</td><td>百</td><td>十</td><td>元</td><td>角</td><td>分</td></tr>
<tr><td></td><td></td><td>￥</td><td>1</td><td>0</td><td>0</td><td>0</td><td>0</td><td>0</td><td>0</td></tr>
<tr><td>票据种类</td><td>转账支票</td><td>票据张数</td><td>1</td><td colspan="10" rowspan="3">收款人开户银行签章</td></tr>
<tr><td>票据号码</td><td colspan="3">13425685</td></tr>
<tr><td>单位主管
复　核</td><td>会计
记账</td><td></td><td></td></tr>
</table>

【任务 2.2】2 日，与广东中科食品有限公司签订销售合同。

购销合同

合同编号：XS0001

卖方：浙江天通食品有限公司

买方：广东中科食品有限公司

　　为保护买卖双方的合法权益，买卖双方根据《中华人民共和国合同法》的有关规定，经友好协商，一致同意签订本合同，共同遵守。

一、货物的名称、数量及金额

货物名称	规格 型号	计量 单位	数量	单价 （不含税）	金额 （不含税）	税率	价税合计
Reed 巧克力	160g/盒	盒	200	188.00	37600.00	17%	43992.00
伯曼巧克力	108g/盒	盒	100	150.00	15000.00		17550.00
合计					52600.00		61542.00

二、合同总金额：人民币陆万壹仟伍佰肆拾贰元整（61542.00）。

三、收款时间及收款方式：签订合同当日，收到买方部分货款人民币壹万元整（￥10000.00）。

在货物验收合格后，买方以电汇方式向卖方结算剩余货款人民币伍万壹仟伍佰肆拾贰元整（￥51542.00）。

四、发货时间：2015 年 4 月 2 日；交货地点：浙江天通食品有限公司。

五、发运方式：买方自提。

卖　　方：浙江天通食品有限公司　　　　　　　买　　方：广东中科食品有限公司

授权代表：谭晓　　　　　　　　　　　　　　　授权代表：陈广坤

日　　期：2015 年 4 月 2 日　　　　　　　　　日　　期：2015 年 4 月 2 日

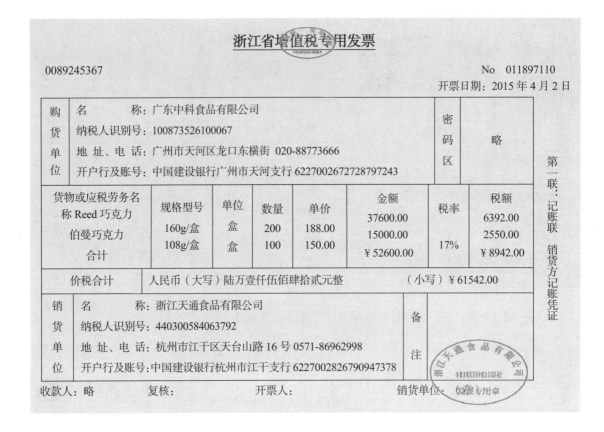

浙江省增值税专用发票

0089245367 No 011897110

开票日期：2015 年 4 月 2 日

购货单位	名 称：广东中科食品有限公司							密码区	略
	纳税人识别号：100873526100067								
	地 址、电 话：广州市天河区龙口东横街 020-88773666								
	开户行及账号：中国建设银行广州市天河支行 6227002672728797243								

货物或应税劳务名称	规格型号	单位	数量	单价	金额	税率	税额
Reed 巧克力	160g/盒	盒	200	188.00	37600.00	17%	6392.00
伯曼巧克力	108g/盒	盒	100	150.00	15000.00		2550.00
合计					￥52600.00		￥8942.00

价税合计	人民币（大写）陆万壹仟伍佰肆拾贰元整 （小写）￥61542.00

销货单位	名 称：浙江天通食品有限公司	备注
	纳税人识别号：440300584063792	
	地 址、电 话：杭州市江干区天台山路 16 号 0571-86962998	
	开户行及账号：中国建设银行杭州市江干支行 6227002826790947378	

收款人：略　　复核：　　开票人：　　　　　销货单位：（章）

第一联：记账联 销货方记账凭证

中国建设银行进账单（回单或收账通知）

2015 年 4 月 2 日

付款人	全称	广东中科食品有限公司	收款人	全称	浙江天通食品有限公司
	账号	6227002672728797243		账号	6227002826790947378
	开户银行	中国建设银行广州市天河支行		开户银行	中国建设银行杭州市江干支行

人民币（大写）：壹万元整	千	百	十	万	千	百	十	元	角	分
				￥1	0	0	0	0	0	0

票据种类	转账支票	票据张数	1
票据号码	15686298		
单位主管　　会计			
复核　　记账			

收款人开户银行签章

【任务 2.3】 3 日，采购部员工张浩明报销差旅费。

差旅费报销单

部门：采购部　　　　　　　　　　填报日期：2015 年 4 月 3 日

姓名		张浩明			出差事由		开会		出差日期		3 月 30 日—4 月 3 日	
起讫时间及地点					车船票		夜间乘车补助		出差补助费		住宿费	其他
月	日	起	月	日	迄	类别	金额	时间	标准	金额	日数	标准	金额	金额	摘要	金额
3	30	杭州	3	30	上海	飞机	1076.00	小时			5	100	500	1250	订票费	5.00
4	3	上海	4	3	杭州	火车	369.00	小时							行李费	10.00
小计							1445.00						500	1250		15.00
总计金额（大写）人民币叁仟贰佰壹拾元整								预支 3000.00 元			核销 3210.00 元				退补 210.00 元	

主管　　　　　　记账　　　　　　　审核　　　　　　　　　制表

领款凭证

2015 年 4 月 3 日

领款人 张浩明　核准人 高雄辉

领款金额（大写）贰佰壹拾元整（小写）210.00

用途 报销差旅费

【付 讫】

【任务 2.4】 3 日，以银行存款缴纳企业第一季度各项税费。

中国建设银行杭州市江干支行　　　　　电子缴税付款凭证

转账日期：20150403　　　　　　　　　　　凭证字号：06790809

纳税人全称及纳税人识别号：浙江天通食品有限公司 440300584063792

付款人全称：浙江天通食品有限公司

付款人账号：6227002826790947378

征收机关名称：杭州市江干区地方税务局

付款人开户银行：建行杭州市江干支行　　　收款国库（银行）名称：国家金库杭州市江干支库

小写（合计）金额：￥828000.00　　　　　缴款书交易流水号：91011227

大写（合计）金额：人民币捌拾贰万捌仟元整　　税票号码：009813425678

税种名称	所属时间	实缴金额
增值税	20150101—20150331	￥ 378000.00
企业所得税	20150101—20150331	￥ 450000.00

第二联　作付款回单（无银行收讫章无效）　　　复核　　　　　　　记账

中国建设银行杭州市江干支行　　　电子缴税付款凭证

转账日期：20150403　　　　　　　　　　　　　　凭证字号：08976509

纳税人全称及纳税人识别号：浙江天通食品有限公司 440300584063792

付款人全称：浙江天通食品有限公司

付款人账号：6227002826790947378　　　　　征收机关名称：杭州市江干区地方税务局

付款人开户银行：建行杭州市江干支行　　　收款国库（银行）名称：国家金库杭州市江干支库（代理）

小写（合计）金额：￥51978.00　　　　　　缴款书交易流水号：91011245

大写（合计）金额：人民币伍万壹仟玖佰柒拾捌元整　　税票号码：1271990165031113512

税种名称	所属时间	实缴金额
城市维护建设税	20150101—20150331	￥26460.00
教育费附加	20150101—20150331	￥11340.00
地方教育费附加	20150101—20150331	￥7560.00
个人所得税	20150101—20150331	￥6618.00

第二联　作付款回单（无银行收讫章无效）　　　　复核　　　　记账

【任务 2.5】4 日，与深圳万象食品有限公司签订采购合同。

购销合同

合同编号：CG0001

卖方：深圳万象食品有限公司

买方：浙江天通食品有限公司

　为保护买卖双方的合法权益，买卖双方根据《中华人民共和国合同法》的有关规定，经友好协商，一致同意签订本合同，共同遵守。

一、货物的名称、数量及金额

货物名称	规格型号	计量单位	数量	单价（不含税）	金额（不含税）	税率	价税合计
纯可可脂	500g/块	千克	1000	70.00	70000.00		81900.00
果仁	100g/袋	千克	300	150.00	45000.00	17%	52650.00
低筋面粉	500g/袋	千克	500	6.60	3300.00		3861.00
合计					￥118300.00		￥138411.00

二、合同总金额：人民币壹拾叁万捌仟肆佰壹拾壹元整（￥138411.00）。

三、合同条款：

1. 交货日期及方式：2015 年 4 月 12 日，买方自提；

2. 结算方式：收货后一个月内付清货款；信用条件：3/10, 2/20, n/30（限于价款）；

3. 质量保证：质量若有问题，买方损失由卖方赔偿；

4. 违约责任：买方到期不提货或延期提货，将按货款的 10%付卖方；若卖方不能按期供货，同上处罚。

卖　　方：深圳万象食品有限公司　　　　买　　方：浙江天通食品有限公司

授权代表：朱晴娟　　　　　　　　　　　授权代表：张浩明

日　　期：2015 年 4 月 4 日　　　　　　日　　期：2015 年 4 月 4 日

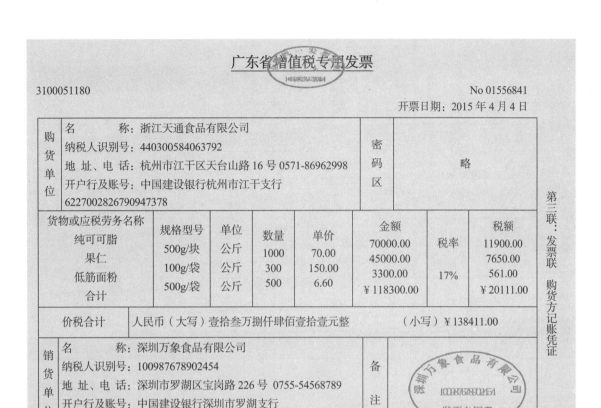

广东省增值税专用发票

3100051180

No 01556841

开票日期：2015 年 4 月 4 日

购货单位	名　　　称：浙江天通食品有限公司 纳税人识别号：440300584063792 地　址、电话：杭州市江干区天台山路 16 号 0571-86962998 开户行及账号：中国建设银行杭州市江干支行 6227002826790947378					密码区		略	
货物或应税劳务名称	规格型号	单位	数量	单价	金额		税率	税额	
纯可可脂 果仁 低筋面粉 合计	500g/块 100g/袋 500g/袋	公斤 公斤 公斤	1000 300 500	70.00 150.00 6.60	70000.00 45000.00 3300.00 ¥118300.00		17%	11900.00 7650.00 561.00 ¥20111.00	
价税合计	人民币（大写）壹拾叁万捌仟肆佰壹拾壹元整					（小写）¥138411.00			
销货单位	名　　　称：深圳万象食品有限公司 纳税人识别号：100987678902454 地　址、电话：深圳市罗湖区宝岗路 226 号 0755-54568789 开户行及账号：中国建设银行深圳市罗湖支行 6228028936567789635					备注			

第三联：发票联　购货方记账凭证

收款人：略　　　复核：略　　　开票人：略　　　　　销货单位：（章）

【任务 2.6】6 日，发放上月职工工资（总账处理）。

中国建设银行转账支票存根

支票号码 109807889

科　　目

对方科目

签发日期 2015 年 4 月 6 日

收款人：浙江天通食品有限公司
金　　额：¥82000.00
用　　途：发放工资
备　　注：
单位主管：高雄辉　会计：汪海波
复　　核：略　　记账：略

【任务 2.7】 6 日，缴纳上月应缴 "五险一金"（*合并制单，票号统一略，总账处理*）。

社会保险基金专用收据（回单）

2015 年 4 月 6 日

缴款单位	单位全称	浙江天通食品有限公司	收款单位	单位全称	省直企业单位保险基金专户
	单位编码	9090876		收费名目	养老保险
	在职人数	14		开户银行及账号	中国建设银行杭州市湖滨支行 6226259632458201123
	缴费基数			电话	

缴款内容	缴款日期	应缴金额	实缴金额
单位应缴	2015 年 4 月		
个人应缴	2015 年 4 月		

实收金额合计（大写）

委托收款凭证（付款通知）

委托日期 2015 年 4 月 6 日

收款人	全称	省直企业单位保险基金专户	付款人	全称	浙江天通食品有限公司
	账号	6226259632458201123		账号	6227002826790947378
	开户银行	中国建设银行杭州市湖滨支行		开户银行	中国建设银行杭州市江干支行

委托金额	人民币(大写)	百	十	万	千	百	十	元	角	分

款项内容	养老保险	委托收款凭据名称	社会保险基金专用收据	附寄单证张数	1

备注：2015 年 4 月养老保险	款项收妥日期 2015 年 4 月 6 日	付款人开户行盖章

注：医疗保险、工伤保险、生育保险、公积金的专用收据和委托收款的单证与此相似，省略。

【任务 2.8】7 日，与湖南易诺食品有限公司签订采购合同。

购销合同

合同编号：CG0003

卖方：湖南易诺食品有限公司

买方：浙江天通食品有限公司

　　为保护买卖双方的合法权益，买卖双方根据《中华人民共和国合同法》的有关规定，经友好协商，一致同意签订本合同，共同遵守。

一、货物的名称、数量及金额

货物名称	规格型号	计量单位	数量	单价（不含税）	金额（不含税）	税率	价税合计
奶油	1000g/瓶	千克	1000	16.00	16000.00		18720.00
黄油	25kg/箱	千克	625	34.00	21250.00	17%	24862.50
鸡蛋	500×50g/箱	千克	750	7.70	5775.00		6756.75
合计（人民币大写）伍万零叁佰叁拾玖元贰角伍分					43025.00		50339.25

二、合同总金额：人民币伍万零叁佰叁拾玖元贰角伍分（￥50339.25）。

三、付款时间及付款方式：签订合同当日，买方向卖方支付订金人民币伍仟元整（￥5000.00）。

　　交货并验收合格后 6 日内，买方向卖方支付剩余款项，即人民币肆万伍仟叁佰叁拾玖元贰角伍分（￥45339.25）。

　　付款结算方式：电汇。

四、交货时间：2015 年 4 月 17 日；交货地点：浙江天通食品有限公司。

五、发运方式：买方自提

卖　　方：湖南易诺食品有限公司　　　　买　　方：浙江天通食品有限公司

授权代表：陈邱岳　　　　　　　　　　　授权代表：张浩明

日　　期：2015 年 4 月 7 日　　　　　　日　　期：2015 年 4 月 7 日

付款报告书

部门：采购部　　　　　　　　　2015 年 4 月 7 日　　　　　　　　　编号：020

开支内容	金额	结算方式
支付湖南易诺食品有限公司采购订金（合同编号：CG0003）	￥5000.00	电汇
合计：（人民币大写）	人民币伍仟元整	

会计主管：覃朗　　　单位负责人：高雄辉　　　出纳：李青青　　　经办人：张浩明

用友 ERP-U8 V10.1——供应链管理系统教程
（移动学习版 第2版）

中国建设银行电汇凭单（回单）

00987896

普通□ 加急□　　　　　　　2015 年 4 月 7 日

付款人	全称	浙江天通食品有限公司	收款人	全称	湖南易诺食品有限公司
	账号	6227002826790947378		账号	6221456723457890043
	开户银行	中国建设银行杭州市江干支行		开户银行	中国建设银行长沙市岳麓支行

人民币（大写）：伍仟元整	千	百	十	万	千	百	十	元	角	分
				¥	5	0	0	0	0	0

票据种类	
票据张数	

单位主管：　　　　会计：

复　核：　　　　记账：

汇出（户）行盖章

【任务 2.9】8 日，与江苏群星连锁超市签订销售合同。

购销合同

合同编号：XS0003

卖方：浙江天通食品有限公司

买方：江苏群星连锁超市

为保护买卖双方的合法权益，买卖双方根据《中华人民共和国合同法》的有关规定，经友好协商，一致同意签订本合同，共同遵守。

一、货物的名称、数量及金额

货物名称	规格型号	计量单位	数量	单价（不含税）	金额（不含税）	税率	价税合计
伯曼巧克力	108g/盒	盒	100	150.00	15000.00		17550.00
Reed 巧克力	160g/盒	盒	100	188.00	18800.00	17%	21996.00
麦香曲奇饼干	420g/盒	盒	200	94.00	18800.00		21996.00
合计					¥52600.00		¥61542.00

二、合同总金额：人民币陆万壹仟伍佰肆拾贰元整（¥61542.00）。

三、结算方式：买方在收到货物后 30 日内支付尾款（已预收订金 10000 元）。

四、交货时间：2015 年 4 月 8 日；交货地点：浙江天通食品有限公司。

五、发运方式：买方自提。

卖　　方：浙江天通食品有限公司　　　　买　　方：江苏群星连锁超市

授权代表：顾晓　　　　　　　　　　　授权代表：熊丽娟

日　　期：2015 年 4 月 8 日　　　　　日　　期：2015 年 4 月 8 日

266

浙江省增值税专用发票

0089245369

No011897112

开票日期：2015 年 4 月 8 日

购货单位	名　称：江苏群星连锁超市 纳税人识别号：789065784563456 地 址、电 话：南京市解放区汤泉路 78 号 025-8809789 开户行及账号：中国建设银行南京市汤泉支行 6290878609568909453					密码区			
货物或应税劳务	规格型号	单位	数量	单价	金额		税率	税额	
伯曼巧克力	108g/盒	盒	100	150.00	15000.00			2550.00	
Reed 巧克力	160g/盒	盒	100	188.00	18800.00		17%	3196.00	
麦香曲奇饼干	420g/盒	盒	200	94.00	18800.00			3196.00	
合计					￥52600.00			￥8942.00	
价税合计	人民币（大写）陆万壹仟伍佰肆拾贰元整				（小写）￥61542.00				
销货单位	名　称：浙江天通食品有限公司 纳税人识别号：440300584063792 地 址、电 话：杭州市江干区天台山路 16 号 0571-86962998 开户行及账号：中国建设银行杭州市江干支行 6227002826790947378					备注			

收款人：　　　　　复核：　　　　　开票人：　　　　　　　　销货单位：（章）

第一联：记账联　销货方记账凭证

【任务 2.10】9 日，支付高雄辉总经理本月公寓租赁费（*暂不考虑个人所得税*）。

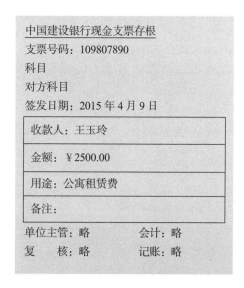

中国建设银行现金支票存根
支票号码：109807890
科目
对方科目
签发日期：2015 年 4 月 9 日

收款人：王玉玲
金额：￥2500.00
用途：公寓租赁费
备注：

单位主管：略　　　　会计：略
复　核：略　　　　记账：略

浙江省地方税务局统一代开发票
发票联

2015 年 4 月 9 日

发票代号 24567890909

发票号码 40145637

付款方名称	浙江天通食品有限公司	代开普通发票申请号码	089767895
收款方名称及地址电话	王玉玲杭州市四季青街道 69 号	收款方识别码或证件号码	330101197803144825
品目及金额：房屋租金 ¥2500.00		备注	
合计人民币（大写）	贰仟伍佰元整　　小写 ¥2500.00		
税额（大写）		完税凭证号码	

【任务 2.11】10 日，以现金支付公司总经理业务招待费 1 520 元。

杭州市服务业统一发票
发票联

No 0045618

客户：浙江天通食品有限公司　　　　2015 年 4 月 10 日

第二联：发票联

项目	摘要	单位	数量	单价	金额								
					千	百	十	万	千	百	十	元	角	分
餐费									1	5	2	0	0	0
合计：人民币（大写）壹仟伍佰贰拾元整								¥	1	5	2	0	0	0

企业（盖章有效）　　　　　　财务：　　　　　　开票：

【任务 2.12】11 日，收到广东中科食品有限公司购货尾款。

中国建设银行电汇凭单（回单）

18323117

普通□加急□　　　　　　2015 年 4 月 12 日

付款人	全称	广东中科食品有限公司	收款人	全称	浙江天通食品有限公司									
	账号	6227002672728797243		账号	6227002826790947378									
	开户银行	中国建设银行广州市天河支行		开户银行	中国建设银行杭州市江干支行									
人民币（大写）：伍万壹仟伍佰肆拾贰元整					千	百	十	万	千	百	十	元	角	分
						¥	5	1	5	4	2	0	0
票据种类														
票据张数														
单位主管　　　　会计				汇出（户）行盖章										
复核　　　　记账														

【任务 2.13】 11 日，支付深圳万象食品有限公司货款。

付款报告书

部门：采购部　　　　　　　2015 年 4 月 11 日　　　　　　　编号:021

开支内容	金额	结算方式
支付深圳万象食品有限公司货款	￥134862.00	转账支票
合计：（大写）	人民币壹拾叁万肆仟捌佰陆拾贰元整	

会计主管：覃朗　　　单位负责人：高雄辉　　　出纳：李青青　　　经办人：张浩明

中国建设银行转账支票存根
支票号码：1108004
科目
对方科目
签发日期：2015 年 4 月 11 日

收款人：深圳万象食品有限公司
金额：￥134862.00
用途：采购原材料
备注：
单位主管：高雄辉　　会计：汪海波
复　　核：略　　记账：略

【任务 2.14】 12 日，收到深圳万象食品有限公司发来的原材料，经检验有部分产品质量存在问题，深圳万象食品有限公司已按合同承担损失。

商品（入库）验收报告单

供货单位：深圳万象食品有限公司
发票或送货号：1890067　　　　　制单日期：2015 年 4 月 12 日　　　　　第 3 号

收货单位：浙江天通食品有限公司	仓库：原材料库	运输工具：汽车	车（船）号：浙 A8C8008
原发数量：1800 kg		实收数量：1780 kg	
溢余数量：		短缺数量：	
质检情况：果仁质量存在问题	负责人：高雄辉		经办人：张浩明
公司：浙江天通食品有限公司	处理意见：拒收并收回退货款	负责人：高雄辉	经办人：张浩明
验收：略	审核：略		制单：略

开具红字增值税专用发票通知单

1890878098

No 178902435

开票日期：2015 年 4 月 12 日

销货单位	名 称：深圳万象食品有限公司 纳税人识别号：100987678902454 地 址、电 话：深圳市罗湖区 宝岗路 226 号 0755-54568789 开户行及账号：中国建设银行深圳市罗湖支行 6228028936567789635	购货单位	名 称：浙江天通食品有限公司 纳税人识别号：440300584063792 地 址、电 话：杭州市江干区天台山路 16 号 0571-86962998 开户行及账号：中国建设银行杭州市江干支行 6227002826790947378

开具红字发票内容	货物或应税劳务名称	单位	数量	单价	金额	税率	税额
	果仁	千克	20	150.00	3000.00 ¥ 3000.00	17%	510.00 ¥ 510.00
	合计						

价税合计	人民币（大写）叁仟伍佰壹拾元整　　（小写）¥3510.00

说明	需要作进项税额转出□ 不需要作进项税额转出□ 纳税人识别认证不符 专用发票代码、号码认证不符　　　　对应蓝字专用发票密码区内打印的代码：79089005 号码：101089 开具红字专用发票理由：与合同规定质量不符，直接退回

第三联：发票联购货方记账凭证

CCB 中国建设银行

凭证

业务回单（收款）

入账时间：2015-04-12　　　　　　　　　　　　　回单编号：1990897

付款人户名：深圳万象食品有限公司

付款人账号：6228028936567789635

付款人开户行（发报行）：中国建设银行深圳市罗湖支行

收款人户名：浙江天通食品有限公司

收款人账号：6227002826790947378

收款人开户行（发报行）：中国建设银行杭州市江干支行

币种：人民币（本位币）

金额（大写）：人民币叁仟伍佰壹拾元整　　金额（小写）：¥3510.00

凭证种类：　　　　　　　　　　　　　凭证号码：

业务（产品）种类：电汇　　　　　　　摘要：退货款

交易机构号：000899000231　　记账柜员号：00067　　交易代码：42112　　用途：

附言：退货款

支付交易序号：9011200　　报文种类：CWT100　　委托日期：2015-04-12

业务种类：

付款人地址：

打印次数：1 次　　机打回单注意重复　　打印日期：2015-04-12　　　　打印柜员：100269

【任务 2.15】 17 日，收到从湖南易诺食品有限公司采购的原材料，同时支付尾款。

湖南省增值税专用发票

1098789900

No 8796678

开票日期：2015 年 4 月 17 日

<table>
<tr><td rowspan="5">购货单位</td><td>名　　　称：浙江天通食品有限公司</td><td rowspan="5">密码区</td></tr>
<tr><td>纳税人识别号：440300584063792</td></tr>
<tr><td>地址、电话：杭州市江干区天台山路 16 号
0571-86962998</td></tr>
<tr><td>开户行及账号：中国建设银行杭州市江干支行
6227002826790947378</td></tr>
</table>

货物名称	规格型号	计量单位	数量	单价（不含税）	金额（不含税）	税率	税额
奶油	1000g/瓶	千克	1000	16.00	16000.00	17%	2720.00
黄油	25kg/箱	千克	625	34.00	21250.00	17%	3612.50
鸡蛋	500*50g/箱	千克	750	7.70	5775.00	17%	981.75
合计					¥43025.00		¥7314.25

价税合计	人民币（大写）伍万零叁佰叁拾玖元贰角伍分　　（小写）¥50339.25

<table>
<tr><td rowspan="4">销货单位</td><td>名　　　称：湖南易诺食品有限公司</td><td rowspan="4">备注</td></tr>
<tr><td>纳税人识别号：100987678544300</td></tr>
<tr><td>地址、电话：长沙市岳麓区新民路 26 号
0731-88899888</td></tr>
<tr><td>开户行及账号：中国建设银行长沙市岳麓支行
6221456723457890043</td></tr>
</table>

收款人：略　　　复核：略　　　开票人：略　　　销货单位：（章）

第三联：发票联 购货方记账凭证

中国建设银行电汇凭单（回单）

927685645

普通□ 加急□　　　　　2015 年 4 月 17 日

付款人	全称	浙江天通食品有限公司	收款人	全称	湖南易诺食品有限公司
	账号	6227002826790947378		账号	6221456723457890043
	开户银行	中国建设银行杭州市江干支行		开户银行	中国建设银行长沙市岳麓支行

人民币（大写）：肆万伍仟叁佰叁拾玖元贰角伍分	千	百	十	万	千	百	十	元	角	分
				¥	4	5	3	3	9	2	5

票据种类	
票据号码	

单位主管		会计	
复　核		记账	

汇出（户）行盖章

【任务 2.16】21 日，收到本月银行存款利息。

中国建设银行计算利息清单

2015 年 4 月 21 日   第 000102 号

单位名称：浙江天通食品有限公司   账号：6227002826790947378

起息日期	结息日期	天数	利息
2015/3/21	2015/4/21	30	￥7314.78

上列存款利息，已存入你单位
第 6227002826790947378 账号   （建设银行盖章）

科目（贷）：
对方科目（借）：
复核：略   记账：略

【任务 2.17】27 日，与广东跃锐有限公司签订采购合同。

购销合同

合同编号：CG0004

卖方：广东跃锐有限公司

买方：浙江天通食品有限公司

为保护买卖双方的合法权益，买卖双方根据《中华人民共和国合同法》的有关规定，经友好协商，一致同意签订本合同，共同遵守。

一、货物的名称、数量及金额

货物名称	规格型号	计量单位	数量	单价（不含税）	金额（不含税）	税率	价税合计
饼干纸桶	180×145×165mm	个	2 000	1.00	2000.00	17%	2340.00
铁质长方形巧克力盒	125×120×40mm	个	2 000	1.00	2000.00		2340.00
合计					￥4000.00		￥4680.00

二、合同总金额：人民币肆仟陆佰捌拾元整（￥4680.00）

三、合同条款：

1. 交货日期及方式：2015 年 4 月 27 日，自提；

2. 结算方式：签订合同当日即以转账支票支付全款；

3. 质量保证：质量若有问题，买方损失由卖方赔偿；

4. 违约责任：买方到期不提货或延期提货，将按货款的 10%付卖方；若卖方不能按期供货，同上处罚。

卖　　方：广东跃锐有限公司   买　　方：浙江天通食品有限公司

授权代表：茉晴娟   授权代表：张浩明

日　　期：2015 年 4 月 27 日   日　　期：2015 年 4 月 27 日

中国建设银行转账支票存根

支票号码：1108005

科目

对方科目

签发日期：2015 年 4 月 27 日

收款人：广东跃锐有限公司	
金额：￥4680.00	
用途：购包装物	
备注：	
单位主管：高雄辉 会计：汪海波	
复核：略 记账：略	

【任务 2.18】29 日，从广东跃锐有限公司购买的包装物验收入库。

【任务 2.19】30 日，计算本月应交房产税、土地使用税、车船税（*合并制单*）。

应交房产税计算表

2015 年 4 月 30 日

房屋类别	月初原值	扣减原值比例	应纳税原值	纳税比例	应纳税额	备注
办公楼	280 000.00	30%	196 000.00	0.05%	98.00	
生产用房屋	2 200 000.00	30%	1 540 000.00	0.1%	1 540.00	
1 号仓库	200 000.00	30%	140 000.00	0.1%	140.00	
2 号仓库	200 000.00	30%	140 000.00	0.1%	140.00	
合计	5 000 000.00		2 016 000.00		1 918.00	

主管：略 记账：略 审核：略 制表：略

应交土地使用税计算表

2015 年 4 月 30 日

土地面积	计税标准	年纳税额	月纳税额	备注
5 200 平方米	0.5 元/平方米	2 600.00	216.67	
合计			216.67	

主管：略 记账：略 审核：略 制表：略

应交车船税计提表

2015 年 4 月 30 日

车辆类别	车辆数或吨位数	计税标准	应纳税额	备注
9 座小轿车	1 辆	30	30.00	
5 座小轿车	1 辆	40	40.00	
江淮货车	6 吨	7	42.00	
合计			112.00	

主管：略 记账：略 审核：略 制表：略

【任务 2.20】30 日，计算本月应付工资和代扣个人所得税及三险一金。

职工考勤表

2015 年 4 月 30 日

部门	职务	姓名	白班	夜班	病假	事假
总经理办公室	总经理	高雄辉	4			
财务部	财务经理	覃朗	3	1		
	会计	汪海波	3			
	成本	王昭君	4			
	出纳	李青青	2	2	2	
销售部	销售员	谭晓	2			
采购部	采购员	张浩明				
仓管部	库管员	赵凯		1		2
生产部	车间主任	刘智	5			
生产部	工人	薛明	6			
生产部	工人	张强	6			
生产部	工人	欧阳帆	6			
生产部	车间主任	董月华	5	1		
生产部	工人	刘力	6			
生产部	工人	李达	6			

【任务 2.21】30 日，按规定计提本月应缴的"五险一金"、工会经费及职工教育经费（计提表略）。

【任务 2.22】30 日，分配本月职工薪酬。

【任务 2.23】30 日，对各部门固定资产计提本月折旧额（使用批量制单功能）。

【任务 2.24】30 日，结转本月发出材料成本。

原材料发料凭证汇总表

2015 年 4 月 30 日　　　　　　　　　　　　　　　　　　单位：千克

产品（车间）名称	主要材料							其他材料		
	纯可可脂	可可粉	砂糖	黄油	奶油	低筋面粉	鸡蛋	白酒	果仁	小苏打
Reed 巧克力	25.6	12	32	2.4	8					
伯曼巧克力	33.264	21.168	4.234		1.814					
万醇巧克力	63		7.5		63			6.4		
菲意巧克力	24.192		2.88		25.92				6.4	
一车间合计	146.056	33.168	46.614	2.4	98.734			6.4	6.4	
奇幻饼干		3.2	13.6	16		36.8	8			2.4
麦香曲奇饼干		1.6	12	24		35.2	7.2			
二车间合计		4.8	25.6	40		72	15.2			2.4
总计	146.056	37.968	72.214	42.4	98.734	72	15.2	6.4	6.4	2.4

周转材料发料凭证汇总表

2015 年 4 月 30 日

产品(部门)名称	包装物（个）			低值易耗品（台）
	铁质长方形巧克力盒	饼干纸桶	纸质包装盒	电风扇
Reed 巧克力	500			
伯曼巧克力	560			
万醇巧克力	3 000			
菲意巧克力	1 800			
一车间合计	5 860			
奇幻饼干		6 000		
麦香曲奇饼干			5 600	
二车间合计		6 000	5 600	
总经理办公室				1
总计	5 860	6 000	5 600	1

【任务 2.25】30 日，录入工时日报表。

工时日报表

2015 年 4 月 30 日　　　　　　　　　　　　　　　单位：小时

产品项目名称（一车间）	人工工时	机器工时	产品项目名称（二车间）	人工工时	机器工时
Reed 巧克力	560	600	奇幻饼干	460	400
伯曼巧克力	360	400	麦香曲奇饼干	520	500
万醇巧克力	230	200			
菲意巧克力	350	300			
合计			合计		

主管：略　　　　　　复核：略　　　　　　记账：略　　　　　　制单：略

【任务 2.26】30 日，产成品入库。

产成品入库汇总表

2015 年 4 月 30 日　　　　　　　　　　　　　　　金额单位：元

产品名称	规格型号	单位	数量	单位成本	总成本								
					千	十	万	千	百	十	元	角	分
Reed 巧克力	160g/盒	盒	500										
伯曼巧克力	108g/盒	盒	560										
万醇巧克力	50g/盒	盒	3 000										
菲意巧克力	32g/盒	盒	1 800										
奇幻饼干	500g/桶	桶	6 000										
麦香曲奇饼干	420g/盒	盒	5 600										
备注：	验收人签章：略		合计										

主管：略　　　　　　复核：略　　　　　　记账：略　　　　　　制单：略

【任务 2.27】30 日，进行薪资管理和固定资产结账。

【任务 2.28】30 日，进行相关成本资料的录入、取数及处理。

人工费用表

2015 年 4 月 30 日 金额单位：元

成本中心	直接人工费用	管理人员工资
一车间	25 634.73	12 478.40
二车间	17 361.65	12 967.47
合计	42 996.38	25 445.87

【任务 2.29】30 日，检查计算成本。

产品成本计算单

2015 年 4 月 30 日 金额单位：元

部门	产品名称	完工数量（盒/桶）	直接材料	直接人工	制造费用	单位成本	总成本
一车间	Reed 巧克力	500					
	伯曼巧克力	560					
	万醇巧克力	3 000					
	菲意巧克力	1 800					
小计		5 860					
二车间	奇幻饼干	6 000					
	麦香曲奇饼干	5 600					
小计		11 600					
合计							

主管：略　　　　　　　复核：略　　　　　　　记账：略　　　　　　　制单：略

【任务 2.30】30 日，定义并生成结转及入库凭证。

【任务 2.31】30 日，处理本月暂估入库业务。

【任务 2.32】30 日，公司对存货进行清查，发现产成品库 10 盒万醇巧克力已过保质期，经上报批准后销毁。

【任务 2.33】30 日，进行期末损益类账户结转。

【任务 2.34】30 日，月末对账、结账处理。

第三部分　会计报表编制与主要财务指标分析

1. 总体要求

使用 003 账套的 UFO 报表管理系统完成以下工作任务（*系统报表模板不允许选手调用*）（满分 10 分）。

2. 工作任务

【任务 3.1】打开选手文件夹 "%testdir%" 下名为 "zcfzb.rep" 的资产负债表，其中有 8 个计

算公式未填写（*绿色部分*），利用账务函数定义计算公式，重新计算并将资产负债表以原文件名保存。

【任务 3.2】打开选手文件夹 "%testdir%" 下名为 "lrb.rep" 的利润表，请仔细阅读计算公式，将本月数中的 3 个错误公式修改正确，重新计算并将利润表以原文件名保存。

【任务 3.3】打开选手文件夹 "%testdir%" 下名为 "cwzbfxb.rep" 的财务指标分析表，填写相关内容（*蓝色部分*）并定义数值计算公式（*蓝色部分*），重新计算并保存。

财务指标分析表

2015 年 4 月（视同年末）

指标	指标数值（％）	要求
资产负债率		利用 zcfzb.rep 定义表间取数公式
存货周转率		利用 zcfzb.rep 和 lrb.rep 定义表间取数公式
营业净利率		利用 lrb.rep 定义表间取数公式

【任务 3.4】打开选手文件夹 "%testdir%" 下名为 "glkjsjfxb.rep" 的管理会计数据分析表，填写或计算相关内容（*蓝色部分*），完成后保存。

管理会计数据分析表

2015 年 4 月（视同年末）

产品名称	单位售价	单位变动成本	固定成本	要求
Reed 巧克力				公式取数或手工填写
伯曼巧克力				公式取数或手工填写
万醇巧克力				公式取数或手工填写
菲意巧克力				公式取数或手工填写
奇幻饼干				公式取数或手工填写
麦香曲奇饼干				公式取数或手工填写

【任务 3.5】打开选手文件夹 "%testdir%" 下名为 "glkjzbfxb.rep" 的管理会计指标分析表，填写或计算相关内容（*蓝色部分*），完成后保存。

管理会计指标分析表

2015 年 4 月（视同年末）

指标	指标数值（％）	要求
边际贡献率		公式取数或手工填写
安全边际率		公式取数或手工填写
加权平均边际贡献率		公式取数或手工填写

第四部分　评分参考标准

样题第一阶段评分点

题号	考核点	评分点	分值 10	操作路径	单题小计
任务 1.1	增加供应商	编号、供应商简称、所属分类、开户行及账号、地址及电话、纳税人登记号		基础档案—客商信息—供应商档案	
任务 1.2	付款条件	编码、条件名称		基础档案—收付结算—付款条件	
任务 1.3	采购管理—单据进入方式—空白单据	选项		采购管理—选项—公共及参照控制	
任务 1.4	在固定资产选项中设置"自动连续增加卡片"	选项		固定资产—设置—选项—其他	
任务 1.5	应收税金科目	科目种类、科目		应收管理—设置—初始设置	
	应收销售收入科目	科目种类、科目		应收管理—设置—初始设置	
任务 1.6	单据编号	单据类型、编号方式		基础设置—单据设置—单据编号	
任务 1.7	总账选项银行结算方式必录	银行科目结算方式必录		总账—选项	
任务 1.8	出纳凭证必须经由出纳签字	出纳凭证必须经由出纳签字		总账—选项	
任务 1.9	库存管理—以数量为主	库存管理—以数量为主		库存—选项—通用设置	

样题第二阶段评分点

题号	日期	考核点	评分点	凭证	分值 70	单题分值
2.1	2015 年 4 月 1 日	收款单	日期、客户编码（0101）、结算方式编码（202）、金额、款项类型、票据单号（13425685）			
			审核人（W02）、日期			
		凭证	外部生成凭证：应收款管理（凭证来源错误，无分）	借：100201　　10 000 　　贷：2203　　　10 000		
				填制日期 2015.4.1		
				辅助项 100201：结算方式（202）票号（13425685） 2203：客户（0101）		

续表

题号	日期	考核点	评分点	凭证	分值70	单题分值
				审核：w01		
				记账：w02		
				出纳签字：w03		
2.2	2015年4月2日	销售订单	表头信息：订单号（XS0001）、订单日期、客户编码（0102）、部门编码（301）、业务员编码（x01）)			
			表体信息：存货编码（0301、0302）、数量、无税单价、预发货日期（2015-04-02）（两条记录）			
			审核人（x01）、订单号			
		发货单	发货日期、客户编码、部门编码、仓库编码、存货编码、数量（两条记录）			
			审核人、日期			
		销售专用发票	发票号（011897110）、发票日期、客户编码、部门编码、仓库编码、存货编码、数量、无税单价、现结标志（两条记录）			
			复核人、发票号			
			审核人、发票号			
		销售出库单	出库日期、仓库编码、客户编码、存货编码、数量			
			审核人、仓库编码、日期			
		正常单据记账	仓库编码、日期、记账人			
		凭证	凭证来源：存货核算（凭证来源错误，本题无分）合并制单	借：主营业务成本　　13 443　　贷：库存商品　　　　　13 443		
				填制日期2015.4.2		
				辅助项库存商品：数量 300		
				审核：w01		
				记账：w02		
		凭证	销售专用发票生成应收款管理系统（凭证来源错误，本题无分）现结	借：应收账款　　　　51 542　100201　　　　　　10 000　　贷：主营业务收入　52 600　　22210103　　　　8 942		
				填制日期2015.4.2		

续表

题号	日期	考核点	评分点	凭证	分值 70	单题分值
				辅助项 客户简称：0102 结算方式：202 票据号码： 15686298		
				审核：w01		
				记账：w02		
				出纳签字：w03		
2.3	2015 年 4 月 3 日	凭证	总账填制	借：660208　　　3 210 　　贷：122102　　3 000 　　　　1001　　　　210		
			摘要	摘要：报销差旅费		
				填制日期 2015.4.3		
				辅助项 部门编码（201）、人员编码（G01）		
				审核：w01		
				记账：w02		
				出纳签字：w03		
2.4	2015 年 4 月 3 日	凭证	总账填制 1	借：222102　　378 000 　　222103　　450 000 　　贷：100201　828 000		
				摘要：上缴增值税及企业所得税		
				填制日期 2015.4.3		
				辅助项： 100201：结算方式：8		
				审核：w01		
				记账：w02		
				出纳签字：w03		
			总账填制 2	借：222105　　26 460 　　222106　111 340 　　222104　　6 618 　　222107　　7 560 　　贷：100201　151 978		
				摘要：缴纳教育费附加及个人 所得税		
				填制日期 2015.4.3		
				辅助项： 100201：结算方式：8		
				审核：w01		
				记账：w02		

续表

题号	日期	考核点	评分点	凭证	分值70	单题分值
				出纳签字：w03		
2.5	2015年4月4日	采购订单	表头信息：业务类型、供应商（0101）、订单编号（cg0001）、部门（201）、日期、业务员、付款条件			
			表体信息：存货编码、数量、原币单价（三条记录）			
			审核人、日期			
		采购发票	发票号（01556841）、日期、供应商编码（0101）、存货编码、数量、无税单价、付款条件（三条记录）			
			审核人、发票号			
		凭证	凭证来源：应付款管理（凭证来源错误，本题无分）采购专用发票	借：1402　　118 300　　22210101　　20 111　　贷：220202　　138 411		
				填制日期2015.4.4		
				辅助项1402：供应商编码0101　220202：供应商编码0101		
				审核：w01		
				记账：w02		
2.6	2014年4月6日	总账填制		借：221101　　82 000　　贷：100201　　82 000		
				摘要：发放上月工资		
				填制日期2015.4.6		
				辅助项100201：结算方式：201 票据号：109807889		
				审核：w01		
				记账：w02		
				出纳签字：w03		
2.7	2014年4月6日	总账填制		借：22110201　　20 900　　22110202　　5 400　　22110301　　10 100　　22110302　　1 500　　22110401　　1 000　　22110402　　120　　221105　　1 500　　221106　　850　　22110701　　12 550　　22110702　　8 000　　贷：100201　　61 920		

续表

题号	日期	考核点	评分点	凭证	分值 70	单题分值
				填制日期 2015.4.6		
				摘要：缴纳上月"五险一金"		
				辅助项 100201：结算方式：4		
				审核：w01		
				记账：w02		
				出纳签字：W03		
2.8	2015 年 4 月 7 日	采购 订单	表头信息：业务类型、供应商（0103）、订单编号（cg0003）、部门、业务员、日期			
			表体信息：存货编码、数量、原币单价（三条记录）			
			审核人、日期			
		付款单	结算方式编码（701）、金额、款项类型、票号（00987896）、日期			
			审核人、日期			
		凭证	凭证来源：应付款管理（凭证来源错误，本题无分）	借：1123 5 000 贷：100201 5 000		
				填制日期 2015.4.7		
				辅助项 100201：结算方式 701 票号： 00987896 供应商：0103		
				审核：w01		
				记账：w02		
				出纳签字：W03		
2.9	42102	销售 订单	表头信息：订单号（XS0003）、订单日期、客户编码（0101）、部门编码、业务员编码			
			表体信息：存货编码、数量、无税单价、预发货日期（三条记录）			
			审核人、订单号			
		发货单	发货日期、客户编码、部门编码、仓库编码、存货编码、数量（三条记录）			
			审核人、日期			

题号	日期	考核点	评分点	凭证	分值 70	单题分值
		销售专用发票	发票号（011897112）、发票日期、客户编码、部门编码、仓库编码、存货编码、数量、无税单价（三条记录）			
			复核人、发票号			
			审核人、发票号			
		销售出库单	出库日期、仓库编码、客户编码、存货编码、数量			
			审核人、仓库编码、日期			
		正常单据记账	仓库编码、日期、记账人			
		凭证	凭证来源：存货核算（凭证来源错误，本题无分） 销售出库单：合并制单	借：主营业务成本 9 358 　　贷：库存商品 9 358		
				填制日期 2015.4.8		
				辅助项 库存商品：数量 400		
				审核 w01		
				记账 w02		
		凭证	销售专用发票生成：应收款管理系统（凭证来源错误，本题无分）	借：应收账款 61 542 　　贷：主营业务收入 52 600 　　　22210103 8 942		
				填制日期 2015.4.8		
				辅助项 客户简称：0101		
				审核：w01		
				记账：w02		
		凭证	预收冲应收：应收款管理系统（凭证来源错误，本题无分）	贷：2203 -10 000（借方蓝字也对，等效答案） 贷：1122 10 000		
				填制日期 2015.4.8		
				辅助项 1122：客户简称：0101 2203：客户简称：0101		
				审核 w01		
				记账 w02		
2.10	2015年4月9日		总账填制	借：660201 2 500 　　贷：221111 2 500		

续表

题号	日期	考核点	评分点	凭证	分值70	单题分值
				摘要：计提职工福利费		
				填制日期 2015.4.9		
				审核：w01		
				记账：w02		
			总账填制	借：221111　　　2 500 　　贷：100201　　　2 500		
				摘要：支付公寓租赁费		
				填制日期 2015.4.9		
				辅助项 100201：结算方式 201 票号： 109807890		
				审核：w01		
				记账：w02		
				出纳签字：w03		
2.11	2015 年 4 月 10 日		总账填制	借：660203　　　1 520 　　贷：1001　　　1 520		
				摘要：支付业务招待费		
				填制日期 2015.4.10		
				审核：w01		
				记账：w02		
				出纳签字：w03		
2.12	2015 年 4 月 11 日	收款单	日期、客户编码（0102）、结算方 式编码（701）、金额、款项类型			
			审核人（w03）、日期、单位 编码			
		核销	金额、核销标志、客户编码			
		凭证	外部生成凭证：应收款管理（凭 证来源错误，无分）	借：100201　　　51 542 　　贷：112201　　　51 542		
				填制日期 2015.4.12		
				辅助项 100201：结算方式 701 112201：客户（0102）		
				审核：w01		
				记账：w02		
				出纳签字：w03		

题号	日期	考核点	评分点	凭证	分值 70	单题分值
2.13	2015 年 4月 11 日	付款单	日期、供应商编码（0101）、结算方式编码（202）、金额、票据号（1108004）、款项类型（应付款）			
			审核人（w03）、票据号			
		凭证	外部生成凭证：应付款管理（凭证来源错误，无分）	借：220202　　　　3 549 借：660302　　　　−3 549 借：220202　　　134 862 　贷：100201　　　134 862 或者： 借：220202　　　138 411 　　660302　　　−3 549 　贷：100201　　　134 862 等效答案		
				填制日期 2015.4.12		
				辅助项： 100201：结算方式：202 票据号：1108004 220202：0101		
				审核：w01		
				记账：w02		
				出纳签字：w03		
		核销	金额（134 862）、核销标志、供应商编码（0101）			
2.14	2015 年 4月 12 日	采购到货单	日期、供应商编码（0101）、部门编码、业务员编码、存货编码、数量、原币单价			
			审核人、日期			
		到货拒收单	表头：供应商、存货编码、数量			
			审核			
		采购入库单	日期、仓库编码（001）、供应商编码、存货编码、数量（参照到货单）（三条记录）			
			审核人、日期、单据类型编码			
		采购结算	供应商编码（0101）、发票号、存货编码、数量、单价（四条）			
		正常单据记账	日期、仓库编码、记账人			

题号	日期	考核点	评分点	凭证	分值70	单题分值
		红字专用发票	发票号（178902435）、发票日期、供应商编码（0101）、部门编码、存货编码、无税金额、现付（一条记录）			
			审核人、发票号			
		凭证	外部生成凭证：应付款管理（凭证来源错误，无分）	借：1402　　　　　-3 000 　　22210101　　　　　-510 贷：100201　　　　-3 510 等效答案（或者借方字）		
				辅助项 1402：供应商（0101） 100201：结算方式：701		
				审核：w01		
				记账：w02		
				出纳签字：w03		
		凭证	凭证来源：存货核算（凭证来源错误，本题无分）采购入库单	借：140301　　73 300 　　140302　　42 000 贷：1402　　115 300		
				填制日期 2015.4.14		
				辅助项 140301：数量：1 500 140302：数量：280 1402：供应商 0101		
				审核：w01		
				记账：w02		
2.15	2015年4月14日	采购到货单	日期、供应商编码（0101）、部门编码、业务员编码、存货编码、数量、原币单价			
			审核人、日期			
		到货拒收单	表头：供应商、存货编码、数量			
			审核			
		采购入库单	日期、仓库编码（001）、供应商编码、存货编码、数量（参照到货单）（三条记录）			
			审核人、日期、单据类型编码			
		采购结算	供应商编码（0101）、发票号、存货编码、数量、单价（四条）			
		正常单据记账	日期、仓库编码、记账人			

续表

题号	日期	考核点	评分点	凭证	分值70	单题分值
		红字专用发票	发票号（178902435）、发票日期、供应商编码（0101）、部门编码、存货编码、无税金额、现付（一条记录）			
			审核人、发票号			
		凭证	外部生成凭证：应收款管理（凭证来源错误，无分）	借：1402　　　　　-3 000 　　22210101　　　-510 　　贷：100201　　　-3 510 等效答案（或者借方字）		
				辅助项 1402：供应商（0101） 100201：结算方式：701		
				审核：w01		
				记账：w02		
				出纳签字：w03		
		凭证	凭证来源：存货核算（凭证来源错误，本题无分）采购入库单	借：140301　　73 300 　　140302　　42 000 　　贷：1402　　115 300		
				填制日期 2015.4.14		
				辅助项 140301：数量：1 500 140302：数量：280 1402：供应商 0101		
				审核：w01		
				记账：w02		
				出纳签字：w03		
		凭证	凭证来源：应付款管理（凭证来源错误，本题无分） 预付冲应付	借：1123　　　-5 000 借：220202　　5 000		
				填制日期 2015.4.17		
				辅助项 1123：供应商 0103 220202：供应商 0103		
				审核：w01		
				记账：w02		
2.16	2015年4月17日	采购到货单	日期、供应商编码（0103）、部门编码、业务员编码、存货编码、数量、原币单价			
			审核人、日期			

续表

题号	日期	考核点	评分点	凭证	分值 70	单题分值
		采购入库单	日期、仓库编码（001）、供应商编码、存货编码、数量（三条记录）			
			审核人、日期			
		采购结算	供应商编码、发票号、存货编码、数量、单价			
		正常单据记账	日期、仓库编码、记账人			
		采购发票	发票号（8796678）、日期、供应商编码（0103）、存货编码、数量、无税单价、现付（三条记录）			
			审核人、发票号			
		凭证	凭证来源：存货核算（凭证来源错误，本题无分）	借：140301　　　43 025 　　贷：1402　　　43 025		
				填制日期 2015.4.17		
				辅助项 1402：供应商 0103 140301：数量：2375		
				审核：w01		
				记账：w02		
		凭证	凭证来源：应付款管理（凭证来源错误，本题无分） 现结制单	借：1402　　　　43 025 　22210101　　　7 314.25 　　贷：220202　　　5 000 　　　100201　　　45 339.25		
				填制日期 2015.4.17		
				辅助项 1402：供应商编码 0103 220202：供应商编码 0103 100201：结算方式 701		
				审核：w01		
				记账：w02		
				出纳签字：w03		
		凭证	凭证来源：应付款管理（凭证来源错误，本题无分） 预付冲应付	借：1123　　　　－5 000 借：220202　　　5 000		
				填制日期 2015.4.17		
				辅助项 1123：供应商 0103 220202：供应商 0103		

续表

题号	日期	考核点	评分点	凭证	分值70	单题分值
				审核：w01		
				记账：w02		
2.16	2015年4月21日		总账填制	借：100201　　　7 314.78 借：660301　　　-7 314.78		
				填制日期 2015.4.21		
				摘要：收到本月利息		
				辅助项 100201：结算方式：8		
				审核：w01		
				记账：w02		
				出纳签字：w03		
2.17	2015年4月27日	采购订单	表头信息：供应商（0104）、订单编号（cg0004）、部门、业务员、日期			
			表体信息：存货编码、数量、原币单价（两条记录）			
			审核人、订单号			
		采购到货单	日期、供应商编码（0103）、部门编码、业务员编码、存货编码、数量、原币单价			
			审核人、日期			
		付款单	日期、供应商编码（0104）、结算方式编码（202）、金额、票据号（1108005）、款项类型（应付款）			
			审核人（w02）、票据号			
		凭证	外部生成凭证：应付款管理（凭证来源错误，无分）	借：220202～1123　　4 680 　贷：100201　　　4 680		
				填制日期 2015.4.27		
				辅助项 220202：供应商（0104） 100201：结算方式（202）、票号（1108005）		
				审核：w01		
				记账：w02		
				出纳签字：w03		
2.18	2015年4月29日	采购入库单	日期、仓库编码（002）、供应商编码、存货编码、数量			
			审核人、日期、单据类型编码			

289

续表

题号	日期	考核点	评分点	凭证	分值 70	单题分值
2.19	2015年4月30日	总账	总账填制	借：660206　　2 246.67 贷：222108　　1 918 　　222110　　216.67 　　222109　　112		
				填制日期 2015.4.30		
				摘要：计提相关税费		
				审核：w01		
				记账：w02		
2.20	2015年4月30日	工资变动	14行、每行0.03			
		工资1	凭证来源：薪资管理（凭证来源错误，本题无分）	借：221101　　9 204 贷：22110702　　9 204		
			住房公积金（个人）	填制日期 2015.4.30		
				审核：w01		
				记账：w02		
		工资2	凭证来源：薪资管理（凭证来源错误，本题无分）	借：221101　　6 136 贷：22110202　　6 136		
			养老保险（个人）	填制日期 2015.4.30		
				审核：w01		
				记账：w02		
		工资3	凭证来源：薪资管理（凭证来源错误，本题无分）	借：221101　　153.4 贷：22110402　　153.4		
			失业保险（个人）	填制日期 2015.4.30		
				审核：w01		
				记账：w02		
		工资4	凭证来源：薪资管理（凭证来源错误，本题无分）	借：221101　　1 534 贷：22110302　　1 534		
			医疗保险（个人）	填制日期 2015.4.30		
				审核：w01		
				记账：w02		
2.21	2015年4月30日	工资1	凭证来源：薪资管理（凭证来源错误，本题无分） 生育保险（企业）	借：660101　　56.67 　　660201　　418.97 　　50010402　　231.95 　　510101　　67.31 　　510101　　69.95 贷：221106　　844.85		
				填制日期 2015.4.30		

题号	日期	考核点	评分点	凭证	分值70	单题分值
				辅助项 500101：一车间项目：产品共用 500101：二车间项目：产品共用		
				审核：w01		
				记账：w02		
		工资2	凭证来源：薪资管理（凭证来源错误，本题无分） 养老保险（企业）	借：660101　　　1 416.66 　　660201　　　10 474.05 　　50010402　　5 798.56 　　510101　　　1 748.82 　　510101　　　1 682.86 贷：22110201　　　21 120.95		
				填制日期 2015.4.30		
				辅助项 500101：一车间项目：产品共用 500101：二车间项目：产品共用		
				审核：w01		
				记账：w02		
		工资3	凭证来源：薪资管理（凭证来源错误，本题无分） 工伤保险（企业）	借：660101　　　70.83 　　660201　　　523.70 　　50010402　　289.93 　　510101　　　87.44 　　510101　　　84.14 贷：221105　　1 056.04		
				填制日期 2015.4.30		
				辅助项 500101：一车间项目：产品共用 500101：二车间项目：产品共用		
				审核：w01		
				记账：w02		
		工资4	凭证来源：薪资管理（凭证来源错误，本题无分） 住房公积金（企业）	借：660101　　　850 　　660201　　　6 284.43 　　50010402　　3 479.14 　　510101　　　1 049.29 　　510101　　　109.72 贷：22110701　　11 772.58		
				填制日期 2015.4.30		
				辅助项 500101：一车间项目：产品共用 500101：二车间项目：产品共用		
				审核：w01		
				记账：w02		

续表

题号	日期	考核点	评分点	凭证	分值 70	单题分值
工资 5			凭证来源：薪资管理（凭证来源错误，本题无分）失业保险（企业）	借：660101　　　70.83　　660201　　　523.70　　50010402　　289.93　　510101　　　84.14　　510101　　　87.44　贷：22110401　1 056.04		
				填制日期 2015.4.30		
				辅助项 500101：一车间项目：产品共用 500101：二车间项目：产品共用		
				审核：w01		
				记账：w02		
工资 6			凭证来源：薪资管理（凭证来源错误，本题无分）医疗保险（企业）	借：660101　　　708.33　　660201　　5 237.03　　50010402　2 899.28　　510101　　　841.43　　510101　　　874.41　贷：22110301　10 560.48		
				填制日期 2015.4.30		
				辅助项 500101：一车间项目：产品共用 500101：二车间项目：产品共用		
				审核：w01		
				记账：w02		
工资 7			凭证来源：薪资管理（凭证来源错误，本题无分）工会经费	借：660101　　　141.67　　660201　　1 047.40　　50010402　　579.85　　510101　　　168.29　　510101　　　174.88　贷：221108　　2 112.09		
				填制日期 2015.4.30		
				辅助项 500101：一车间项目：产品共用 500101：二车间项目：产品共用		
				审核：w01		
				记账：w02		
工资 8			凭证来源：薪资管理（凭证来源错误，本题无分）职工教育经费	借：660101　　　106.25　　660201　　　785.55　　50010402　　434.90　　510101　　　126.21　　510101　　　131.16　贷：221109　　1 584.07		
				填制日期 2015.4.30		

续表

题号	日期	考核点	评分点	凭证	分值 70	单题分值
				辅助项 500101：一车间项目：产品共用 500101：二车间项目：产品共用		
				审核：w01		
				记账：w02		
2.22	2015 年 4 月 30 日	工资分摊	凭证来源：薪资管理（凭证来源错误，本题无分） 工资分摊	借：660101　　7 083.32 　　660201　　51 757.88 　　50010402　28 992.84 　　510101　　8 414.30 　　510101　　8 744.08 贷：221101　　104 992.42		
				填制日期 2015.4.30		
				辅助项 500101：一车间项目：产品共用 500101：二车间项目：产品共用		
				审核：w01		
				记账：w02		
2.23	2015 年 4 月 30 日	计提折旧	凭证来源：固定资产（凭证来源错误，本题无分） 贷方是一样的，660204 不评金额	借：510103　　4 447.92 　　510103　　2 026.25 　　660102　　858.85 　　660204　　3 955.55 贷：1602　　11 288.57		
				填制日期 2015.4.30		
				辅助项： 510103：一车间 510103：二车间		
				审核：w01		
				记账：w02		
2.24	2014 年 4 月 30 日	其他出库单	审核人、日期、仓库编码（002）、业务类型（一条）、存货编码			
		正常单据记账	记账人、日期、存货编码			
		凭证	凭证来源：存货核算（凭证来源错误，本题无分）	借：141103　　　200 贷：141102　　　200		
				填制日期 2015.4.30		
				辅助项 141103：部门：101 141102：数量：1		
				审核：w01		
				记账：w02		

续表

题号	日期	考核点	评分点	凭证	分值 70	单题分值
		凭证	总账填制	借：660207　　100 　贷：141104　　100		
				填制日期 2015.4.30		
				摘要：低值易耗品摊销		
				审核：w01		
				记账：w02		
		材料出库单 1	表头：审核人（x03）、日期、仓库编码（001）、部门			
			表体：材料编码、数量、项目编码			
		正常单据记账	记账人、日期、仓库编码			
		凭证	凭证来源：存货核算（凭证来源错误，本题无分）	借：500102　　17 093.78 　贷：140301　　15 928.98 　　　140302　　1 164.8		
				填制日期 2015.4.30		
				辅助项 500102：一车间项目：01 500102：一车间项目：02 500102：一车间项目：03 500102：一车间项目：04 140301：数量 326.972 140302：数量 12.8		
				审核：w01		
				记账：w02		
		材料出库单 2	表头：审核人（x03）、日期、仓库编码（001）、部门			
			表体：材料编码、数量、项目编码			
		正常单据记账	记账人、日期、仓库编码			
		凭证	凭证来源：存货核算（凭证来源错误，本题无分）	借：500102　　2 670.96 　贷：140301　　2 663.76 　　　140302　　　7.2		
				填制日期 2015.4.30		
				辅助项 500102：二车间项目：05 500102：二车间项目：06 140301：数量 157.6 140302：数量 2.4		

题号	日期	考核点	评分点	凭证	分值 70	单题分值
				审核：w01		
				记账：w02		
		材料出库单 3	表头：审核人（x03）、日期、仓库编码（002）、部门			
			表体：材料编码、数量、项目编码			
		正常单据记账	记账人、日期、仓库编码			
		凭证	凭证来源：存货核算（凭证来源错误，本题无分）	借：500102　　5 860 　贷：141101　　5 860		
				填制日期 2015.4.30		
				辅助项 500102：一车间项目：01 500102：一车间项目：02 500102：一车间项目：03 500102：一车间项目：04 141101：数量 5860		
				审核：w01		
				记账：w02		
		材料出库单 4	表头：审核人（x03）、日期、仓库编码（002）、部门			
			表体：材料编码、数量、项目编码			
		正常单据记账	记账人、日期、仓库编码			
		凭证	凭证来源：存货核算（凭证来源错误，本题无分）	借：500102　　11 600 　贷：141101　　11 600		
				填制日期 2015.4.30		
				辅助项 500102：一车间项目：05 500102：一车间项目：06 141101：数量 11 600		
				审核：w01		
				记账：w02		
2.25	2014年4月30日	工时日报表	产品项目名称、人工工时、机器工时			
2.26	2014年4月30日	产成品入库 1	入库日期、仓库编码（003）、部门编码（501）、存货编码、数量（四条记录）			

题号	日期	考核点	评分点	凭证	分值 70	单题分值
			审核人、日期、仓库编码			
		正常单据记账	记账人、日期、仓库编码（003）			
		产成品入库 2	入库日期、仓库编码（003）、部门编码（502）、存货编码、数量（两条记录）			
			审核人、日期、仓库编码			
2.27	2015 年 4 月 30 日	结账	薪资管理、固定资产结账（9 个子系统） 每条 0.05			
2.28	2015 年 4 月 30 日	人工费用表取数	成本中心编码、直接人工费用、管理人员工资			
		折旧费用表	成本中心编码、折旧			
		制造费用分配表				
		完工产品日报表	成本中心编码、产品编码、完工产量、入库产量			
		完工产品处理表	入库数量、成本中心编码、产品编码			
2.29	2015 年 4 月 30 日	成本计算	成本计算标识、成本单价			
2.30	2015 年 4 月 30 日	产成品成本分配	存货编码、金额			
		正常单据记账	记账人、日期、仓库编码			
		结转一车间直接人工凭证	凭证来源：成本管理（凭证来源错误，本题无分）	借：500101　　　　25 634.73 　　贷：50010402　25 634.73		
				填制日期 2015.4.30		
				辅助项 500101：一车间		
				审核：w01		
				记账：w02		

题号	日期	考核点	评分点	凭证	分值70	单题分值
		结转二车间直接人工凭证	凭证来源：成本管理（凭证来源错误，本题无分）	借：500101　　　17 361.65 　贷：50010402　17 361.65		
				填制日期 2015.4.30		
				辅助项 500101：二车间		
				审核：w01		
				记账：w02		
		结转一车间制造费用凭证	凭证来源：成本管理（凭证来源错误，本题无分）	借：500103　　　16 926.32 　贷：510103　　　4 447.92 　　　510101　　12 478.4		
				填制日期 2015.4.30		
				辅助项 500101：一车间		
				审核：w01		
				记账：w02		
		结转二车间制造费用凭证	凭证来源：成本管理（凭证来源错误，本题无分）	借：500103　　　14 993.72 　贷：510103　　　2 026.25 　　　510101　　12 967.47		
				填制日期 2015.4.30		
				辅助项 500101：二车间		
				审核：w01		
				记账：w02		
		结转一车间完工产品成本	凭证来源：成本管理（凭证来源错误，本题无分）	借：1405　　　　65 514.83 　贷：50010101　25 634.73 　　　500102　　22 953.78 　　　500103　　16 926.32		
				填制日期 2015.4.30		
				辅助项 500101：一车间		
				审核：w01		
				记账：w02		

续表

题号	日期	考核点	评分点	凭证	分值 70	单题分值
		结转二车间完工产品成本	凭证来源：成本管理（凭证来源错误，本题无分）	借：1405　　46 626.33 　贷：50010101　17 361.65 　　　500102　14 270.96 　　　500103　14 993.72		
				填制日期 2015.4.30		
				辅助项 500101：一车间		
				审核：w01		
				记账：w02		
2.31	2015 年 4 月 30 日	正常单据记账	记账人、日期、仓库编码			
		凭证	凭证来源：存货核算（凭证来源错误，本题无分） 采购入库单生成凭证	借：141101　　4 000 　贷：220201　　4 000		
				填制日期 2015.4.30		
				辅助项： 141101：数量 4000 220201：供应商 0104		
				审核：w01		
				记账：w02		
2.32	2015 年 4 月 30 日	盘点单	日期、仓库编码（003）、出库类别（盘亏）、存货编码、盘点数量（3070）			
			审核人、日期、仓库编码			
		其他出库单	审核人、日期、仓库编码、业务类型			
		正常单据记账	记账人、日期、仓库编码			
		凭证	凭证来源：存货核算（凭证来源错误，本题无分） 其他出库单	借：1901　　57.9 　贷：1405　　57.9		
				填制日期 2015.4.30		
				辅助项 1405：数量 10		
				审核：w01		
				记账：w02		
		总账	总账填制	借：660205　　57.9 　贷：1901　　57.9		

续表

题号	日期	考核点	评分点	凭证	分值70	单题分值
				填制日期 2015.4.30		
				摘要：盘亏批准		
				审核：w01		
				记账：w02		
2.33	2015年4月30日	凭证总	总账中填写凭证 （使用期间损益结转—收入）	借：6001　105 200 　　贷：4103　105 200		
				填制日期 2015.4.30		
				审核：w01		
				记账：w02		
		凭证总	总账中填写凭证 （使用期间损益结转—支出）	借：4103　113 943.46 　　贷：6401　22 801 　　　660101　10 504.56 　　　660102　858.85 　　　660201　79 552.71 　　　660203　1 520 　　　660204　3 955.55 　　　660205　57.9 　　　660206　2 246.67 　　　660207　100 　　　660208　3 210 　　　660301　-7 314.78 　　　660302　-3 549		
				填制日期 2015.4.30		
				审核：w01		
				记账：w02		
2.33	2015年4月30日		结账			

样题第三阶段评分点

题号	考核点	表格	评分点	分值20	单题分值
任务3.1	zcfzb.rep 资产负债表	c12	QM("1123",月,"借",,,"",,,,,)+QM("2202",月,"借",,,,,,,)		
		d12	QC("1123",全年,"借",,,"",,,,,)+QC("2202",全年,"借",,,,,,,)		
		c26	QM("1601",月,,,"年",,)-QM("1602",月,,,"年",,)-QM("1603",月,,,"年",,)		
		d26	QC("1601",全年,,,"年",,)-QC("1602",全年,,,"年",,)-QC("1603",全年,,,"年",,)		
		g14	QM("2221",月,,,"年",,)		
		h14	QC("2221",全年,,,"年",,)		
		g36	QM("4103",月,,,,,,,,,)+QM("4104",月,,,,,,,,)		
		h36	QC("4103",全年,,,"年",,)+QC("4104",全年,,,"年",,)		

续表

题号	考核点	表格	评分点	分值20	单题分值
			重新生成报表并保存		
任务 3.2	lrb.rep 利润表	c6	fs(6401,月,"借",,年)+fs(6402,月,"借",,年)		
		c15	?C5-?C6-?C7-?C8-?C9-?C10-?C11+?C12+?C13		
		c17	fs(6711,月,"借",,年)		
			重新生成报表并保存		
任务 3.3	cwzbfxb.rep 财务指标分析表	b4	"zcfzb"->G30@1/"zcfzb"->C39@1		
		b5	"lrb"->C6@1/("zcfzb"->C16@1/2+"zcfzb"->D16@1/2)		
		b6	lrb->C21@1/"lrb"->C5@1		
		a4	资产负债率		
		A5	存货周转率		
		A6	营业净利率		
任务 3.4			手工计算		
任务 3.5			手工计算		

附录 B　2018 年会计信息化技能大赛高职组国赛题、评分标准及参考答案（附二维码）

微课：2018 年会计信息化技能大赛高职组国赛题

微课：2018 年会计信息化技能大赛高职组国赛题评分标准及参考答案

参 考 文 献

[1] 徐璟，朱丽，徐龙. ERP—供应链管理系统项目教程[M]. 北京：人民邮电出版社，2014.

[2] 王新玲，房琳琳，吕志明. 新编会计信息系统实验教程（用友 ERP—U8 版）[M]. 北京：清华大学出版社，2008.

[3] 张琳，李静宜，贺永强. ERP 供应链管理实务[M]. 北京：清华大学出版社，2011.

[4] 牛永芹，刘大斌，曹方林. ERP 供应链管理系统[M]. 北京：高等教育出版社，2015.